ग्रीस के त्रासद नाटक

[कथा-रूपान्तर]

ग्रीस के त्रासद नाटक

डॉ. कमल नसीम

राजकमल प्रकाशन

ISBN : 978-81-267-2138-2

मूल्य : ₹595

पहला संस्करण : 2012
पहली आवृत्ति : 2022

प्रकाशक : राजकमल प्रकाशन प्रा.लि.
1-बी, नेताजी सुभाष मार्ग, दरियागंज
नई दिल्ली-110 002

शाखाएँ : अशोक राजपथ, साइंस कॉलेज के सामने, पटना-800 006
पहली मंजिल, दरबारी बिल्डिंग, महात्मा गांधी मार्ग, प्रयागराज-211 001

वेबसाइट : www.rajkamalprakashan.com
ई-मेल : info@rajkamalprakashan.com

मुद्रक : बी.के. ऑफसेट
नवीन शाहदरा, दिल्ली-110 032

GREECE KE TRASAD NATAK
by Dr. Kamal Naseem

राह में छोड़ जानेवाले हमसफ़र
राजी (हरजिन्दर सचदेवा)
के साथ गुज़ारे लम्हों के नाम

दो शब्द

यूनानी जानते थे कि त्रासद मृत्यु नहीं, जीवन है। मृत्यु तो जीवन की त्रासदी का अन्त है, उसकी निष्पत्ति है। इस तथ्य को वे भलीभाँति पहचानते थे। इसी कारण उनके प्राच्य नाटकों को त्रासद तो कहा जा सकता है लेकिन दुखान्त कहने का कोई विशेष औचित्य नहीं। यद्यपि हिन्दी में इन्हें बहुधा समानार्थक शब्दों की भाँति प्रयोग किया जाता है। जिन 31 ग्रीक त्रासद नाटकों की कहानियाँ आप पढ़ने जा रहे हैं उनमें से अधिकांश दुखान्त की श्रेणी में नहीं आते। ईस्किलस की त्रासद-त्रयी 'ऑरस्टेया' में प्रतिशोध की ज्वाला है, पत्नी द्वारा पति और बेटे के हाथों माँ की नृशंस हत्या का रक्तरंजित विवरण है। इस कथा-शृंखला का अन्त फ़्यूरीज़ के यूमेनायड्स अर्थात् आक्रोश, प्रतिशोध और मानसिक यन्त्रणा की अधिष्ठात्रियों के करुणा की देवियों में रूपान्तरण में होता है। नाटक 'यूमेनायड्स' ऑरेस्टीज़ की शुद्धि, यन्त्रणा से उसकी मुक्ति और एथेन्स के सुनहरे भविष्य की ओर संकेत करता हुआ एक बड़े ही सकारात्मक नोट पर समाप्त होता है। 'प्रमीथ्यु बाउंड' ज़ीयस के अन्याय का विरोध करनेवाले मानव-हितैषी प्रमीथ्यु की असह्य वेदना की कहानी है। मनुष्य को अग्नि जैसा अमूल्य संसाधन देनेवाले प्रमीथ्यु का एक एकाकी द्वीप पर लोहे की ज़ंजीरों से एक चट्टान से जकड़े होना उसके जीवन की त्रासदी है। वह ज़ीयस के अन्याय से त्रस्त है, मृत्यु के भय से आक्रान्त नहीं। 'द परशियन्स' युद्ध की विभीषिका और पराजय के त्रास की कहानी कहता है। 'द सप्लायेंट वीमेन' तो वस्तुतः सुखान्त है। डानॉस की पुत्रियों का आरगू के नगर में जनमत से स्वागत है और उन्हें अपने वर अपनी इच्छा से चुनने की स्वतन्त्रता।

सोफ़ॉक्लीज़ का 'ईडिपस रेक्स' त्रासद घटनाक्रम का अद्वितीय उदाहरण है। अपनी नियति से भागने के ईडिपस के सारे प्रयास वस्तुतः उसे उसी अनहोनी की ओर ले जा रहे हैं। भाग्य की यह विडम्बना उसके जीवन की त्रासदी का मर्मान्तक दंश है। जोकास्टा की आत्महत्या इस घटनाक्रम का स्वाभाविक परिणाम है। ईडिपस उसके पिन से अपनी आँखें फोड़ लेता है। उसका शेष जीवन अब अपराध-बोध से ग्रस्त, गर्हित, लांछित, निन्दनीय और घृणित है। किन्तु साँसों का बोझ ढोता हुआ यही

असहाय, थका-हारा, धूल-धूसरित, आँखों से लाचार वृद्ध, 'ईडिपस एट कोलोनस' नाटक के अन्त में सहसा ऊर्जा, आत्मविश्वास और गर्व से भर उठता है। मार्ग टटोलनेवाला मार्गदर्शक बन जाता है। मृत्यु के सन्मुख उसकी अन्तरात्मा दैवी प्रकाश से दीप्त हो उठती है और एथेन्स का सेवियर होने का गौरव उसके जर्जर शरीर को यौवन की शक्ति से भर देता है। एक त्रासद जीवन का ऐसा गौरवशाली अन्त!

यूरीपिडीज़ के नाटक 'एल्सेसटीस' में यद्यपि एल्सेसटीस अपने पति के स्थान पर प्राणों का त्याग करती है किन्तु अन्त में वीर हेराक्लीज़ मृत्यु के देवता से द्वन्द्व युद्ध कर उसे जीवित वापस लौटा लाता है। 'इफ़िजीनिया इन ऑलिस' का अन्त इफ़िजीनिया की बलि में नहीं, दैवी कृपा से उसके अदृश्य हो जाने में है। देवी आर्टेमिस को उसके स्थान पर एक हिरण की बलि स्वीकार्य है। इसी तरह 'इफ़िजीनिया इन टॉरिस' का अन्त सुखद एवं आशा और विश्वास से परिपूर्ण है। इफ़िजीनिया जीवन के अनेक वर्ष थोआस के असभ्य देश टॉरिस में बिताकर अन्ततः आर्टेमिस के भव्य मन्दिर से देवी की प्रतिमा चुराकर अपने भाई ऑरेस्टीज़ के साथ वहाँ से सुरक्षित पलायन में सफल होती है। 'मेडिआ' की नायिका के जीवन की त्रासदी उसके अपने हाथों अपने छोटे-छोटे बच्चों और अपने मातृत्व की हत्या है। कॉरिन्थ से उसका पलायन दैवी हस्तक्षेप और एथेन्स में उसके सुरक्षित भविष्य की ओर संकेत करता है। 'हेलेन' की नायिका अपने पति मेनेलॉस के साथ सकुशल स्पार्टा के लिए प्रस्थान करती है। 'आयान' के युवा नायक को कई वर्ष तक अँधेरे में भटकने के बाद अपनी माँ, अपनी पहचान और एथेन्स का उत्तराधिकार मिल जाता है।

यद्यपि प्रस्तुत पुस्तक में ग्रीक नाटकों का अनुवाद नहीं, केवल कथा-रूपान्तरण है फिर भी आप तीनों नाटककारों की शैली, आधारभूत सरोकार, चरित्र-चित्रण और विषयवस्तु के निर्वाह में अन्तर महसूस करेंगे। ईस्किलस की अभिव्यक्ति महाकाव्यात्मक है जिसमें मिथक के कथानक और वर्णनात्मकता का आग्रह है। कथानक में सादगी और घटनाक्रम का अबाध प्रवाह है। ईस्किलस का संवेगात्मक पक्ष दृढ़ है, नाटकों में आदर्शवाद और मानवेतर मूल्यों की प्रतिष्ठा है, चरित्र-चित्रण स्पष्ट और विशिष्ट है, कथा-फलक विशद और भव्य। मानव स्वभाव, नियति तथा दैवी न्याय में संघर्षण इन नायकों का मूलभूत सरोकार है। सोफॉक्लीज़ में मिथकीय स्थिति एवं व्यक्ति विशेष के प्रति आग्रह है और वही उसकी सृजनात्मक ऊर्जा का केन्द्र हैं। सोफॉक्लीज़ कथानक की बुनावट के प्रति विशेष रूप से सजग है और उसके नाटक सघन अनुभूति, अनुपम नाटकीय संरचना, अद्वितीय गठन और तकनीकी परिपूर्णता के लिए विशेष रूप से उल्लेखनीय हैं। सोफॉक्लीज़ के नायक असाधारण शौर्य, मेधा, चरित्र-बल और उदात्त नैतिक-मूल्यों के साथ-साथ परिवेश की परिवर्तनशीलता, जीवन और वैभव की क्षणभंगुरता और नियति की विडम्बना के प्रति असाधारण रूप से

संवेदनशील हैं। जीवन-मूल्यों के प्रति उनकी आस्था, आत्मिक शक्ति और गरिमामय आचरण में देवत्व की संभावनाएँ निहित हैं। यूरीपिडीज़ का समय ग्रीक त्रासदी के अवसान का समय कहा जा सकता है। एथेन्स की तेज़ी से बदलती हुई सामाजिक, आर्थिक और राजनीतिक स्थितियों का साहित्य और सर्जनात्मक कलाओं पर प्रभाव पड़ना स्वाभाविक था। दर्शकों की रुचि बदल रही थी और त्रासदी के परम्परागत स्रोत भी लगभग चुक से गए थे। यूरीपिडीज़ की रचनात्मक प्रक्रिया को एक नई भावप्रवणता, नई संवेदना और भाषा-शैली की अपेक्षा थी। यूरीपिडीज़ ने त्रासदी के परम्परागत पौराणिक, कथानकों में परिवर्तन किया, दैवी-शक्तियों, शकुन स्थलों और भविष्यवाचकों की भूमिका पर प्रश्नचिह्न लगाए और उनका उपयोग एक स्वीकृत नाट्य-युक्ति के रूप में किया। यूरीपिडीज़ के नाटकों में देवताओं का देवत्व और महानायकों का नायकत्व तिरोहित-सा होता जान पड़ता है। उसने महानायकों के मानव पक्ष को उजागर किया, मानव मन की जटिल प्रक्रियाओं, अभिप्रेरणाओं और प्रतिक्रियाओं का चित्रण बड़े मनोवैज्ञानिक ढंग से तार्किक शैली में किया। यूरीपिडीज़ ने अनेक स्त्री-प्रधान नाटक लिखे और स्त्री के स्वभाव, उसकी सामाजिक स्थिति, परवशता एवं संवेगों की अतिशयता को पारिवारिक सम्बन्धों के माध्यम से उजागर किया। उसने नाट्य-संरचना और तकनीक में भी परिवर्तन किए।

ईस्किलस, सोफ़ॉक्लीज़ और यूरीपिडीज़ के इकतीस प्राप्य त्रासद नाटकों में से केवल चार या पाँच नाटकों के हिन्दी अनुवाद उपलब्ध हैं। परिणामस्वरूप ग्रीक नाटक में रुचि रखनेवाले पाठक और रंगकर्मी उन्हीं से परिचित और अभिभूत दिखाई देते हैं। अनुवाद, स्वतन्त्र अनुवाद, काव्यानुवाद, गद्य रूपान्तरण या संक्षिप्त रूपान्तरण– इनमें से हर एक प्रयास सांस्कृतिक और भाषायी सीमाओं को तोड़ने, साहित्यिक अभिरुचि को एक नई समग्र दृष्टि और विश्व साहित्य को एक नया आयाम देने में महत्त्वपूर्ण भूमिका निभाता है। अंग्रेज़ी भाषा में यूरीपिडीज़ का पहला अनुवाद सोलहवीं शताब्दी में आया था और ईस्किलस का अठारहवीं सदी में। साहित्य प्रेमियों, नाटककारों, कवियों और अनुवादकों के लिए यह एक नया क्षितिज खुलने जैसा था। लोडोविको डाल्सी और थॉमस मॉरेल के बाद रॉबर्ट पॉटर का, ईस्किलस के सातों नाटकों का अनुवाद सन् 1777 में आया जो बहुत चर्चित हुआ। थॉमस मरे के अनुवाद भी बहुत लोकप्रिय हुए। प्रसिद्ध ब्रिटिश कवि रॉबर्ट ब्राउन्निग ने भी यूरीपिडीज़ के कुछ नाटकों का अनुवाद अपनी सुविख्यात शैली में किया। डब्ल्यू.बी. येट्स ने 'ईडिपस, द किंग' और 'ईडिपस एट कोलोनस' के 'आधुनिक मंच के लिए उपयुक्त पाठ' तैयार किए। लुई मैकनीस के ग्रीक त्रासदियों के अनुवाद (सन् 1936) 'पहले सम्पूर्ण रूप से आधुनिक अंग्रेज़ी काव्यानुवाद' के रूप में प्रसिद्ध हुए। अमेरिका की हिल्डा डूलिटिल ने बड़ी खूबसूरती से 'आयान' में यूरीपिडीज़ की संगीतात्मकता

को प्रतिध्वनित किया। रॉबिन्सन जेफ़र्ड ने 'मेडिआ' का स्वतन्त्र अनुवाद किया। सन् 1954 में एज़रा पाउंड ने सोफ़ॉक्लीज़ के 'वीमेन ऑव ट्रैकीस' का बड़ा जीवन्त किन्तु विवादास्पद पाठ तैयार किया। रॉबर्ट लॉवेल ने सन् 1976 में ईस्किलस के 'प्रमीथ्यु बाउन्ड' का गद्य रूपान्तर और 'ऑरेस्टेया' नाट्य-त्रयी का संक्षिप्त काव्यानुवाद किया। सन् 1985 में स्टीफ़ेन स्पेंडर ने ईडिपस-त्रयी का अनुवाद गद्य और कविता के मिश्रित रूप में किया। रॉबर्ट फ़ेगल्स ने 'ऑरेस्टेया' और 'थीबन प्लेज़' का अनुवाद किया जिसे पेंगुइन ने प्रकाशित किया। 'ऑक्सफोर्ड ग्रीक ट्रेजेडी इन न्यू ट्रांसलेशंस' इस दिशा में एक सराहनीय उपलब्धि है। अनुवादों की यह सूची सम्पूर्ण नहीं मगर इतना अवश्य सिद्ध करती है कि हर बदलते युग, समय और पीढ़ी के कवियों, नाटककारों और रंगकर्मियों ने अपनी-अपनी दृष्टि और बोध-क्षमता के अनुसार इन नाटकों का पुनः अनुवाद और रूपान्तरण किया और इन्हें आधार बनाकर समसामयिक सरोकारों को नए ढंग से रूपायित किया। इन नाटकों का मंचन कितनी बार और कितनी भाषाओं में हुआ, उस पर तो एक स्वतन्त्र शोध ग्रन्थ अपेक्षित है। दुर्भाग्य से हिन्दी में ग्रीक त्रासद नाटकों पर विशेष रूप से उल्लेखनीय काम नहीं हुआ। संभावनाओं का एक भरा-पूरा संसार नई सर्जनात्मक ऊर्जा की प्रतीक्षा में है। प्रस्तुत प्रयास इस दिशा में एक छोटा-सा कदम है।

राजकमल से प्रकाशित श्रेष्ठ अनूदित पुस्तकों की सूची लम्बी और प्रभावशाली है जिसके लिए श्री अशोक महेश्वरी और उनके सहयोगी बधाई के पात्र हैं। प्रस्तुत पुस्तक को प्रकाश में लाने के लिए आप सबके प्रति आभारी हूँ।

बात अभी पूरी नहीं हुई। इस किताब की प्रूफ़ रीडिंग के दौरान 25 जनवरी, 2011 को मेरे पति श्री हरजिन्दर सचदेवा का देहान्त हो गया। मुश्किल की उस घड़ी में भाई सुरेन्द्र मोहन चौधरी (मोटा भाई), बेटे शिवि (सिद्धार्थ सचदेवा) और मित्र डॉ. राधिका सिंह ने जिस तरह अपने पंखों में मुझे समेटा, उसे कह पाने की सामर्थ्य किसी भाषा में नहीं। मेरे नौ वर्षीय पोते अर्जुन ने जिस समझदारी से मेरा साथ दिया वह मुझे हैरान कर गया। मेरी दुआएँ हमेशा उनके साथ हैं।

–डॉ. कमल नसीम

अनुक्रम

ईस्किलस

ईस्किलस (524-456 ई.पू.) का जन्म एथेन्स के निकटवर्ती जनपद इल्यूसिस के सम्भ्रान्त परिवार में हुआ। उसने मैराथों (490 ई.पू.) और सैलेमिस (480 ई.पू.) के युद्ध में भाग लिया। गेला से प्राप्त उसके समाधि लेख से ऐसा प्रतीत होता है कि उसे अपनी सामरिक उपलब्धियों पर गर्व था। ईस्किलस का समय एथेन्स में लोकतान्त्रिक मूल्यों की स्थापना का युग था। देशप्रेम और आदर्शवाद की लहर ने ईस्किलस की सोच और उसकी रचनात्मकता को गहराई तक प्रभावित किया। ईस्किलस ने दो बार सिसली की यात्र की। सिसली के शासक हायरों ने ईस्किलस का बड़ा आदर-सत्कार किया। हायरों द्वारा स्थापित एटना नगर के स्थापना दिवस पर ईस्किलस ने 'एटना' नामक नाटक प्रस्तुत किया। 'परशियन्स' भी हायरों के आग्रह पर ही लिखा गया। इस नाटक की पहली प्रस्तुति सिराक्यूज़ में हुई। एथेन्स में इसका मंचन बाद में हुआ। संयोगवश ईस्किलस की मृत्यु भी सिसली के गेला में ही हुई।

ईस्किलस ने 90 नाटक लिखे जिनमें से केवल 7 प्राप्य हैं। उसकी पहली नाटक-शृंखला 499 ई.पू. डायोनीसिया की नाट्य प्रतियोगिता में प्रस्तुत की गई। ईस्किलस को इस प्रतियोगिता में प्रथम पुरस्कार 484 ई.पू. मिला। इसके बाद वह प्रतिवर्ष डायोनीसिया में भाग लेता रहा और विजयी होता रहा। मेडीसियस पांडुलिपि में ईस्किलस के 72 नाटकों के शीर्षक मिलते हैं। शेष का उल्लेख अन्य स्रोतों से मिलता है। इनमें से अधिकांश नाट्य समूह हैं जिनकी संख्या चार होती थी—तीन त्रासद और एक सैटर नाटक। ईस्किलस का कोई भी सैटर नाटक प्राप्य नहीं किन्तु सौभाग्यवश एक नाट्य-त्रयी अवश्य उपलब्ध है जिसका शीर्षक है—'ऑरेस्टेया'। इसमें तीन नाटक हैं—'एगमेम्नन', 'लायबेशन बियर्रस'

और 'यूमेनायड्स'। यह एक ही परिवार से सम्बद्ध मिथक की तीन कड़ियाँ हैं। यह एक सशक्त कृति है जिसकी गणना विश्व की श्रेष्ठ क्लासिक रचनाओं में होती है। प्रमीथ्यु के मिथक पर आधारित त्रयी का केवल एक नाटक प्राप्त है जिसका शीर्षक है 'प्रमीथ्यु बाउन्ड'। यह नाटक भी सम्भवतः सिसली में लिखा गया और इसकी प्रस्तुति 456-55 ई.पू. एथेन्स में ईस्किलस की मृत्यु के बाद हुई। 'परशियन्स' एकमात्र ऐसा नाटक है जो किसी मिथक पर आधारित नहीं। यह नाटक तत्कालीन राजनीतिक स्थितियों से प्रभावित है और परशिया के शासक ज़ेरेक्सीज़ की पराजय की करुण कथा कहता है। इसके अतिरिक्त ईस्किलस के दो और नाटक उपलब्ध हैं जिनके शीर्षक हैं–'सेवेन अगेन्स्ट थीब्ज़' और 'द सप्लायेन्ट वीमेन'।

ईस्किलस को त्रासदी का जनक माना जाता है। ईस्किलस ही सर्वप्रथम दूसरे पात्र को मंच पर लाया और डिथीरैम्ब कोरस को संवाद के माध्यम से नाटक का रूप दिया। अभिनेताओं के वस्त्रों, जूतों और मुखौटों पर भी ईस्किलस ने विशेष ध्यान दिया और दृश्य को प्रभावशाली बनाने के लिए प्रॉपर्टीज़ का प्रयोग आरम्भ किया। उसने बड़ी संख्या में मूक पात्रों का प्रयोग कर नाटक को एक भव्य आयोजन का रूप दिया। ईस्किलस के नाटकों की विषयवस्तु, कथानक, चरित्र-चित्रण, निर्वाह और भव्य वर्णनात्मक शैली महाकाव्यात्मक है। उसने स्वयं भी अपनी रचनाओं को 'होमर के महाभोज से लिये हुए टुकड़े' कहा है–यह ईस्किलस की विनम्रता का एक उदाहरण है।

एगमेम्नन

ईस्किलस कृत एक मात्र प्राप्य त्रयी 'ऑरेस्टेया' का पहला नाटक है 'ऐगमेम्नन' जो ट्रॉय के दस वर्षीय युद्ध की समाप्ति की सूचना के साथ प्रारम्भ होता है। ट्रॉय के इडा पर्वत से लेकर आरगू की पहाड़ी तक जलती मशालों की शृंखला इस बात का संकेत दे रही है कि विजयश्री ने ग्रीक सेनाधिपति एगमेम्नन का वरण किया और अन्ततः ट्रॉय का पतन हुआ। दस वर्ष के बाद क्लाइटीमनेस्ट्रा द्वारा नियुक्त प्रहरी की अनथक साधना निष्पन्न हुई। आर्कने पर्वत पर जलती मशाल को देखकर वह उल्लास से भर उठता है। यह संकेत है ट्राय के पतन और एगमेम्नन की विजय का। वह एगमेम्नन की पत्नी, आरगू की रानी क्लाइटीमनेस्ट्रा को यह शुभ सन्देश देने के लिए प्रस्थान करता है।

आरगू के वरिष्ठ नागरिकों का कोरस प्रवेश करता है। कोरस-सदस्य एगमेम्नन और उसके भाई मेनेलॉस की एक हज़ार युद्ध पोतों और असंख्य जोशीले युवा सैनिकों के साथ दस वर्ष पूर्व ट्रॉय की ओर प्रस्थान की कहानी कहते हैं। वे एगमेम्नन द्वारा सकुशल यात्रा और अनुकूल वायु प्राप्त करने के लिए अपनी और क्लाइटीमनेस्ट्रा की बेटी इफ़िजीनिया की बलि का मार्मिक प्रसंग आज तक नहीं भूले। कैलकस की भविष्यवाणी को स्वीकारते हुए कैसे ऐगमेम्नन ने अपनी लाडली, किशोरवय पुत्री पर देवी ऑर्टेमिस की बलिवेदी पर तलवार से वार किया था वह दृश्य आज भी बिजली-सा उनकी आँखों के आगे कौंध जाता है। कर्त्तव्य की बलिवेदी पर इफ़िजीनिया का बलिदान क्या देवी ने स्वीकार किया? कौन जाने। ज़ीयस की असीम कृपा से ही एगमेम्नन ऐसी अनहोनी को सह पाया। लौटते सामने से रानी क्लाइटीमनेस्ट्रा आती दिखाई देती हैं। कोरस सदस्य आरगू की हर वेदी पर प्रज्ज्वलित पवित्र अग्नि और देवताओं को समर्पित की जा रही भेंट का कारण पूछते हैं। क्लाइटीमनेस्ट्रा उन्हें बताती है कि आरगू के सैन्य बल ने प्रायम के नगर ट्रॉय को ध्वस्त करने में सफलता पाई। ग्रीस विजयी हुआ और युद्ध समाप्त। कोरस-सदस्य पहले तो इस आशातीत शुभ समाचार पर विश्वास नहीं कर पाते। बारम्बार आश्वस्त किये जाने पर वे राजा एगमेम्नन की वापसी पर प्रसन्नता प्रकट करते हैं किन्तु ऐसा

लगता है जैसे उनके हर्ष में कहीं विषाद की गहरी छाया है। क्लाइटीमनेस्ट्रा के प्रस्थान के बाद वे जो गीत गाते हैं वह भी युद्ध की विभीषका, रक्पात, हिंसा और अवसाद से व्याप्त है। इसी बीच ट्रॉय से एक दूत का आगमन होता है। वह दस वर्ष बाद स्वदेश लौटने पर अत्यन्त उत्साहित एवं प्रफुल्ल है। दूत कोरस-अग्रजों से राजा एगमेम्नन के भव्य स्वागत की तैयारी करने को कहता है। ट्रॉय के दंभ का मर्दन करने वाले ग्रीक सेनाधिपति का अपनी धरती पर अद्वितीय आदर-सत्कार होना चाहिए। वह ट्रॉय की दीवारों के बाहर अस्थायी शिविर में दस वर्ष तक बदलती ऋतुओं और सर्दी-गर्मी की मार सहने के बाद आज ज़ीयस कृपा से एक बार फिर अपने महल की सुख-सुविधा की ओर लौट रहा है। सारे आरगू को दुल्हन की तरह सजा दो। लम्बे अन्तराल के बाद आज उसका स्वामी घर आ रहा है। ऐतिहासिक है यह विजय! असम्भव लगता था ट्रॉय का पतन! किन्तु ग्रीक सैनिकों ने असम्भव को सम्भव कर दिखाया। आनेवाली पीढ़ियाँ उनका यशोगान करेंगी। दूत का उत्साह उसकी वाणी से छलक रहा है। क्लाइटीमनेस्ट्रा प्रवेश करती है। उसे देखकर वह खोयी-खोयी सी है। ऐसा लग रहा है जैसे ट्रॉय की पराजय का समाचार उसने युगों पहले सुना था। आज का दिन मानो उस युग का अन्तिम दिन है। आज उसका पति दस वर्ष के बाद स्वदेश लौट रहा है। वह चाहती है कि दूत जाकर एगमेम्नन को यह समाचार दे कि उसकी वफ़ादार पत्नी, उसकी अनुपस्थिति में पूरी निष्ठा से उसके घर-संसार के उत्तरदायित्व को वहन करनेवाली क्लाइटीमनेस्ट्रा, बड़ी व्याकुलता से उसकी प्रतीक्षा कर रही है। दूत को इस सन्देश में गर्वोक्ति का भान होता है किन्तु इस बीच कोरस के प्रश्नों की झड़ी से दूत का ध्यान बँट जाता है। कोरस-सदस्य मेनेलॉस का कुशल-समाचार जानने को व्यग्र हैं। दूत उन्हें बताता है कि एगमेम्नन का भाई स्पार्टा का राजा मेनेलॉस ट्रॉय से सकुशल रवाना हुआ था किन्तु उसके स्वदेश पहुँचने का समाचार अभी तक नहीं मिला। सुनने में आया है कि रास्ते में उसे भयंकर तूफान का सामना करना पड़ा और उसके सारे जहाज़ तितर-बितर हो गए। सम्भव है कि वह ज़ीयस कृपा से अब तक स्पार्टा पहुँच चुका हो। यह समाचार देकर दूत प्रस्थान करता है।

कोरस-गीत के माध्यम से आरगू के वरिष्ठ नागरिक ट्रॉय के राजकुमार पेरिस के जन्म, पिता प्रायम द्वारा उसके परित्याग, इडा पर्वत पर चरवाहों के बीच लालन-पालन और युवा होने पर एक बार फिर प्रायम द्वारा उसे पुत्र रूप में स्वीकार किए जाने की कहानी कहते हैं। ट्रॉय का सर्वनाश तो उसी दिन निश्चित हो गया था जब देवियों की सौन्दर्य-प्रतियोगिता में निर्णायक बन कर पेरिस के रूप और प्रेम की देवी एफ्रॉडायटी के प्रलोभन पर विश्व-सुन्दरी हेलेन को पाने का स्वप्न संजोने लगा था। कोई समझ न पाया था, उस समय इस प्रेम कहानी का अन्त!

एगमेम्नन सेवकों के साथ प्रवेश करता है। प्रायम की रूपसी पुत्री कसान्द्रा अब उसकी दासी है और रथ में उसके साथ आई है। कोरस-सदस्य ट्रॉय के विजयी सेनाधिपति, एटरियस-पुत्र एगमेम्नन का स्वागत करते हैं। वे मानते हैं कि वे ट्रॉय युद्ध के परिणाम को लेकर सदैव सशंकित थे किन्तु यदि अंत शुभ हो तो दुख भी स्वीकार्य है। एगमेम्नन अपनी विजय के लिए देवताओं के प्रति कृतज्ञता प्रकट करता है और अपनी अनुपस्थिति में आरगू में फैले भ्रष्टाचार और अराजकता को निर्मूल करने का आश्वासन देता है। वह अपने गृह-देवताओं का धन्यवाद करने के लिए राजप्रासाद की ओर जाने को अग्रसर है। तभी क्लाइटीमनेस्ट्रा आती है और अपने पति का अभिनन्दन करती है। वर्षों बाद संभव हुए इस सुयोग की बेला में भी वह इस तथ्य को रेखांकित करना नहीं भूलती कि युद्ध में भाग लेने के लिए गए योद्धा की पत्नी को कितना अकेलापन, उदासी, असुरक्षा और दुःख झेलना पड़ता है, इस बात को कोई पुरुष नहीं समझ सकता। वह यह भी स्पष्ट करती है कि आज एगमेम्नन का स्वागत करने के लिए उसका पुत्र ऑरेस्टीज़ वहाँ उपस्थित नहीं है क्योंकि उसे सुरक्षा कारणों से फ़्रॉकिस के मित्र-राजा स्ट्रोफ़ियस के पास भेज दिया गया था। एक बार फिर पति की अनुपस्थिति में रातों को जागने और आहटों पर सिहर उठने की बात कहकर क्लाइटीमनेस्ट्रा ऐगमेम्नन से रथ से उतरने का आग्रह करती है। वह अपनी सेविकाओं को आज्ञा देती है कि रथ से लेकर महल के द्वार तक रक्तलोहित वर्ण का कालीन बिछा दें। एगमेम्नन स्वयं को इस देव तुल्य अभिनन्दन के योग्य नहीं मानता किन्तु क्लाइटीमनेस्ट्रा उसे तर्क से अभिभूत कर अपनी बात मनवा लेती है। एगमेम्नन कसान्द्रा का उत्तरदायित्व उसे सौंप कर रथ से उतरता है। कालीन गंदा होने के भय से वह अपने जूते उतार कर नंगे पाँव महल के प्रवेश द्वार की ओर बढ़ता है। क्लाइटीमनेस्ट्रा ज़ीयस से सफलता की प्रार्थना करती है और अपने पति का अनुसरण करती है। न जाने क्यों कोरस के मन में उत्साह नहीं। यद्यपि युद्ध समाप्त हो गया है और उनका राजा विजयी होकर लौटा है किन्तु वे भय से मुक्त नहीं। किसी विषाद की छाया उनके उल्लास को डस रही है।

क्लाइटीमनेस्ट्रा कसान्द्रा को अपने साथ चलने को कहती है। किन्तु कसान्द्रा चुप है, एकदम स्तब्ध, पत्थर की मूरत-सी। दासी को अभिमान शोभा नहीं देता। कोरस सदस्य उसे रानी की आज्ञा का पालन करने का परामर्श देते हैं। कसान्द्रा फिर भी चुप है। सम्भवतः वह उनकी भाषा नहीं समझती। कोरस-सदस्य उसे संकेत से समझाने का प्रयास करते हैं। क्लाइटीमनेस्ट्रा और प्रतीक्षा नहीं कर सकती। महल की प्रमुख वेदी पर मूक पशु बलि के लिए तैयार खड़े हैं। क्लाइटीमनेस्ट्रा के जाते ही कसान्द्रा सहसा चीख उठती है–'दुख! दुःख! भीषण दुखः! हे अपोलो! यह क्या!

यह क्या देख रही हूँ मैं! यह भयावह काल कोठरी! यह पाप का घर! यह स्वजनों के रक्त के छींटे दीवारों पर। यह पत्थर पर बहती लाल खून की लकीर एटरियस के वीभत्स अपराध की कहानी दोहरा रही है। अपने ही भाई के छोटे-छोटे बच्चों को कैसी नृशंसता से मार डाला एटरियस ने! कैसा अनर्थ! ओह विनाश! और विनाश!!' कोरस अचंभित है। आरगू का इतिहास दोहरा रही है कसान्द्रा। वह विक्षिप्त नहीं, अपोलो से अभिप्रेरित है। किन्तु वे समझ नहीं पा रहे कि इन सब बातों का वर्तमान से क्या सम्बन्ध है? तभी कसान्द्रा किसी जाल की बात करती है। उसे एटरियस के वंशजों के रक्त के लिए लपलपाते श्वान दिखायी दे रहे हैं। वह भयभीत है और किसी गहरी वेदना से ग्रस्त जान पड़ती है। क्या है उसकी पीड़ा का स्रोत? कौन सा दुःख साल रहा है उसे? किस दुर्भाग्य की छाया है उसके जीवन पर? उत्तर है कसान्द्रा के पास। किन्तु कौन विश्वास करेगा उसके सच पर। कसान्द्रा उन्हें त्रिकालदर्शी देवता अपोलो के साथ अपने प्रेम सम्बन्ध का वृत्तान्त सुनाती है। स्वयं डेल्फ़ी के अधिष्ठाता से ली थी उसने भविष्य वाचन की शिक्षा। आनेवाला कल साफ़-साफ़ देख रही है वह।

लेकिन अपोलो के ही अभिशाप के कारण उसके सच पर कोई विश्वास नहीं करता। देखो कैसा दुर्भाग्य! कैसी विडम्बना है यह! कहते-कहते ही वह एक बार फिर विक्षिप्तप्राय व्यवहार करने लगती है, ऐसे चीखती-चिल्लाती है जैसे किसी अदृश्य शक्ति ने उसे दबोच लिया हो। भय से उसकी आँखें फैल जाती हैं और पीड़ा से शरीर ऐंठने लगता है। उसे निर्दोष बच्चों के शव दिखायी दे रहे हैं। एक शेर की शैय्या पर एक कायर भेड़िया और रक्त की प्यासी एक राक्षसी दिखाई दे रही है। वह चीखती है, चेतावनी देती है। यह अभिनन्दन, यह प्यार-सत्कार सब झूठ है। छलावा है। इस देश के राजा की हत्या होने वाली है और साथ ही उसके अपने जीवन का भी अन्त। लेकिन यह मत समझना कि इन नृशंस हत्याओं का प्रतिशोध नहीं लिया जाएगा। वह आएगा। वह अवश्य आएगा। वह—जो राजकुमार होते हुये भी निष्कासन का दैन्य सह रहा है, जो साधन सम्पन्न होते हुये भी दर-दर भटक रहा है—वह अवश्य लौट कर आएगा एक दिन और अपनी माँ से अपने पिता की हत्या का प्रतिशोध लेगा। किन्तु अभी इस पल को टाला नहीं जा सकता। मृत्यु वर्तमान की अनिवार्यता है। कसान्द्रा को महल की ओर जाना ही होगा। प्रस्थान से पहले कसान्द्रा अपोलो से प्रार्थना करती है कि उसकी मृत्यु पीड़ा रहित हो। वह जानती है अब देर करने से कोई लाभ नहीं। कोरस-नागरिक उसकी बातों से अचम्भित भी हैं, भ्रमित भी। कसान्द्रा धीरे-धीरे महल की ओर बढ़ती है, अचानक रुकती है। महल से रक्त की गंध आ रही है। कोरस-सदस्य उसे समझाते हैं कि यह बलि चढ़ाये गये पशुओं के रक्त की गंध है। कसान्द्रा कहती है कि यह 'खुली

हुई कब्र से आती दुर्गन्ध' है। लेकिन सब कुछ जानते हुए भी अब वह रुक नहीं सकती। वह आकाश की ओर हाथ उठाकर एक बार फिर देवताओं से न्याय की माँग करती हुई महल की ओर बढ़ती है। हतप्रभ एवं सम्भ्रमित कोरस-सदस्य अभी घटनाओं की समीक्षा कर ही रहे हैं जब भीतर से एगमेम्नन की चीख सुनायी देती है। वे बुरी तरह घबरा जाते हैं। क्या सचमुच उनका राजा मारा गया? क्या एगमेम्नन की हत्या हुई और कसान्द्रा की भविष्यवाणी सच? क्या हो रहा है महल के भीतर? क्या करें वे? इसी असमंजस में हैं कोरस जब राजप्रासाद का मुख्य द्वार खुलता है। एगमेम्नन और कसान्द्रा के शवों पर रक्त से भीगी तलवार लिये क्लाइटीमनेस्ट्रा खड़ी है।

क्लाइटीमनेस्ट्रा के मुख पर न लज्जा है, न ही पश्चाताप। वह गर्व से स्वीकार करती है कि ये हत्याएँ उसने की हैं। उसने स्नानागार में एगमेम्नन को एक जाल में फँसाया और फिर अपने हाथों से उस पर वार किया। एक बार दो बार और फिर तीसरी बार। कोरस-सदस्य उसकी क्रूरता और निर्लज्जता से स्तब्ध हैं। क्लाइटीमनेस्ट्रा को जनमत की कोई परवाह नहीं। वह अपने कुकर्म को न्यायसंगत मानती है। उसने अपनी बेटी इफ़िजीनिया की हत्या का प्रतिशोध लिया है। एगमेम्नन के साथ ही उसने उसकी चहेती भविष्य बाँचने वाली और अपना मरण-गीत स्वयं ही गाने वाली प्रायम की बेटी कसान्द्रा का भी अन्त कर दिया। उसने जो किया वही उचित है, न्याय संगत है और उसे कोई दुःख या अपराध-बोध नहीं। कोरस-सदस्य इन हत्याओं के लिये क्लाइटीमनेस्ट्रा की बहन हेलेन को दोषी मानते हैं। उसके कारण ट्रॉय का युद्ध हुआ, असंख्य सैनिक बेमौत मारे गये और न जाने कितने घर बरबाद हुए। और आज आरगू के राजमहल में जो कुलीन रक्त बहा, क्या उसे किसी समुद्र का पानी कभी धो सकेगा? क्लाइटीमनेस्ट्रा अपनी बहन हेलेन को दोषी नहीं मानती। एटरियस और थेसटीज़ के वंशजों के रक्त-रंजित इतिहास का अगला अध्याय खून से ही लिखा जाना था। इफ़िजीनिया की बलि का प्रतिशोध न्यायोचित है। कोरस-सदस्य अपने राजा का विलाप करते हैं, उनका हृदय शोक से दग्ध है। वे क्लाइटीमनेस्ट्रा को चेतावनी देते हैं। यह खून की होली यहाँ खत्म नहीं होनेवाली, देवाधिपति ज़ीयस सर्वदर्शी हैं, न्यायप्रिय हैं। सगे-सम्बन्धियों की हत्या अक्षम्य अपराध है। तभी क्लाइटीमनेस्ट्रा का प्रेमी ईजिस्थस अपने अंगरक्षकों के साथ प्रवेश करता है। इस षड्यंत्र में वह क्लाइटीमनेस्ट्रा का भागीदार है। उसने अपने पिता थेसटीज़ के साथ एटरियस द्वारा किये गये अनर्थ का बदला लिया और इस तरह अपने परिवार के प्रति अपने कर्त्तव्य का पालन किया। कोरस सदस्य ईजिस्थस की भर्त्सना करते हैं। उस कायर ने हत्या का षड्यंत्र तो रचा किन्तु उसे कार्यान्वित करने योग्य पौरुष उसमें नहीं था। क्यों नहीं एक पुरुष की तरह एगमेम्नन को

ललकारा? क्यों धोखे से एक स्त्री के हाथों उसकी हत्या करवायी? लेकिन देवता सर्वदर्शी, न्यायप्रिय और सर्वसमर्थ हैं। एगमेम्नन की पत्नी और उसकी सत्ता वह भोग नहीं सकेगा। एक न एक दिन एगमेम्नन का पुत्र ऑरेस्टीज़ अवश्य लौटेगा और अपने पिता की हत्या का प्रतिशोध लेगा। ईजिस्थस उन्हें धमकाता है; क्लाइटीमनेस्ट्रा उसे कोरस की ओर ध्यान न देने को कहती है। अब वह हर तरह से निश्चिंत और आश्वस्त है। सत्ता का सुख और सौभाग्य उनकी प्रतीक्षा कर रहा है।

लायबेशन बियर्रस

ईस्किलस की 'ऑरेस्टेया' शीर्षक से विख्यात नाट्य-त्रयी का दूसरा नाटक है 'शोफ़ोरे', जो आरगू के राजा एगमेम्नन की हत्या के दस वर्ष बाद प्रारम्भ होता है। ट्रॉय को ध्वस्त कर लौटे ग्रीक सेनाधिपति; लेकिन तब तक एगमेम्नन की उसकी पत्नी क्लाइटीमनेस्ट्रा ने अपने प्रेमी ईजिस्थस के साथ मिलकर धोखे से हत्या कर दी थी। अपने और एगमेम्नन के पुत्र ऑरेस्टीज़ को उसने बहुत पहले ही फ़ॉकिस के मित्र राजा स्ट्रोफ़ियस के पास भेज कर अपने रास्ते का काँटा निकाल दिया था। ऑरेस्टीज़ उस समय बहुत छोटा था और अपनी माँ के इरादों से अनभिज्ञ। फ़ॉकिस में ही उसका पालन-पोषण हुआ और शिक्षा सम्पन्न हुई। अब वह युवक है और अपने पिता के साथ हुए अन्याय का प्रतिशोध लेने के लिये अपने मित्र पायलेडीज़ के साथ आरगू आया है। स्वदेश पहुँच कर वह सबसे पहले अपने पिता एगमेम्नन की समाधि पर जाता है और ग्रीक आस्था के अनुरूप अपने बालों की एक लट वहाँ भेंट चढ़ाता है। बालों की एक और लट वह सुरक्षित यात्रा के लिए इनाकस नदी के देवता को कृतज्ञता ज्ञापन के रूप में अर्पित करता है। तभी उसे काले वस्त्र पहने महिलाओं का एक वृन्द समाधि की ओर आता दिखाई देता है। दुःखों के भार से झुकी, कृशकाय और मलिन मुख इलेक्ट्रा उनके आगे चल रही है। एगमेम्नन की बेटी, आरगू की राजकुमारी और अपनी बहन इलेक्ट्रा की ऐसी दुर्दशा देखकर ऑरेस्टीज़ का मन भर आता है। लेकिन आरगू की वर्तमान स्थिति और महल का हाल जाने बिना अपना परिचय देना उचित नहीं, यह सोचकर ऑरेस्टीज़ और पायलेडीज़ झाड़ियों के पीछे छिप जाते हैं।

महिला-कोरस एगमेम्नन की समाधि पर श्रद्धा सुमन भेंट करता है। उनके शोक गीत से स्वर्गीय राजा के प्रति उनकी श्रद्धा और अनहोनी मृत्यु पर दुःख छलक रहा है। आरगू में व्याप्त अराजकता, अन्याय और भ्रष्टाचार से वे कितनी विक्षुब्ध हैं, इसका अनुमान लगाना कठिन नहीं। वे बार-बार देवताओं से खून के बदले खून की माँग करती हैं। एगमेम्नन के वध का घाव उनके सीने में आज भी हरा है। इलेक्ट्रा उनसे पूछती है कि वह अपने पिता की समाधि पर क्या प्रार्थना करे। महिला-कोरस

उसे प्रतिशोध की माँग करने की सलाह देता है। इलेक्ट्रा दुविधा में है। वह अपनी माँ क्लाइटीमनेस्ट्रा से घृणा करती है लेकिन नहीं जानती कि ऐसी दुविधापूर्ण स्थिति में उसका कर्तव्य क्या है। अन्ततः वह देवताओं से ऑरेस्टीज़ की वापसी और न्याय के लिए प्रार्थना करती है। तभी उसकी दृष्टि एगमेम्नन की समाधि पर अर्पित बालों की एक लट पर पड़ती है जिसका रंग उसके अपने बालों जैसा है। एगमेम्नन की समाधि पर कोई अपना ही बालों की लट भेंट कर सकता है। कौन हो सकता है यह? ज़मीन पर पैरों के निशान भी उसके अपने पैंरो की बनावट से मिलते-जुलते हैं। क्या ऑरेस्टीज़ आ गया? क्या उसकी प्रार्थना स्वीकार हुई? न्याय का क्षण आ पहुँचा? झाड़ियों के पीछे छिपा ऑरेस्टीज़ और विलम्ब सहन नहीं कर पाता और इलेक्ट्रा के सामने बाँहे फैलाये आ खड़ा होता है। लेकिन जो इलेक्ट्रा बालों के रंग और पैरों के निशान से उसे पहचान रही थी अब न तो अपनी आँखों पर विश्वास कर पाती है, न ही अपने भाग्य पर। यह कोई नया छलावा तो नहीं? ऑरेस्टीज़ उसे तरह-तरह से आश्वस्त करने का प्रयास करता है, फिर वह उसे वे वस्त्र दिखाता है जिन पर इलेक्ट्रा ने अपने हाथों से कढ़ाई की थी। अब और किसी साक्ष्य की अपेक्षा नहीं। रोते हुए दोनों गले मिलते हैं। देर तक वे महिला-कोरस के साथ एगमेम्नन का विलाप करते हैं। बहुत विस्तार का समय नहीं। इलेक्ट्रा की दीनता बिन कहे सब कुछ कह रही है। आरगू पर शत्रु का आधिपत्य है और उनकी अपनी माँ उसकी अंकशायिनी। प्रजा अप्रसन्न और निराश है। चारों ओर अनुशासनहीनता, झूठ, चोर बाज़ारी और भ्रष्टाचार का बोलबाला है। हर स्तर पर सत्ता का दुरुपयोग हो रहा है, जनता के मन से शासन का सम्मान और भय दोनों मिट चुके हैं। यह सुनकर ऑरेस्टीज़ तिलमिला उठता है और यह घोषणा करता है कि वह एगमेम्नन की हत्या का प्रतिशोध लेगा, उसके हत्यारों को दंड देगा। यह भी सर्वविदित हो कि अपने पिता की हत्या के प्रतिशोध का आदेश उसे स्वयं सूर्य देवता अपोलो ने दिया है और देवाज्ञा की अवहेलना अक्षम्य अपराध है। ऑारेस्टीज़ का हृदय उन सभी ग्रीक योद्धाओं के लिए दुःखी है जो ट्रॉय के युद्ध से तो विजयी लौटे किन्तु जिन्हें अपनी ही धरती पर अपमान और विश्वासघात मिला। काश! एगमेम्नन ट्रॉय में ही वीर-गति को प्राप्त होता! अपने ही घर में अपनों ही के हाथों उसका ऐसा अधम अन्त न हुआ होता। एक असहाय पशु की तरह उसकी बलि न दी गई होती। और न ही इलेक्ट्रा अपने ही महल के एक अँधेरे कोने में दुर्भाग्य की छाया की तरह पड़ी रहती।

कोरस-महिलाएँ बार-बार एगमेम्नन को पुकारती हैं कि वह अपनी कब्र से उठे और अपने हत्यारों से बदला ले। वे अनवरत प्रतिशोध और न्याय की माँग कर रही हैं। ऑरेस्टीज़ जानना चाहता है कि वे आज एगमेम्नन की समाधि पर तर्पण के लिए क्यों आयीं। वे ऑरेस्टीज़ को बताती हैं कि पिछली रात क्लाइटीमनेस्ट्रा ने एक

दुःस्वप्न देखा। उसने देखा कि उसकी कोख से एक सर्प शिशु का जन्म हुआ है। जब वह सर्प शिशु को स्तन पान कराने लगी तो वह दूध की जगह उसका रक्त चूसने लगा। भयगीत क्लाइटीमनेस्ट्रा चीख कर उठ बैठी। वह बहुत घबरा गई। किसी अनर्थ की आशंका से उसका मन काँप उठा। इसी कारण उसने एगमेम्नन की आत्मा की शान्ति के लिए कोरस को तर्पण भेंट सामग्री देकर इलेक्ट्रा के साथ यहाँ भेजा। ऑरेस्टीज़ इस दुःस्वप्न का अर्थ समझ रहा है। एगमेम्नन का खून प्रतिशोध लेगा। हत्यारों का अन्त अब निकट है। सब मिलकर सफलता की प्रार्थना करते हैं। प्रार्थना के बाद ऑरेस्टीज़ इलेक्ट्रा को वापस महल में भेजता है। महिला कोरस को आदेश देता है कि अपनी वाणी और मनोभावों पर नियंत्रण रखें। इसके बाद वह अपने परम मित्र पायलेडीज़ के साथ स्वयं भी राज प्रासाद की ओर प्रस्थान करता है। कोरस गीत में मानव-जीवन की दुविधाओं और दुःखों की अभिव्यक्ति है। कभी-कभी उद्दाम आवेग मनुष्य को विवेक हीन कर उसे भयानक हिंसा के लिए उकसाता है, उससे अनर्थ करवा डालता है। कार्य-कारण की कड़ियाँ जुड़ती रहती हैं, पाप का परिणाम तो हर किसी को भुगतना ही पड़ता है। भगवान के पर देर भले हो अँधेर नहीं।

आरगू के राजमहल के द्वार पर ऑरेस्टीज़ और पायलेडीज़ विदेशियों के भेस में खड़े हैं। महिला-कोरस भी उपस्थित है। ऑरेस्टीज़ प्रहरी से अनुरोध करता है कि वह भीतर जाकर अपने स्वामी को यह सूचना दे कि कोई विदेशी एक विशेष समाचार लेकर आया है। प्रहरी के प्रस्थान से पूर्व ही रानी क्लाइटीमनेस्ट्रा बाहर की ओर आती दिखायी देती हैं। इलेक्ट्रा भी उसके साथ है। वह विदेशी से दिखनेवाले सन्देश वाहकों का स्वागत करती है। ऑरेस्टीज़ उसे यह समाचार देता है कि फ़ॉकिस में स्ट्रोफ़ियस के संरक्षण में पल रहे ऑरेस्टीज़ नामक युवक की एक दुर्घटना में मृत्यु हो गई है। क्लाइटीमनेस्ट्रा की प्रतिक्रिया एक माँ जैसी नहीं। वह आश्वस्त-सी दिखती है यद्यपि लोकाचार के निमित्त दुःख प्रकट करती है और अतिथि सत्कार का दायित्व इलेक्ट्रा को सौंप कर यह समाचार ईजिस्थस को सुनाने के लिए महल के भीतर जाती है। कोरस महिलाएँ काँपते मन से अभियान की सफलता की प्रार्थना करती हैं। वे उस पल की प्रतीक्षा में हैं जब आरगू के राजमहल में एक बार फिर हर्षोल्लास का राज होगा, दुष्टों को अपने किये की सज़ा मिलेगी और न्याय की विजय होगी। इसी बीच ऑरेस्टीज़ की धाय माँ किलीसा रोती हुई बाहर आती है। ऑरेस्टीज़ की मृत्यु का दुखद समाचार सुन कर उसका हृदय फटा जा रहा है। आँखों से आँसुओं की धार बह रही है। वह रह-रह कर ऑरेस्टीज़ के शैशव के दिन याद करती है, जब वह रात-रात भर उसे गोद में लेकर घूमा करती थी, उसे दूध पिलाती थी, खिलौनों से बहलाती थी तो कभी चाँद दिखाती थी। उसकी नन्हीं किलकारियाँ आज भी किलीसा के कानों में गूँज रही हैं। यद्यपि वह केवल धाय थी लेकिन ऑरेस्टीज़ को उसने अपने

बच्चे की तरह पाला, उसकी हर ज़रूरत का ध्यान रखा। आज वह नहीं रहा, यह सुन कर उसका कलेजा मुँह को आ रहा है। जबकि उसकी अपनी माँ दिखावे के आँसू बहा रही है। इस समय ईजिस्थस महल में नहीं। क्लाइटीमनेस्ट्रा ने उसे बुला लाने को किलीसा को भेजा है। कोरस-महिलाएँ किलीसा को परामर्श देती हैं कि वह ईजिस्थस को शीघ्रातिशीघ्र, अंग रक्षकों के बिना ही तत्काल महल में पहुँचने का सन्देश दे। इस परामर्श से धाय कुछ आश्वस्त होती है। उसे कहीं आशा की किरण दिखाई दे रही है। महिला-कोरस एक बार फिर देव सम्राट ज़ीयस से सफलता की प्रार्थना करता है। अपनी माँ पर वार करते समय ऑरेस्टीज़ का हाथ न काँपे। उस पापिष्ठा का वध करते समय ऑरेस्टीज़ का दिल उतना ही मजबूत हो जाए जितना गॉरगन मेडुसा की हत्या करते समय परसियस का था। ईजिस्थस आता दिखाई देता है। वह अकेला है और अत्यन्त उल्लसित। उसके रास्ते का काँटा अपने आप ही निकल गया। वह इस शुभ समाचार पर विश्वास नहीं कर पा रहा। कोरस-महिलाएँ उसे स्वयं अतिथियों से बात करने को कहती हैं। वे ईजिस्थस के भीतर जाने पर फिर ऑरेस्टीज़ की सफलता की प्रार्थना करती हैं। ज़ीयस कृपा करें, उसे अपना उत्तराधिकार और यश प्राप्त हो।

राजमहल से प्रहरी की चीख सुनायी देती है। मार डाला हत्यारों ने ईजिस्थस को मार डाला। खोलो, द्वार खोलो, सैनिकों को बुलाओ...उनके स्वामी को मार डाला। कहाँ है रानी क्लाइटीमनेस्ट्रा? अरे भागो! अपनी जान बचाओ। तलवार का दूसरा वार उसकी गर्दन पर होगा। कहाँ है रानी?...अरे भागो...बचाओ...बचाओ...!

क्लाइटीमनेस्ट्रा बाहर आती है। वह एकदम हतप्रभ और किंकर्त्तव्यविमूढ़ है। कुछ समझ नहीं पा रही। तभी ऑरेस्टीज़ और पायलेडीज़ ईजिस्थस के शव को घसीटते हुए बाहर लाते हैं। क्लाइटीमनेस्ट्रा कटे पेड़ सी उसके शव पर गिर पड़ती है। ओह! तो ईजिस्थस का हत्यारा कोई और नहीं उसका अपना बेटा ऑरेस्टीज़ है। ऑरेस्टीज़ की आँखों में खून है और हाथ में तलवार। अब और कोई रास्ता नहीं। वह झट से अपना वक्ष खोल कर बेटे को माँ के दूध का वास्ता देती है। एक पल के लिए ऑरेस्टीज़ विचलित हो उठता है। पायलेडीज़ उसे याद दिलाता है कि क्लाइटीमनेस्ट्रा की हत्या देवता अपोलो का आदेश है और अवज्ञा का परिणाम भयावह हो सकता है। क्लाइटीमनेस्ट्रा अपनी स्थिति को न्यायोचित सिद्ध करने का प्रयत्न करती है। वह अपने प्रति एगमेम्नन की उपेक्षा, उसकी लम्बी अनुपस्थिति और अपने एकाकीपन की दुहाई देती है। किन्तु ऑरेस्टीज़ उसके हर तर्क को काटता है। तब वह उसे माँ के प्रति पुत्र-धर्म की याद दिलाती है। लेकिन ऑरेस्टीज़ को अपना पितृ ऋण भी तो चुकाना है। अन्ततः वह उसे प्रतिशोध की देवी फ़्यूरीज़ के क्रोध से डराती है। वे मातृ-हत्या के जघन्य अपराध को कभी क्षमा नहीं करेंगी और ऑरेस्टीज़ को आजन्म

पश्चाताप की अग्नि में जलाती रहेंगी। किन्तु अब ऑरेस्टीज़ ने मन कड़ा कर लिया है। दैवी आदेश और दैवी संकेतों को तो कार्यान्वित करना ही होगा। वह क्लाइटीमनेस्ट्रा को घसीटते हुए भीतर ले जाता है। कोरस एटरियस के परिवार का इतिहास दोहराता है। उसे विश्वास है देवता अपराधी को कभी क्षमा नहीं करते।

क्लाइटीमनेस्ट्रा और ईजिस्थस के शवों के पास ऑरेस्टीज़ और पायलेडीज़ खड़े दिखायी देते हैं। ऑरेस्टीज़ के एक हाथ में वह जाल है जिसमें फँसाकर क्लाइटीमनेस्ट्रा ने एक दिन उसके पिता एगमेम्नन की हत्या की थी और दूसरे हाथ में वह रक्तरंजित वस्त्र है जो वह उस समय धारण किये था। ऑरेस्टीज़ ने माँ को मौत के घाट उतार कर पिता का प्रतिशोध लिया। किन्तु यह कैसा न्याय? और यह कैसी जीत? एक पाप की निष्पति हुई और दूसरे का बीजारोपण। विजयी नहीं, प्रदूषित है ऑरेस्टीज़। जघन्य अपराध किया है उसने। वह देख रहा है भयावह फ़्यूरीज़ उसकी ओर बढ़ती चली आ रही हैं। उनकी आँखों में खून है, बालों में सर्प लिपटे हैं और हाथ में कोड़े हैं। ऑरेस्टीज़ ने अपोलो की आज्ञा का पालन किया अब वही उसे इस विपदा से बचायेगा। अब लोक्सिया ही उसे शुद्ध करेगा, इस प्रदूषण से मुक्ति दिलायेगा। उसे अपोलो की शरण में जाना होगा। न जाने कितनी लम्बी और काँटों भरी राह पर कब तक अकेले भटकना होगा। क्या उसे कभी यन्त्रणा से मुक्ति मिल पाएगी? कोरस-महिलाएँ उसे सांत्वना देती हैं। किन्तु ऑरेस्टीज़ की ओर बढ़ रही हैं वे भयावह आकृतियाँ जिनका सामना करना उसके बस की बात नहीं। भयाक्रान्त ऑरेस्टीज़ देव अपोलो को आर्द्र स्वर में सहायता के लिए पुकारता हुआ प्रस्थान करता है। कोरस उसकी सुरक्षा, शुद्धि और मन की शान्ति के लिए देवताओं से प्रार्थना करता है। दो पीढ़ियों से अभिशप्त है एटरियस का परिवार और अब यह तीसरी पीढ़ी भी क्या उसी रक्तरंजित इतिहास को दोहराएगी? एक के बाद एक हत्या। कब टूटेगी प्रतिशोध की कड़ी? कब न्याय की देवियाँ सन्तुष्ट होंगी? कब थमेगी खूनी आँधी और कब आरगू के राज-परिवार को मोक्ष की प्राप्ति होगी।

यूमेनायड्स

ईस्किलस की 'ऑरेस्टेया' नाट्य-त्रयी का तीसरा नाटक है 'यूमेनायड्स' जो एटरियस-परिवार के रक्तरंजित इतिहास की अन्तिम कड़ी की गाथा कहता है। मातृ-हत्या के जघन्य अपराध के बाद ऑरेस्टीज़ का अवसाद, जुगुप्सा और चारों ओर से उसे घेरने को आगे बढ़ती हुई भयावह काली परछाइयों की चेतना इस बात का संकेत दे रही हैं कि ऑरेस्टीज़ प्रदूषित है। मानसिक यन्त्रणा से संत्रस्त ऑरेस्टीज़ प्रतिशोध की अधिष्ठात्री फ़्यूरीज़ की मार से बचने के लिए देश-विदेश भागता फिर रहा है। एगमेम्नन की हत्या का प्रतिशोध न तो हर्ष का अवसर था न ही विजय का पर्व। वस्तुतः वह तो नारकीय वेदना का आरम्भ बिन्दु था जिससे ऑरेस्टीज़ को न जाने कब और कहाँ मुक्ति मिलेगी।

'यूमेनायड्स' का आरम्भ सत्य एवं प्रकाश के देवता अपोलो के डेल्फ़ी शकुन स्थल पर होता है। मन्दिर की पुजारिन ज़ीयस की अभ्यर्थना करती है और फिर अपोलो के इस विश्वविख्यात शकुन स्थल की महत्ता एवं मान्यता का बखान करती है। अपोलो की अभिप्रेरणा और उसकी कृपा से ही वह भविष्य वाचन में समर्थ है, उसी की दिव्य-दृष्टि उपासिका की वाणी में प्रस्फुटित होती है। अन्यथा वह क्या! और उसका ज्ञान क्या! यह कह कर डेल्फ़ी की पुजारिन मन्दिर के भीतर जाती है किन्तु पल भर में ही भय से चीखती हुई वापस दौड़ आती है। मन्दिर के भीतर नेम्बरिल पत्थर पर एक व्यक्ति शरणागत की मुद्रा में बैठा है। रक्त से सने उसके एक हाथ में नंगी तलवार है और दूसरे में ऊन में लिपटी जैतून की शाखा। स्पष्ट है कि वह देव-कृपा का अभिलाषी है। उसके चारों और सिंहासनों पर भयावह आकृतियाँ सो रही हैं। वे स्त्रियाँ कम राक्षसियाँ अधिक लगती हैं। उनके सिरों पर सर्प लिपटे हैं और हाथों में कोड़े हैं। न जाने कौन हैं और किस ग्रह से पृथ्वी पर आयी हैं। पुजारिन की आँखें भय से फटी जा रही हैं, हाथ-पैर बुरी तरह काँप रहे हैं, गिरती-पड़ती वह वहाँ से प्रस्थान करती है। तभी मन्दिर का द्वार खुलता है और वही दृश्य दिखाई देता है। वह शरणागत वस्तुतः एगमेम्नन का पुत्र ऑरेस्टीज़ है। अब उसके सिर के पास स्वयं अपोलो खड़ा है जो उसे रक्षा का आश्वासन दे रहा

है। अपोलो के आदेश पर ही ऑरेस्टीज़ ने अपनी माँ क्लाइटीमनेस्ट्रा का वध किया था। अब वह उसे मझधार में अकेला नहीं छोड़ेगा। पाप का प्रायश्चित तो करना ही होगा लेकिन वह देव-कृपा से वंचित नहीं। उसका अवश्य ही शुद्धिकरण होगा। अपोलो ऑरेस्टीज़ को एथेन्स जाने का परामर्श देता है। वहाँ एक्रोपॉलिस में देवी एथीना के चरण पकड़ कर न्याय की माँग करे। देवी की दया से उसे दुःख से मुक्ति मिलेगी। अपोलो अपने भाई, यात्रियों के आराध्य हर्मीज़ से आग्रह करता है कि वह ऑरेस्टीज़ का मार्गदर्शन करे। देवता के आदेश के अनुसार ऑरेस्टीज़ हर्मीज़ के मार्ग दर्शन में एथेन्स की ओर प्रस्थान करता है और अपोलो मन्दिर के भीतर लौट जाता है। उनके जाते ही क्लाइटीमनेस्ट्रा का प्रेत वहाँ आता है और सिंहासनों पर निश्चिन्त सोई फ़्यूरीज़ अर्थात प्रतिशोध की प्रचंड देवियों को धिक्कारता है। उसका हत्यारा भाग निकला और वे वहाँ मजे में सोई रहीं! क्या यही है उनका धर्म! एक-एक कर फ़्यूरीज़ गुर्राती हुई उठती हैं। वे अपनी निष्क्रियता एवं ऑरेस्टीज़ की चालाकी से कुंठित एवं लज्जित हैं। क्लाइटीमनेस्ट्रा का प्रेत उन्हें बार-बार धिक्कारता है। तभी धनुष-वाण से सज्जित अपोलो प्रवेश करता है और वह उन घिनौनी आकृतियों को अपने मन्दिर से निकल जाने का आदेश देता है। फ़्यूरीज़ का कोरस इस स्थिति के लिए अपोलो को ही दोषी मानता है। उसी ने ऑरेस्टीज़ को मातृ-हत्या के लिए उकसाया। अपोलो का मानना है कि उसने पिता की हत्या के प्रतिशोध के लिए ऑरेस्टीज़ को प्रेरित किया और यह सर्वथा उचित एवं न्याय-संगत था। उसने ऑरेस्टीज़ को शरण भी दी। किन्तु अपने पवित्र शकुन स्थल में वह फ़्यूरीज़ की उपस्थिति सहन नहीं करेगा। फ़्यूरीज़ अपनी मान्यता पर दृढ़ है कि माँ की हत्या करनेवाले अधर्मी को कहीं शरण नहीं मिलनी चाहिए। अपोलो पूछता है क्या पत्नी द्वारा पति की हत्या अधर्म नहीं? क्या क्लाइटीमनेस्ट्रा का अपराध क्षम्य है? फ़्यूरीज़ का कहना है कि पति-पत्नी का सम्बन्ध रक्त-सम्बन्ध नहीं। मातृ-हत्या महापाप है। ऑरेस्टीज़ को दंड भुगतना ही होगा। तभी फ़्यूरीज़ को मातृ-रक्त की गंध आती है और वे बाहर की ओर दौड़ती हैं। कहीं आस-पास है उनका शिकार। अपोलो ऑरेस्टीज़ की रक्षा के लिए दृढ़ प्रतिज्ञ है।

नाटक का दूसरा दृश्य लगभग एक वर्ष के अन्तराल के बाद आरम्भ होता है। एथेन्स में पालास एथीना के मन्दिर में देवी की एक भव्य प्रतिमा स्थापित है। ऑरेस्टीज़ प्रवेश करता है। लम्बी और कठिन यात्रा में उसके पैर छिल गए हैं और उनसे खून बह रहा है। अब वह देवी एथीना की शरण है। देवी ही उसका उद्धार करेगी। वह प्रतिमा के पैरों से लिपट जाता है। तभी फ़्यूरीज़ का कोरस भी आ पहुँचता है। कहाँ-कहाँ नहीं ढूँढ़ा इस मातृ-हन्ता को। आख़िर पकड़ में आ ही गया। उनका शिकार सामने है और फ़्यूरीज़ उसका रक्त पीने को उतावली। ऑरेस्टीज़ ने प्रदूषित

हाथों से देवी की प्रतिमा को छूकर मन्दिर की पवित्रता भंग की है। अब उसे कोई नहीं बचा सकता। ऑरेस्टीज़ अपने पक्ष में केवल इतना कहता है कि वह प्रदूषित नहीं है। शिशु-वराह के रक्त-स्नान से उसे शुद्ध किया जा चुका है तभी वह देवी के मन्दिर में प्रवेश करने का साहस कर पाया। फ़्यूरीज़ किसी विवाद में नहीं पड़ना चाहती। ऑरेस्टीज़ ने देवी एथीना की शरण ली है अतएव अब उन्हें अपना काम करने के लिए देवी की अनुमति चाहिए। वे अपनी जननी कालरात्रि का भी स्मरण करती हैं। पापियों को दंड देना उनका आदि अधिकार है किन्तु लीटो का बेटा अपोलो उनके कार्यक्षेत्र में हस्तक्षेप कर रहा है। उनकी पुरातन सत्ता और मान्यता को चुनौती दी जा रही है। यह असहनीय है, अँधेर है। पापी को दंड दिये बिना वे नहीं मानेंगी। वे ऑरेस्टीज़ का हृदय-रक्त चूस कर उसे कंकाल कर देंगी। आक्रोश के इस झंझावात के बीच ही अस्त्र-शस्त्र से सज्जित देवी एथीना प्रकट होती है और दोनों पक्षों से अपना परिचय देने और वहाँ आने का उद्देश्य स्पष्ट करने को कहती है। फ़्यूरीज़ बताती हैं कि ऑरेस्टीज़ अपनी माँ का हत्यारा है और वे उसे उसके पाप का दंड देने के लिए उसका पीछा करते हुए वहाँ आई हैं। ऑरेस्टीज़ को अपनी बात कहने का अवसर दिया जाता है। वह अपने पूर्वजों का इतिहास दोहराता है और अपनी माँ द्वारा पिता की नृशंस हत्या का वृत्तान्त कह सुनाता है। माँ क्लाइटीमनेस्ट्रा की हत्या कर उसने अपराध किया लेकिन इस प्रतिशोध का आदेश उसे स्वयं अपोलो ने दिया था। बड़ी ही जटिल समस्या है। स्थिति की गम्भीरता को समझते हुए एथीना एक निर्णायक-मंडल का गठन उचित समझती है। मातृ-हत्या के सन्दर्भ में एक ऐसा विधान बनाना भी अपेक्षित है, आने वाली पीढ़ियाँ जिसका अनुकरण कर सकें। एथीना दोनों पक्षों को अपने तर्क और साक्ष्य जमा करने का आदेश देकर निर्णायकों के चयन के लिए प्रस्थान करती है। फ़्यूरीज़ का कोरस एक बार फिर मातृ-हत्या की जघन्यता की निन्दा करता है। वे पृथ्वी के हर मनुष्य को अपने जन्म देनेवालों और अतिथियों का सम्मान करने की सलाह देती हैं। माता-पिता और अतिथि का अपमान अधर्म है, पाप है और इसमें उनके अपने विनाश का बीज है।

अगले दृश्य में देवी एथीना 'एरियोपागस' के नाम से विख्यात होनेवाले संस्थान का विधिवत उद्‌घाटन करती है। यह एथेन्स का अपनी तरह का पहला न्यायालय है जहाँ नर हत्या से सम्बद्ध मुकदमों की सुनवाई होगी। दुन्दुभि की ध्वनि से नगर की पहाड़ियाँ गूँज उठती हैं। एथीना द्वारा चुने गए निर्णायक-मंडल के बारह सदस्य अपना स्थान ग्रहण करते हैं। एथेन्स के नागरिक बड़ी संख्या में इस मुकदमे की कारवाई देखने के लिए जमा हैं। एथीना उपस्थित सज्जनों को शान्तिपूर्वक बैठने का आदेश देती है ताकि वादी-प्रतिवादी को ध्यान से सुनकर किसी सही फ़ैसले पर पहुँचा जा सके। ऑरेस्टीज़ के पक्ष में अपोलो भी उपस्थित है। उस पर भी ऑरेस्टीज़ को

हत्या के लिए उकसाने का आरोप है। सुनवाई आरम्भ होती है। 'फ़्यूरीज़' कोरस बड़े संक्षिप्त किन्तु नुकीले प्रश्न पूछता है और ऑरेस्टीज़ उनके संक्षिप्त और सटीक उत्तर देता जाता है। वह स्वीकार करता है कि उसने अपनी माँ की हत्या की लेकिन ऐसा उसने अपने पिता एगमेम्नन की हत्या का प्रतिशोध लेने के लिए किया। दूसरे, उसे इस प्रतिशोध का आदेश देवता अपोलो से मिला था, अर्थात् उसे दैवी अनुमति प्राप्त थी। यहाँ सूर्य देवता अपोलो हस्तक्षेप करता है और यह स्पष्ट करता है कि यह आदेश उसे देव-सम्राट ज़ीयस से मिला था। फ़्यूरीज़ का प्रश्न है कि क्या माँ के जीवन का कोई मूल्य नहीं? प्रतिरक्षक का तर्क है कि यहाँ प्रश्न केवल माता-पिता के जीवन का नहीं। जिन परिस्थितियों में एगमेम्नन जैसे महान योद्धा की हत्या एक स्त्री द्वारा धोखे से की गई वह शर्मनाक है। इस पर फ़्यूरीज़ पलट कर प्रश्न करती है कि पिता के जीवन को सर्वोपरि माननेवाले ज़ीयस ने सत्ता पाने के लिए क्या स्वयं अपने पिता क्रॉनस को बन्दी नहीं बनाया था? उसकी हत्या नहीं की थी? इस पर अपोलो उन्हें सर्वशक्तिमान ज़ीयस के आचरण पर प्रश्न-चिह्न लगाने के लिए धिक्कारता है और मुख्य मुद्दे पर वापस आते हुए वह तर्क देता है कि बालक का जनक पिता होता है और माँ केवल भ्रूण-रक्षण के लिए गर्भ। माता के बिना जन्म हो सकता है, पिता के बिना नहीं। इसका जीवन्त उदाहरण है ज़ीयस की मानस पुत्री—देवी एथीना। अपोलो एथीना को वचन देता है कि यदि पिता के पक्ष में इस मुकदमे का निर्णय हुआ तो वह एथेन्स की प्रगति के लिए सदा प्रयत्नशील रहेगा। ऑरेस्टीज़ और उसके वंशज भी सदैव देवी के कृतज्ञ एवं समर्पित सेवक रहेंगे।

दोनों पक्षों के तर्क सुनने के बाद एथीना एथेन्स के नागरिकों को सम्बोधित करती है। वह उन्हें याद दिलाती है कि यह वही पहाड़ी है जिस पर कभी अमेज़न नामक स्त्री-योद्धाओं ने अपने खेमे गाड़े थे और थीसियस से युद्ध किया था। इसी स्थान पर उन्होंने युद्ध के देवता एरीज़ को बलि भेंट की थी। तभी से यह पहाड़ी 'एरियोपागस' अर्थात् एरीज़ की पहाड़ी के नाम से प्रसिद्ध हुई। आज यहाँ नर-हत्या के ऐतिहासिक मुकदमे का फैसला होने वाला है। यह फैसला आने वाली पीढ़ियों के लिए एक अध्यादेश के रूप में प्रतिष्ठित होगा और नागरिकों को देश के विधान का सम्मान करने की प्रेरणा देगा। कानून का उल्लंघन करने वाले के लिए दंड का विधान होगा क्योंकि भय के बिना अनुशासन और सदाचरण सम्भव नहीं। यह कहने के बाद एथीना निर्णायक-मंडल को अपना मत डालने के लिए आमंत्रित करती है। एक-एक कर निर्णायक उठते हैं और अपना गुप्त मत बारी-बारी से एक बड़े पात्र में डालते हैं। यह पहले ही निश्चित हो जाता है कि पक्ष एवं विपक्ष में मतों की संख्या बराबर होने पर एथीना का वोट ऑरेस्टीज़ के पक्ष में होगा और सर्वमान्य होगा। अनिश्चय और उद्वेग के कुछ क्षणों के बाद मतदान सम्पन्न होता है। एथीना सभी की उपस्थिति

में मतगणना करती है। पक्ष-विपक्ष में बराबर वोट पड़े हैं। एथीना ऑरेस्टीज़ के पक्ष में मतदान करती है। ऑरेस्टीज़ अब दोषमुक्त है।

मातृ-हत्या के अपराध से बरी ऑरेस्टीज़ देवी एथीना एवं अपोलो के प्रति कृतज्ञता से अभिभूत है। वह उनका कोटि-कोटि धन्यवाद करता है एवं एथेन्स के हित में सदैव तत्पर रहने का वचन देता है। फ़्यूरीज़ अप्रसन्न हैं। वे अपने अपमान और आदि काल से चले आ रहे मूल्यों के तिरस्कार के लिए एथेन्स को दंड देंगी। अपने हृदय के विषाक्त रक्त की बूँद गिरा कर वे एथेन्स की धरती को बंजर कर देंगी। न खेतों में अन्न होगा, न पेड़ों पर पत्ते और न ही माँओं की गोद में बच्चे। एथेन्स का विनाश होगा। फ़्यूरीज़ की निर्णायक शक्ति, वैभव और सम्मान को तिरोहित करनेवाला एथेन्स धराशायी होगा। देवी एथीना उनसे विनम्र आग्रह करती है कि वे क्रोध का त्याग करें। एथेन्स और निर्णायक मंडल की मंशा उनका अपमान करने की नहीं थी। वह उन्हें एरिक्थियस के निकट स्थित भव्य महल को अपने निवास-स्थान के रूप में स्वीकार करने की प्रार्थना करती है। एथीना उन्हें यह आश्वासन भी देती है कि एथेन्स वासी सदा उनका सम्मान करेंगे, सार्वजनिक उत्सवों पर उन्हें श्रेष्ठ भेंट अर्पित करेंगे, उनके मन्दिर और हवन-वेदियों पर अनुष्ठान करेंगे और उनके स्तुति गीत गाएँगे। धीरे-धीरे फ़्यूरीज़ एथीना की मीठी वाणी से प्रभावित और प्रसन्न होती हैं। प्रज्ञा की देवी ने उनका मन जीत लिया है। वे क्रोध का परित्याग कर एथेन्स का आतिथ्य स्वीकार करती हैं। वे वचन देती हैं कि उनकी दया से एथेन्स समृद्ध होगा, धरती के गर्भ में छिपी सम्पदा द्विगुणित होकर बाहर निकलेगी, धन-धान्य का बाहुल्य होगा, यौवन मृत्यु से अछूता होगा और रूप प्रेम से प्रदीप्त। एथीना अपने नगर के प्रति प्राच्य देवियों की कृपा से हर्षित एवं कृतज्ञ है। एथेन्स को दयामयी देवियों का संरक्षण प्राप्त हुआ है। आज से वे प्रचंड आक्रोश, यन्त्रणा एवं प्रतिशोध की अधिष्ठात्री 'फ़्यूरीज़' नहीं, करुणा की देवियाँ 'यूमेनायड्स' कहलाएँगी।

अनुरक्षक यूमेनायड्स को उनके नये निवास-स्थान की ओर निर्दिष्ट करता है। सबके मन में यह विश्वास लहलहा रहा है कि यूमेनायड्स के संरक्षण में उनके सौभाग्य का सूरज दुगुने तेज़ से चमकेगा और एथीना के नगर में सदैव सुख-शान्ति का राज होगा।

प्रमीथ्यु बाउन्ड

ईस्किलस के नाटक 'प्रमीथ्यु बाउन्ड' के आरम्भ में देव सम्राट ज़ीयस के विश्वस्त सेवक क्रेटस और बीया अर्थात शक्ति और हिंसा महाकाय प्रमीथ्यु को लेकर काकेकस पर्वत की एक चट्टान पर आते हैं जहाँ ज़ीयस के आदेश से प्रमीथ्यु को बाँधा जाना है। हाथ में हथौड़ा, कील और लोहे की ज़ंजीरें लिए हेफ़ास्टस भी भारी मन से उनके पीछे आ रहा है। प्रमीथ्यु को यह दंड मानव जाति को अग्नि देने के अपराध में मिला है। बेमन से हेफ़ास्टस प्रमीथ्यु को चट्टान से इस तरह बाँध रहा है कि न तो वह हाथ-पैर हिला सके, न घुटने मोड़ सके और न ही शायद कभी सो सके। यह भी नहीं पता कि प्रमीथ्यु को कब तक इस चट्टानी पहाड़ी से बँधे, निपट अकेले, कितनी शारीरिक और मानसिक यातना सहनी है। 'हर नवोदित शक्ति निर्मम होती है।' ज़ीयस उसकी यन्त्रणा से पिघलने वाला नहीं। अपना काम पूरा कर तीनों प्रस्थान करते हैं। प्रमीथ्यु धरती, आकाश, सूर्य, समुद्र की लहरों और हवाओं को ज़ीयस की कठोरता और अपने निःस्वार्थ बलिदान की दुहाई देता है। मनुष्य की उन्नति और एक बेहतर सभ्य जीवन-शैली की संभावना को रुपायित करना क्या ऐसा जघन्य अपराध था? न जाने कब तक उसे यह अन्याय सहना होगा। कब उसकी मुक्ति का पल आएगा? उसके भाग्य का सितारा चमकेगा? वह नियति की अनिवार्यता और पीड़ा को अंगीकार करता है। मानव-जाति को अग्नि के रूप में एक अमूल्य संसाधन भेंट करने का यदि यह दंड है तो इसे स्वीकार करना ही होगा। इस अन्यायपूर्ण दंड के दंश से अभी वह छटपटा रहा है कि तभी प्रमीथ्यु को हवा में फड़फड़ाते पंखों की आवाज़ सुनाई देती है। समुद्र देवता ओशियन की पुत्रियों ओशिनायड्स का कोरस आकाश मार्ग से प्रवेश करता है, प्रमीथ्यु जैसे देव-श्रेष्ठ की ऐसी दुर्दशा देखकर वे द्रवित एवं भयभीत हो उठी हैं। ज़ीयस के राज्य में सारे पुराने मूल्य विघटित हो रहे हैं। मानव जाति के शुभेच्छुक प्रमीथ्यु को ऐसा भयावह दंड उसी प्रक्रिया का परिणाम है। प्रमीथ्यु आहत है किन्तु हताश नहीं, क्योंकि उसकी दिव्य दृष्टि बता रही है कि एक दिन ज़ीयस को उसकी जरूरत पड़नेवाली है। उसके पास एक ऐसा रहस्य है जिसे जानने के लिए ज़ीयस कोई भी कीमत चुकायेगा। प्रमीथ्यु के ज्ञान एवं अटल

विश्वास से ओशिनायड्स प्रभावित हैं। वे उसके बंदी बनाए जाने की कहानी सुनने को उत्सुक हैं। प्रमीथ्यु उन्हें बताता है कि ओलिम्पयन्स और टाइटन्स के युद्ध में वह आरम्भ में टाइटन्स के पक्ष में था किन्तु उद्दंड एवं शक्ति के मद में अन्धे टाइटन्स ने उसके प्रज्ञापूर्ण परामर्शों को नकार कर उसकी अवहेलना की। परिणामस्वरूप प्रमीथ्यु और उसकी माँ थेमिस ने ओलिम्पयन ज़ीयस का साथ देने का निर्णय लिया। उन दोनों की मन्त्रणा से ही ज़ीयस अपने पिता क्रॉनस को अपदस्थ कर उसे टारटारस के अँधेरे गार में कैद करने में सफल हुआ और स्वयं देव सम्राट बना। सत्ता प्राप्त कर लेने के बाद ज़ीयस ने मानव-जाति का सर्वत्र उन्मूलन कर एक नई जाति रचने की योजना बनायी। प्रमीथ्यु को यह स्वीकार नहीं हुआ। वह सदा से मनुष्य का हितैषी था और उसकी प्रगति के प्रति सजग रूप से कार्यशील। उसने मनुष्य के मन में आशा की ज्योति जला कर उसे मृत्यु के भय से मुक्ति दिलायी और ज़ीयस की इच्छा के विरुद्ध ओलिम्पस से अग्नि चुराकर मनुष्य को एक असाधारण एवं अमूल्य भेंट दी। प्रमीथ्यु को अपने किये पर कोई दुःख या पश्चाताप नहीं किन्तु इस बात का दुख अवश्य है कि ज़ीयस ने उसकी मैत्री, बन्धुत्व और निष्ठा का यह फल दिया। ओशिनायड्यस को प्रमीथ्यु से सहानुभूति है, वे उसके दुख से द्रवित हैं किन्तु उसकी सहायता में असमर्थ। ज़ीयस का विरोध करने की सामर्थ्य उनमें नहीं।

तभी ओशिनायड्स का पिता ओशियन प्रवेश करता है। वह अपने मित्र प्रमीथ्यु को इस यन्त्रणा से मुक्ति दिलाने के लिए ज़ीयस से आग्रह करने को तैयार है लेकिन ज़ीयस के प्रति प्रमीथ्यु का रोष बढ़ता ही जाता है। ओशियन उसे समझाने का प्रयास करता है। प्रमीथ्यु ज्ञान, बुद्धि और विवेक का अपरिमित भंडार है, किन्तु उसे बदलती परिस्थितियों के साथ अपने आपको बदलना चाहिए। परिवर्तन के अपरिहार्य नियम के अनुसार सत्ता में भी परिवर्तन हो चुका है। उसे स्वीकार कर लेने में ही भलाई है। वह प्रमीथ्यु को परामर्श देता है कि वह अपने क्रोध पर नियन्त्रण रखे, संयम से काम ले और पीड़ा से मुक्ति की राह ढूंढे। प्रमीथ्यु यह मानने को तैयार नहीं कि ज़ीयस का कठोर हृदय उसकी प्रार्थना से पिघलेगा। ओशियन को आशा है वह सफल होगा। ओशियन के प्रस्थान के साथ ही कोरस आकाश से नीचे उतर आता है। प्रमीथ्यु का दुख उनसे देखा नहीं जाता। वे उसके चीत्कारों से काँप उठती हैं और उनकी आँखों से आँसू बह रहे हैं। उनके बार-बार आग्रह करने पर प्रमीथ्यु विस्तार से बताता है कि मानव के हित के लिए उसने क्या-क्या किया। प्रमीथ्यु ने वन्य पशुओं जैसा जीवन जीने वाले मानव को विचार-शक्ति दी, उसे सर्दी-गर्मी से बचने के लिए घर बनाना सिखाया, फसल उगाना, जानवरों को वश में करना, उन्हें हल में जोतना और ॠतु परिवर्तन को समझना सिखाया। प्रमीथ्यु ने ही उन्हें अक्षरों को जोड़ कर शब्द बनाना और लिखना सिखाया, घोड़ों को रथ में जोतना और पानी पर जहाज़

चलाना सिखाया। किन्तु ये सारी कलाएँ सिखाने वाला प्रमीथ्यु अपने बचाव की कोई युक्ति न कर पाया। इतना ही नहीं प्रमीथ्यु ने ही उन्हें रोग-मुक्ति के लिए औषध बनाना सिखाया, शकुनों का ज्ञान दिया, स्वप्नों की व्याख्या, पक्षियों की भाषा, देवताओं की आराधना और उन्हें प्रसन्न करने की विधियाँ सिखायीं। प्रमीश्यु ने मनुष्य को अग्नि भेंट की जिससे तमाम शिल्पों का जन्म हुआ और मानव के हृदय में ज्ञान की ज्योति प्रज्वलित हुई। उसे भूगर्भ के रहस्य और उससे बहुमूल्य धातुएँ निकालने की युक्ति भी प्रमीथ्यु ने ही बताई।

ओशियनायड्स मन्त्रमुग्ध सा प्रमीथ्यु को सुन रही हैं। वे प्रमीथ्यु के ज्ञान से अभिभूत हैं। वे सोच रही हैं कि यदि कभी प्रमीथ्यु इस चट्टानी कारा से मुक्त हुआ तो एक दिन वह निश्चय ही ज़ीयस से अधिक प्रतापी सिद्ध होगा। लेकिन वह मुक्त कैसे होगा। कब टूटेंगे उसके बन्धन? प्रमीथ्यु जानता है कि ऐसा एक दिन अवश्य आएगा जब एक रहस्य के बदले ज़ीयस को उसे स्वतन्त्र करना पड़ेगा। ओशिनायड्स आश्वस्त होती हैं और भावुक भी। उन्हें प्रमीथ्यु और हीसियानी के शुभ विवाह पर गूँजते मधुर गीतों की लहरी जैसे आज भी छू रही है।

इस शुभ स्मृति-प्रसंग के बीच गाय के शरीर में कैद, किंतु स्त्री की चेतना और वाणी वाली, महामक्षिका के दंशों से त्रस्त विक्षिप्त प्राय इओ जैसे-कैसे पहाड़ी पर चढ़ कर वहाँ पहुँचती है। वह नहीं जानती कि उसकी भटकन उसे कहाँ ले आयी है। त्रिकालदर्शी प्रमीथ्यु उसे पहचान लेता है। यह इनाकस की अभागी बेटी इओ, ज़ीयस की वासना और हेरा की ईर्ष्या और क्रोध का फल भोग रही है। देवसम्राज्ञी हेरा ने उस सुन्दर कन्या को एक गाय बनाकर अपने सेवक आरगू द्वारा उसके पीछे एक महाभक्षिका को लगा दिया है जो उसे पल भर भी चैन नहीं लेने देती। पल-पल आहत शरीर और मन लिए वह जंगलों-पहाड़ों पर दर-दर भटक रही है और उसके प्रेमी ज़ीयस का कुछ पता नहीं। ओशिनायड्स उसे देख-सुन कर स्तब्ध हैं। ज़ीयस की निर्ममता का यह एक और दिल दहला देने वाला जीवित उदाहरण है। इओ प्रमीथ्यु से प्रार्थना करती हैं कि वह अपने दिव्य ज्ञान से बताये कि उसकी व्यथा का अन्त कब होगा। बारम्बार आग्रह किये जाने पर प्रमीथ्यु बताता है कि उसकी यातना का अन्त शीघ्र नहीं होने वाला। अभी उसे बहुत भटकना है, बहुत दुःख सहना है, लम्बी यात्रा करनी है। लेकिन इतना निश्चित है कि ज़ीयस का पतन उसी के एक वंशज के हाथों होगा। इस शूरवीर का जन्म इओ की तेरहवीं पीढ़ी में होगा। लेकिन वह इस योद्धा की माँ का नाम नहीं बताता। यही वह रहस्य है जिससे वह अपनी स्वतन्त्रता का मूल्य चुका सकता है।

लेकिन इओ का कष्ट कब कटेगा? प्रमीथ्यु बताता है कि समुद्र और मरुस्थल की एक लम्बी यात्रा के बाद भयावह गॉरगन्स के देश से आगे इथोपिया पार करने

के बाद वह अन्ततः नील नदी के स्रोत पर पहुँचेगी। यहीं ज़ीयस उसे स्त्री रूप देकर उसका उद्धार करेगा, उसका मन मस्तिष्क स्थिर होगा और ज़ीयस के स्पर्श से उसे इपैफ़स (स्पर्श से उत्पन्न) नामक पुत्र की प्राप्ति होगी। इपैफ़स की पाँचवी पीढ़ी लौटे कर इओ के देश जाएगी और उसके वंशजों में एक युवती शूर-वीर राजाओं की एक नई जाति को जन्म देगी। इस जाति में उत्पन्न होने वाला एक महाधनुर्धारी एक दिन प्रमीथ्यु को इस चट्टानी कारा से मुक्त कराएगा। इस प्रकार प्रमीथ्यु की स्वतन्त्रता और मुक्ति इओ के परिवार से जुड़ी है। इस भविष्य ज्ञान के बाद इओ भारी मन से प्रस्थान करती है।

प्रमीथ्यु एक बार फिर ज़ीयस के अवश्यंभावी पतन की आक्रोशपूर्ण घोषणा करता है। कोरस उसके आवेश से आशंकित हैं और उसे अपनी वाणी पर नियन्त्रण रखने का परामर्श देता है। ज़ीयस सर्वशक्तिमान है। उसके रोष का परिणाम वर्तमान यन्त्रणा से भी अधिक भयंकर हो सकता है। किन्तु प्रमीथ्यु ज़ीयस के इस अन्याय को चुपचाप नहीं सह सकता। तभी ज़ीयस का युवा सन्देशवाहक हेमीज़ प्रवेश करता है। वह प्रमीथ्यु के मन में बसे उस रहस्य का पता लगाने आया है जिससे ज़ीयस के पतन को रोका जा सकता है। वह उस स्त्री का नाम जानना चाहता है जो ज़ीयस के ही संसर्ग से एक ऐसे पुत्र को जन्म देगी जो ओलिम्पस अधिपति को अपदस्थ करेगा। प्रमीथ्यु उसके आगमन का उद्देश्य भली प्रकार समझता है। उसे समझाने-बुझाने और डराने के हेमीज़ के सारे प्रयास विफल हो जाते हैं। प्रमीथ्यु अडिग है। असफल हेमीज़ ओलिम्पस लौट जाता है।

प्रमीथ्यु अपने चारों ओर उठ रहे तूफानों को देख रहा है। ज़मीन काँप रही है, समुद्र में उत्ताल तरंगें उठ रही हैं, रह-रह कर बिजली कौंधती है, चारों दिशाएँ मानों झंझावात से विक्षिप्त हैं। समुद्र और आकाश दोनों डावाँडोल हैं। भूकम्प और तूफान के बीच प्रमीथ्यु और ओशिनायड्स घने अँधेरे गर्त में विलुप्त हो जाते हैं।

सेवेन अगेन्स्ट थीब्ज़

एकिया के योद्धा थीब्ज़ पर शीघ्र ही आक्रमण करने की योजना बना रहे हैं। थीब्ज़ का वर्तमान शासक, ईडिपस का पुत्र और पॉलिनिसेज़ का जुड़वाँ भाई इटोक्लीज़ जनता का आह्वान करता है कि हर छोटा-बड़ा, वृद्ध-युवा अपनी शक्ति के अनुसार थीब्ज़ के नगर और उसके देव-मन्दिरों की रक्षा के लिए तैयार हो जाए। उसने शत्रु की सैन्य शक्ति और युद्ध योजना का पता लगाने के लिए अपने गुप्तचर भेज दिए हैं। उनकी सूचना के आधार पर नगर की सुरक्षा के प्रबन्ध किये जाएँगे। तभी दूत आकर सूचित करता है कि शत्रु पक्ष के सात सेनापतियों ने बैलों का रक्त हाथ में लेकर थीब्ज़ के दुर्ग को ध्वस्त करने की शपथ ली है। वे कैडमस के नगर को धराशायी कर देंगे या अपने प्राण दे देंगे। कुछ समय पहले तक वे यह निश्चित कर रहे थे कि थीब्ज़ के सात प्रवेश द्वारों में से किस द्वार पर कौन सा सेनापति आक्रमण करेगा। अस्त्र-अस्त्र से सज्जित सैनिकों की टुकड़ियाँ तैयार खड़ी हैं। यह सन्देश देकर दूत प्रस्थान करता है। पैतृक अभिशाप और फ़्यूरीज़ के क्षोभ की स्मृति से किंचित विचलित इटोक्लीज़ देव-सम्राट ज़ीयस से प्रार्थना करता है कि वह कैडमस के नगर को दासता से बचाए। तभी शत्रु सेना को थीब्ज़ की ओर आता देख घबराया हुआ महिलाओं का कोरस प्रवेश करता है। वे व्याकुल स्वर में उद्घोषणा करती हैं कि युद्ध आसन्न है। सैनिक अपने खेमों से निकल पड़े हैं और धूल उड़ाते हुए वायु वेग से किले की ओर बढ़ रहे हैं। कोरस महिलाएँ भय से आक्रान्त हैं। वे कातर स्वर में देवी-देवताओं से नगर की रक्षा की प्रार्थना करती हैं। इटोक्लीज़ उनकी कातर दुर्बलता की भर्त्सना करता है। युद्ध के समय ऐसा विक्षिप्त प्राय आचरण अनुचित और निन्दनीय है। महिला-कोरस अपने भय का कारण समझाने का प्रयास करता है। शत्रु का सैन्य बल, उनके आँधी की तरह दुर्ग की ओर बढ़ते रथ और घोड़े, चमकते हुए कवच और भाले देखकर वे दासता के भय से व्यथित हो उठी थीं। इटोक्लीज़ उन्हें धिक्कारता है। किन्तु वे फिर भी अपने को शान्त और संयमित नहीं कर पातीं। घोड़ों की टापों और उनके हिनहिनाने की आवाज़ निकटतर आती जा रही है—प्रमुख प्रवेश द्वारों के पास। कोरस की आशंका दयनीयता की सीमा तक बढ़ जाती है। वे

सर्वशक्तिमान ज़ीयस से एक बार फिर प्रार्थना करती हैं कि वह उन्हें दासता की यन्त्रणा से बचाए। युद्ध आसन्न देख इटोक्लीज़ भी कुछ ढीला पड़ जाता है। वह भी देवताओं से विजयश्री के लिए प्रार्थना करता है और विजयी होने पर देव-मन्दिरों में बहुमूल्य भेंट समर्पित करने का संकल्प करता है। सैन्य योजना के विषय में सोचता हुआ इटोक्लीज़ प्रस्थान करता है। उसके जाने के बाद महिला-कोरस प्राचीर से नीचे आकर हवन वेदी के चारों और एकत्रित होकर एक बार फिर समवेत स्वर में नगर की सुरक्षा की प्रार्थना करता है।

इटोक्लीज़ और सन्देश-वाहक भिन्न दिशाओं से प्रवेश करते हैं। दूत शत्रु सेना द्वारा थीब्ज़ के सात मुख्य द्वारों पर आक्रमण करने के लिए नियुक्त किये गए सेनाधिपतियों की विस्तृत जानकारी लेकर आया है। वह प्रत्येक द्वार पर सेना की टुकड़ी का नेतृत्व करने वाले वीर योद्धा की सामरिक विशिष्टताओं का ब्यौरा देता है और इटोक्लीज़ इस जानकारी के आधार पर उपयुक्त सेनापति की नियुक्ति का आदेश देता जाता है। प्रोटीड-द्वार पर आक्रमण का उत्तरदायित्व शत्रु-पक्ष ने टाइडियस को सौंपा है। इटोक्लीज़ उसे रोकने के लिए एस्टेकस के वीर पुत्र मेलानिपस को नियुक्त करता है। इलेक्ट्रा-द्वार पर थीब्ज़ के विनाश को कृत-संकल्प, देवताओं को भी चुनौती देते हुए केपेनियस के विरुद्ध इटोक्लीज़ मितभाषी किन्तु आग्नेय वीर पॉलिफॉन्टीज़ की नियुक्ति का आदेश देता है। नीस्टाय-द्वार पर युद्ध-देवता एरीज़ को ललकारते कुशल अश्वारोही इटोक्लस के विरुद्ध क्रियों का वंशज मेगारियस युद्ध का नेतृत्व करेगा। एथीना-द्वार पर विशाल एवं अद्‌भुत कवच वाले हिप्पोमेडन का सामना निर्भीक हाइपरनियस करेगा और इन दो शूरवीरों के परिवार में चली आ रही शत्रुता का निर्णय भी इस युद्ध में हो जाएगा। पाँचवें बोरियस-द्वार पर भाला चलाने में सिद्धहस्त, स्फिंक्स चित्रित कवच वाले किशोरवय ज़ीयस-पुत्र पारथेनोपायेस का सामना एक्टर करेगा। एकिया के एम्फीयारस के विरुद्ध लासथेनीज़ छटे होमोलोइयन-द्वार की रक्षा करेगा। सातवें द्वार पर शत्रु-सेना का नेतृत्व करेगा इटोक्लीज़ का अपना भाई-पॉलिनिसेज़। प्रतिशोध-बद्ध पॉलिनिसेज़ या तो इस युद्ध में मृत्यु का वरण करेगा अथवा विजयी होने पर इटोक्लीज़ को देश से निष्कासित करेगा। उसके हाथ में आरगू में बना एक सोने का विशाल कवच है जिस पर एक योद्धा का मार्गदर्शन करते हुए एक युवती का चित्रण है। पॉलिनिसेज़ उसे न्याय की देवी मानता है और उसका विश्वास है कि वह न्याय के लिए लड़ रहा है। यह सुन कर अभी तक संयमित इटोक्लीज़ सहसा व्यथित हो उठता है। शायद स्वर्गवासी पिता का श्राप पूरा होने का समय आ पहुँचा है। ईडिपस के श्राप, भाइयों के उत्तराधिकार के बँटवारे और फ़्यूरीज़ के विक्षोभ का यह अन्तिम निर्णायक चरण है और थीब्ज़ के राजवंश की दुर्निवार नियति। इटोक्लीज़ नगर के सातवें द्वार पर पॉलिनिसेज़ का सामना करेगा। उसे

विश्वास है कि अपने ही नगर पर आक्रमण कर उसे धराशायी करने का स्वप्न देखने वाले का न्याय की देवी कभी साथ नहीं देगी। कोरस महिलाएँ इटोक्लीज़ को समझाने का प्रयत्न करती हैं कि वह पॉलिनिसेज़ से युद्ध न करे। युद्ध में बहा सैनिकों का रक्त तो पानी से धोया जा सकता है किन्तु भाई द्वारा भाई की हत्या का कोई प्रायश्चित नहीं। इटोक्लीज़ के सामने ईडिपस की पथरीली आँखें घूम जाती हैं जिनमें आँसुओं की नमी नहीं थी। उसके मन में अवसाद है किन्तु अब युद्ध से पीछे हटने का समय नहीं। कोरस के रोकने पर भी वह रणभूमि की ओर प्रस्थान करता है। महिला-वृन्द उस अभागे दिन को याद करता है जब ईडिपस ने आवेश में प्रतिशोध की देवियों फ़्यूरीज़ का आह्वान कर अपने ही बीजनाश की भूमिका तैयार कर दी थी। वस्तुतः उसका पिता लायेस था। इस रक्तपात, हिंसा और विनाश की परम्परा का जनक। उसने डेल्फ़ी के देवता अपोलो को अप्रसन्न किया और उसकी चेतावनी के विरुद्ध जाकर सन्तान को जन्म दिया। और फिर दैवी प्रकोप के भय से सद्यःजात शिशु को मरने के लिए सीथेरों पर्वत पर छोड़ दिया। यही शिशु बड़ा होकर ईडिपस कहलाया। कालान्तर में उसी के हाथों लायेस की हत्या हुई और अनजाने में अपनी ही माँ से विवाह कर वह व्यभिचार का भागी बना। इसी अवैध, कुत्सित गठबन्धन से जन्मे इटोक्लीज़ और पॉलिनिसेज़। एक के बाद एक अनहोनी घटती रही लायेस के परिवार में किन्तु ऐसा लगता है कि अपोलो के इस पुरातन श्राप का ऋण अभी चुका नहीं। आज ईडिपस के पुत्रों के सिर पर फ़्यूरीज़ का साया मँडरा रहा है।

दूत प्रवेश करता है और सूचना देता है कि थीब्ज़ का नगर सुरक्षित है। छः प्रवेश-द्वार भी सुरक्षित हैं किन्तु सातवें पर—वह अपनी बात पूरी कह पाने में असमर्थ है। कुछ है जो ज़बान कहते काँपती है। कोरस की आशंका भय में बदलती जा रही है। बार-बार पूछते हैं—आख़िर क्या घटा सातवें नगर-द्वार पर? कौन जीता, कौन हारा? कोई अनहोनी फिर छल गई क्या लायेस के परिवार को? दूत सिर झुकाए यह दुःखद समाचार देता है कि सातवें द्वार पर युद्ध करते हुए ईडिपस के दोनों पुत्र—ईटोक्लीज़ और पॉलिनिसेज़—एक ही माँ के जाए दो पुत्र, एक दूसरे के हाथों मारे गए। एक ही दिन जन्मे और एक ही दिन, एक साथ इस संसार से विदा हुए। एक ही रक्त में किया अन्तिम स्नान। निप्पन्न हुआ ईडिपस का श्राप। तीन पीढ़ियों को डस लिया नियति की नागिन ने। कोरस असमंजस में हैं। नगर की विजय का उत्सव मनाए या ईडिपस के परिवार का शोक? एक ओर से सेवक ईटोक्लीज़ और पॉलिनिसेज़ के शव लेकर आते हैं और दूसरी ओर से शोकाकुल बहनें एण्टीगनी और इज़्मइन प्रवेश करती हैं। बाल खुले हैं, छाती पीटती, अपना मुँह नोंचती वे अपने पिता के अभागे परिवार के बीजनाश का विलाप कर रही हैं। ईडिपस का अभिशाप इस तरह अक्षराक्षर चरितार्थ होगा, सोचा न था। फ़्यूरीज़ ने न्याय कर दिया उत्तराधिकार

के झगड़े का! यही था जुड़वाँ भाइयों का उत्तराधिकार! असमय मृत्यु! और वह भी एक दूसरे के हाथों! दो अभागी बहनें रह गई उनका मृत्यु गीत गाने को। देखने-सुनने वालों का हृदय भी दुःख से फटा जाता है। घृणा और विद्वेष की आँधी उड़ा ले गई सर्वस्व! मिट्टी ने पी लिया दो राजकुमारों का रक्त।

एण्टीगनी और इज्मइन ही बची हैं अब ईडिपस के वंशजों में। भाइयों का अन्तिम संस्कार अब उनका दायित्व है। क्या करें, कैसे करें, वे सोच में डूबी हैं जब एक और बिजली गिरती है उन पर। दूत आकर सूचना देता है कि थीब्ज़ की प्रजा द्वारा नियुक्त राज्याध्यक्षों के निर्णय के अनुसार अपने नगर की सुरक्षा करते हुए प्राणों की बलि देने वाले ईटोक्लीज़ के शव को राजसी सम्मान के साथ दफनाया जाएगा। किन्तु अपने ही पितरों के देश पर आक्रमण करने वाले, उसके विरुद्ध षड्यन्त्र रचने और अपने ही लोगों का रक्त बहाने वाले देशद्रोही पॉलिनिसेज़ का अन्तिम संस्कार निषिद्ध है। उसका शव चील-कौओं और श्वानों के लिए खुले आसमान के नीचे पड़ा रहे। उसका कोई अपना भी उसे दफनाने का दुस्साहस न करे। राजाज्ञा का विरोध करने वाला प्राणदंड का भागी होगा।

राजादेश सुन कर एण्टीगनी तड़प उठती है। अन्तिम संस्कार पर हर मृतक का अधिकार है। उसका निषेध नहीं किया जा सकता। और फिर पॉलिनिसेज़ उसका भाई था। अपने भाई, ईडिपस-पुत्र की अंत्येष्टि उसका परम धर्म है। अपनी माँ के जाए के शव का निरादर वह नहीं होने देगी। राजोचित सम्मान न सही, पॉलिनिसेज़ के अन्तिम संस्कार का दायित्व वह अवश्य निभायेगी। वह सब के सामने यह घोषणा करती है कि वह अपना कर्तव्य निभायेगी। वह हर परिणाम, हर दंड को झेलने को तैयार है। दूत उसे समझाने की कोशिश करता है। सत्ता का विरोध वह एक अकेली, दुर्बल, निरस्त स्त्री कैसे कर पाएगी? जनमत भी उसके विरुद्ध जाने की सम्भावना है। थीब्ज़ वासियों ने अपने बेटे खोए हैं। उनके ज़ख्म अभी हरे हैं। वे पॉलिनिसेज़ को क्षमा नहीं करेंगे। एण्टीगनी फिर भी अपने निश्चय पर अटल है। वह इस निषेध आज्ञा का विरोध करेगी और बहन का फ़र्ज़ निभाएगी। कोरस इस स्थिति के संत्रास से स्तब्ध हैं। क्या ईडिपस का बीजनाश करके भी फ़्यूरीज़ की क्रोधाग्नि शान्त नहीं होगी? क्या सचमुच उन्हें एक थीब्ज़-पुत्र की मृत्यु का शोक मनाने का भी अधिकार नहीं? किंकर्तव्यविमूढ़ हैं कोरस सदस्य। क्या करें, किधर जाएँ। कोरस के आधे सदस्य ईटोक्लीज़ और शेष आधे पॉलिनिसेज़ के शव के साथ प्रस्थान करते हैं।

द सप्लायेन्ट वीमेन

सफ़ेद ऊन में लिपटी शाखाएँ हाथ में लिए डानॉस की पचास पुत्रियों का कोरस मंच पर प्रवेश करता है। डानॉस की ये पचास कन्याएँ ईजिप्ट से भाग कर आरगू में शरण लेने आई हैं। डानॉस के भाई ईजिप्टस के पचास पुत्र यानि इनके चचेरे भाई इनसे बलात् विवाह करना चाहते थे। डानॉस-पुत्रियों को यह सम्बन्ध स्वीकार नहीं। वे सच्चे प्रेम को ही विवाह का उचित आधार मानती हैं। ईजिप्टस-पुत्रों के प्रणय प्रस्ताव को अस्वीकार करने के कारण उन्हें स्वदेश रो भाग कर यहाँ आना पड़ा। समुद्री यात्रा की तमाम कठिनाइयाँ सह कर अपने पिता डानॉस के संरक्षण में वे अपनी पूर्वज इओ की धरती पर आ पहुँची हैं। उन्हें विश्वास है कि ज़ीयस की प्रेयसी इओ के देश में उन्हें अवश्य शरण मिलेगी। वे शरणागतों के संरक्षक देवाधीश ज़ीयस से सम्मिलित स्वर में प्रार्थना करती हैं कि वह उन्हें इस देश में सम्मान दिलाए। वे देवी आर्टेमिस की अभ्यर्थना करती हैं कि वह उनके कौमार्य की रक्षा करे। अनचाहे पुरुष की अंकशायिनी बनने की अपेक्षा वे अविवाहित रहना बेहतर समझती हैं। उनके पिता वृद्ध हैं, उनके पास सैन्य शक्ति नहीं, कन्याएँ असहाय हैं। ईजिप्टस-पुत्र समर्थ हैं, शक्तिशाली हैं, वासना ग्रस्त हैं। उनका पीछा करते हुए कभी भी यहाँ आ सकते हैं। डानॉस-पुत्रियाँ हिंसा एवं शक्ति प्रयोग के भय से आशंकित और कातर हैं। यदि देवताओं ने उनकी रक्षा न की तो वे सामूहिक आत्महत्या कर लेंगी। ज़ीयस की प्रेयसी इओ के वंशज डानॉस की पुत्रियों के साथ यदि इस धरती पर इंसाफ नहीं हुआ तो वे मृत्युलोक के देवता हेडीज़ से न्याय माँगेंगी। हवन वेदी के पास आयताकार में खड़ी जब ये कन्याएँ समवेत स्वर में देवताओं को पुकार रही हैं उनका पिता डानॉस पहाड़ी के शिखर पर चढ़ कर आरगू की दिशा में देख रहा है। अचानक उसे एक धूल का बादल अपनी ओर आता दिखाई देता है। कुछ ही पल में घोड़े, रथ और अस्त्र-शस्त्र से सज्जित सैनिक दिखाई देने लगते हैं। सम्भवतः आरगू के राजा को उनके आने की सूचना मिल गई है। किन्तु वह उन्हें शरण देगा या नहीं यह कहना कठिन है। डानॉस दुविधा में है किन्तु अपने कर्तव्य के प्रति जागरूक एवं सतर्क। वह झट पहाड़ी से नीचे उतर कर अपनी बेटियों को समझाता है कि वे अपनी स्थिति के अनुरूप

व्यवहार करें। ऊन में लिपटी जैतून की शाखाएँ हाथ में लिए दृष्टि नीची रख कर विनम्र वाणी में, शान्त भाव से बिना घटाये-बढ़ाये अपनी व्यथा-कथा कहें और शरण की प्रार्थना करें। शरणागत को ऊँचे बोल शोभा नहीं देते। डानॉस-पुत्रियाँ सूर्य देवता अपोलो से अनुग्रह की प्रार्थना करती हैं। यद्यपि वह अजर-अमर है किन्तु निष्कासन की पीड़ा से अपरिचित नहीं। उनका कष्ट हरे, उन पर कृपा करे। फिर वे समुद्र के देवता पासॉयडन का धन्यवाद करती हैं जिसकी दया से उनका जलयान आरगू की धरती पर सुरक्षित पहुँच पाया। अन्त में वे देव दूत हेमीज़ की अभ्यर्थना करती हैं कि उन्हें शुभ समाचार की प्राप्ति हो।

आरगू का राजा पेलासगस दल-बल सहित आ पहुँचता हैं। वह इन कुमारियों को देखकर आश्चर्यचकित है। कौन हैं वे और कहाँ से आई हैं? उनका पहनावा न तो ग्रीक स्त्रियों जैसा है न ही आरगू की कन्याओं जैसा। कौन देश की रहने वालियाँ हैं वे? पेलासगस अपना परिचय देता है। आश्वस्त होने पर डानॉस-पुत्रियाँ कहती हैं कि आरगू की धरती से उनका पुराना सम्बन्ध है। यही देश उनकी मातृभूमि है। पेलासगस कुछ समझ नहीं पाता। क्या वे लीबिया से आई हैं? या इथियोपिया से? बंजारनें हैं या पुरुष का आधिपत्य अस्वीकार करने वाली अमेजन जाति की स्त्रियाँ? डानॉस-पुत्रियाँ शनैः-शनैः उसकी जिज्ञासा का समाधान करती हैं। पेलासगस ज़ीयस और अपनी पूर्वज इओ की प्रेम कथा से अपरिचित तो नहीं किन्तु वह इसका केवल आरम्भ ही जानता है, अन्त नहीं। अपनी पत्नी हेरा की क्रोधाग्नि से बचाने के लिए ज़ीयस ने इओ को एक गाय के रूप में बदल दिया था। किन्तु हेरा की ईर्ष्यालु आँख से वह अभागी फिर भी न बच सकी। देश-विदेश भटकती, शरीर से गाय किन्तु चेतना से स्त्री भ्रमित, पीड़ित इओ के पीछे हेरा ने एक बड़ी गौ-मक्षिका को लगा दिया जिसके निरन्तर दंश से इओ विक्षिप्त प्राय हो गई। क्या यह सच है कि उसके बाद वह दर-दर भटकती अपने देश से दूर नील नदी तक जा पहुँची थी? हाँ, यह सच है—डानॉस-कन्याएँ पेलासगस को बताती हैं कि वर्षों तक उसी प्रकार भटकने के बाद एक दिन इओ ईजिप्ट जा पहुँची जहाँ अन्ततः उसकी पीड़ा का अन्त हुआ और उसे ज़ीयस कृपा से पुनः स्त्री रूप की प्राप्ति हुई। इतना ही नहीं देवाधीश के श्वास एवं स्पर्श से उसे इपेफ़स नामक पुत्र की प्राप्ति भी हुई जो कालान्तर में व्याधि और कष्ट हरने वाले देवता के रूप में ईजिप्ट में प्रतिष्ठित हुआ। इसी इपेफ़स की लीबिया नाम की एक पुत्री हुई। लीबिया का एक पुत्र हुआ बीलस, और बीलस के दो पुत्र हुए—डानॉस और ईजिप्टस। यही है डानॉस—उनका पिता और यही है—इओ और आरगू से उनके सम्बन्ध का सच। उसके बाद कोरस-कन्याएँ ईजिप्ट से अपने प्रयाण का कारण बताती हैं और पेलासगस से प्रार्थना करती हैं कि वह उन्हें शरण दे। यदि ईजिप्टस-पुत्र पीछा करते हुए यहाँ आ पहुँचे तो उनकी रक्षा करे, अनिच्छा से किए

गए विवाह की यन्त्रणा से उन्हें बचाए। पेलासगस को वे गाय जैसी ही सीधी, सरल और असहाय प्रतीत होती हैं। पवित्र मन्दिर की परिधि में, सफेद ऊन में लिपटी जैतून शाखाएँ हाथ में लिए शरणागत-रक्षा के दैवी नियम की याद दिलाती इओ की धरती को गुहारती इन कन्याओं की कथा सुन पेलासगस धर्मसंकट में पड़ गया है। डानॉस-पुत्रियों की सहायता का अर्थ ईजिप्टस-पुत्रों से युद्ध भी हो सकता है जो जनहित की नीति के विरुद्ध होगा। अपने देश के नागरिकों से परामर्श किए बिना कोई भी कदम उठाना उचित नहीं होगा। डानॉस कन्याओं के निरन्तर आग्रह के बावजूद पेलासगस प्रजातांत्रिक मूल्यों की अवहेलनाएँ करने को तैयार नहीं। शरणागतों की कातर पुकार से उस पर नैतिक दबाव बढ़ता जा रहा है। उसके मन में इन असहाय युवतियों के लिए सहानुभूति है, उनकी माँग न्यायोचित है, लेकिन फिर भी प्रजा का दृष्टिकोण जानना आवश्यक है। भयाक्रांत डानॉस कन्याएँ धमकी देती हैं कि यदि पेलासगस ने उनकी सहायता न की तो वे सामूहिक आत्महत्या कर लेंगी। पेलासगस को अब शीघ्र ही कुछ निर्णय लेना है। समय हाथ से निकलता जा रहा है। वह डानॉस को ऊन में लिपटी जैतून शाखाएँ लेकर नगर में जाने का परामर्श देता है। इन शाखाओं को देव मन्दिरों में अर्पित करे और आरगू की जनता से शरण की प्रार्थना करे। हो सकता है जन-साधारण का हृदय द्रवित हो जाए। पेलासगस डानॉस के साथ एक मार्गदर्शक को भी भेजता है। डानॉस के जाने के बाद वह कोरस-कन्याओं को वहीं बने रहने का आदेश देकर प्रस्थान करता है। डानॉस-पुत्रियाँ देवाधीश ज़ीयस को इओ के प्रेम का वास्ता देकर रक्षा की प्रार्थना करती हैं। वे एक बार फिर हेरा की ईर्ष्या, इओ की यन्त्रणा, ज़ीयस की कृपा और इपेफ़स के जन्म की कथा दोहराती है। वे अपनी पूर्वज की धरती पर आ पहुँची हैं और उन्हें देव-कृपा पर पूरा विश्वास है।

तभी डानॉस नगर से लौट कर आता है और यह शुभ समाचार देता है कि आरगू की जनता ने एकमत से उनकी सहायता का निर्णय लिया है। वह ईजिप्टस-पुत्रों की वासना से उनकी रक्षा के लिए कृत संकल्प हैं। पेलासगस का परामर्श कारगर हुआ। यह बता कर वह फिर चौकसी के लिए पहाड़ी पर चढ़ जाता है ताकि हर आने-जाने वाले पर नज़र रख सके। डानॉस-कन्याएँ प्रसन्न एवं कृतज्ञ हैं। वे नगर की रक्षा के लिए ज़ीयस से प्रार्थना करती हैं। आरगू पर कोई विपत्ति न आए, यहाँ की धरती उपजाऊ हो और प्रजा धन-धान्य से सम्पन्न। तभी पहाड़ी की चोटी से डानॉस की आवाज़ सुनाई देती है। वह बताता है कि ईजिप्टस का जहाज़ आरगू के समुद्र तट की ओर आ रहा है। वह तेज़ी से पहाड़ी से नीचे उतरता है और आरगू वासियों को सूचना देने के लिए तत्काल नगर की ओर प्रस्थान करता है। जहाज़ को लंगर डालने में अभी समय लगेगा। तब तक वह सैनिक सहायता लेकर लौट आएगा।

डानॉस-कन्याएँ किसी अनर्थ की कल्पना से आशंकित हैं। उन्हें बचाव का कोई रास्ता दिखाई नहीं दे रहा। पता नहीं पिता को सैनिक साथ लेकर लौटने में कितना समय लग जाए। क्या भाग्य उनका साथ देगा? देवता उनके कौमार्य की रक्षा करेंगे? इसी संभ्रम में वे अपनी सुरक्षा के लिए पहाड़ी पर चढ़ने लगती हैं। लेकिन इसी बीच ईजिप्टस का दूत कुछ नाविकों के साथ आ पहुँचता है। डानॉस की बेटियाँ भय से रोने और चीखने लगती हैं। नाविक उन्हें बालों से पकड़ कर घसीटते हुए जहाज़ की ओर ले जाने का प्रयास करते हैं। लड़कियाँ अपने बचाव में हाथ-पैर मारती हैं। चारों ओर कोहराम मच जाता है। शोर सुन कर आरगू का राजा पेलासगस अपने सैनिकों के साथ वहाँ आ पहुँचता है। पेलासगस उन असभ्य नाविकों को आरगू की धरती का अपमान करने के लिए धिक्कारता है। उन्हें इस अनाधिकार कुचेष्टा का दंड मिलेगा। दूत अपने पक्ष में तर्क देता है कि वह अपने ही खोए हुए परिजनों को वापस घर ले जाने आया है। पेलासगस उससे सहमत नहीं। डानॉस पुत्रियाँ स्वेच्छा से नहीं जा रही हैं, उन पर बल प्रयोग किया जा रहा है। वे देवताओं की पवित्र परिधि में हैं और आरगू की शरण में हैं। उनकी सुरक्षा पेलासगस का धर्म है। दूत के पास कोई जवाब नहीं। वह नाविकों के साथ समुद्र की ओर प्रस्थान करता है। पेलासगस डानॉस-कन्याओं से कहता है कि वे निर्भय होकर नगर में प्रवेश करें। आरगू की जनता की सदिच्छा उनके साथ है। नगर के निवासी उनकी स्वाधीनता और सम्मान की सदैव रक्षा करेंगे। वे जहाँ चाहें रहें, अपनी इच्छा से विवाह करें और जीवन के सभी निर्णय निर्भीक होकर लें। डानॉस-पुत्रियाँ नगर और नगर के राजा के प्रति कृतज्ञ हैं किन्तु अभी उन्हें पिता के आदेश की प्रतीक्षा है। पेलासगस के प्रस्थान के कुछ पलों में ही डानॉस एक सैनिक के साथ प्रवेश करता है। लड़कियों में खुशी की लहर दौड़ जाती है। डानॉस भी प्रसन्न एवं आश्वस्त है। वह बेटियों को बताता है कि आरगू के वरिष्ठ नागरिकों ने उसे समुचित सम्मान दिया और उसकी सुरक्षा के लिए अंगरक्षक साथ भेजा है। नगर की सहानुभूति उनके साथ है और अब उन्हें अपने व्यवहार की गरिमा से स्वयं को इस सदिच्छा के योग्य सिद्ध करना है। अपने आचरण की मान-मर्यादा को बनाये रखना है। पेलासगस के राज्य के द्वार उनके स्वागत को खुले हैं। डानॉस-कन्याएँ देवताओं को धन्यवाद देती हैं और अपने पिता को आश्वासन कि वे सदा अपने आचरण को संयमित और मर्यादित रखेंगी। वे कौमार्य की देवी ओर्टमिस का भी धन्यवाद करती हैं जिसने अवांछित विवाह की यन्त्रणा से उन्हें बचाया। साथ ही वे प्रेम की देवी एफ्राडॉयटी की आराधना करती हैं ताकि उन्हें सुयोग्य वरों की प्राप्ति हो और वे सुखी वैवाहिक जीवन व्यतीत करें।

द परशियन्स

परशिया के राजा डेरियस की समाधि पर नगर के वरिष्ठ नागरिकों का कोरस आता है। वे बताते हैं कि महाप्रतापी डेरियस का देव तुल्य पुत्र ज़ेरेक्सीज़ ग्रीस पर आक्रमण करने गया है। कूच करने से पहले वह कोरस को परशिया की देख-रेख का दायित्व सौंप कर गया है। वे उन सत्रह सेनापतियों के नाम भी गिनवाते हैं जो इस अभियान में ज़ेरेक्सीज़ के साथ गए हैं। उन राज्याध्यक्षों का उल्लेख भी होता है जिन्होंने इस महत्कार्य के लिए सैनिक और समुद्री बेड़े दिये। इस सबके बावजूद वे इस बात को लेकर चिंतित भी हैं कि परशिया के तमाम स्वस्थ एवं बलिष्ठ युवक ज़ेरेक्सीज़ के साथ चले गए हैं और देश यौवन की ऊर्जा से खाली हो गया है। चिन्ता और आशंका में घिरी माँएँ, बच्चे और पत्नियाँ उनके घर लौटने की राह देख रही हैं। अभी तक युद्धभूमि से कोई अच्छा या बुरा समाचार नहीं आया। सारा देश प्रतीक्षा में आकुल है।

तभी डेरियस की विधवा, राजमाता ऐटोसा एक भव्य रथ में दास-दासियों के साथ प्रवेश करती हैं। कोरस-सदस्य श्रद्धा से दंडवत् करते हैं। राजमाता चिन्तित दिखाई देती हैं। वे कुछ दिनों से दुःस्वप्न देख रही हैं। कल रात उन्होंने देखा कि दो लम्बी, गौरवर्ण युवतियाँ जो देखने में बहनें लग रही थीं किसी बात पर झगड़ती हुई ज़ेरेक्सीज़ के पास आयीं और उससे मध्यस्थता का आग्रह किया। उनमें से एक युवती परशियन परिधान में थी और दूसरी ग्रीक लिबास में। ज़ेरेक्सीज़ उन्हें अपने रथ में जोतने लगा। इस पर परशियन युवती ने विरोध नहीं किया अपितु वह प्रसन्न और सहमत दिखायी दी। किन्तु दूसरी युवती आक्रामक हो उठी और उसने रथ पर प्रहार कर उसे तोड़ डाला। ज़ेरेक्सीज़ इस अप्रत्याशित आक्रमण को सँभाल नहीं पाया और रथ से नीचे गिर पड़ा। आक्रोश में उसने अपने वस्त्र फाड़ डाले। तभी उसका पिता डेरियस प्रकट हुआ और उसे शान्त करने लगा। इस स्वप्न को लेकर एटोसा चिन्तित है। कहीं यूरोप और एशिया को एक करने की ज़ेरेक्सीज़ की महत्वाकांक्षा उसके विनाश का कारण न बन जाए। इसी कारण वह डेरियस की समाधि पर तर्पण करने और कोरस के वरिष्ठ नागरिकों से परामर्श करने आई है। वह समझ नहीं पाती कि

ज़ेरेक्सीज़ क्यों दूसरे देश को विजय करने के लिए इतनी दूर गया है। एथेन्स के विषय में उसकी जानकारी सीमित है। नागरिक उसे बताते हैं कि एथेन्स का कोई एक राजा नहीं। एथेन्स वासी स्वतन्त्र हैं और वीर भी। उनका शौर्य ही उनका सबसे बड़ा मान और शक्ति है। वे राजमाता को परामर्श देते हैं कि वह देवताओं को भेंट अर्पित करें और डेरियस की आत्मा से प्रार्थना करें कि वह मृतकों के देश से अपनी शुभाशीष भेजे।

तभी दूत आता है और यह दुर्भाग्यपूर्ण समाचार देता है कि युद्ध में परशिया की हार हुई। कोरस-सदस्य देश की पराजय से क्षुब्ध और अनेकानेक युवा वीरों को खो देने से शोकाकुल हो उठते हैं। मृत सैनिकों के परिवारों का सोच कर दुःख से हृदय फटा जाता है। न जाने कितनी माँओं की गोद सूनी हो गई, कितने बच्चे अनाथ और कितनी युवतियाँ विधवा हो गईं। परशिया के इतिहास में यह दिन काले अक्षरों में लिखा जाएगा और आनेवाली पीढ़ियाँ एथेन्स का नाम घृणा से लेंगी। राजमाता ज़ेरेक्सीज़ की कुशलता का समाचार जानने को व्याकुल हैं। दूत बताता है कि ज़ेरेक्सीज़ जीवित है किन्तु पराजय एवं अपने वीर योद्धा खो देने से क्षुब्ध है। वह सैलामिस में वीरगति को प्राप्त होने वाले सेनापतियों के नाम गिनवाता है। परशिया के सैनिकों और समुद्री बेड़ों की संख्या एथेन्स की तुलना में कहीं अधिक थी किन्तु फिर भी उनकी हार हुई और एथेन्स की विजय। परशिया के बारह सौ से भी अधिक समुद्री जहाज़ एथेन्स के तीन सौ बेड़ों का सामना नहीं कर सके। दूत को ऐसा लगता है कि दैवी शक्ति एथेन्स के साथ थी। दैवयोग के बिना परशिया की पराजय असम्भव थी।

राजमाता एटोसा युद्ध का विस्तृत वृतान्त जानना चाहती हैं। दूत बताता है कि सम्भवतः किसी ग्रीक सैनिक ने ज़ेरेक्सीज़ को यह गुप्त सूचना दी थी कि अँधेरा होने पर ग्रीक सैनिक अपने बेड़े लेकर युद्ध स्थल से पलायन की योजना बना रहे हैं। शत्रु की इस योजना को विफल करने के उद्देश्य से ज़ेरेक्सीज़ ने सैलामिस की खाड़ी से बाहर निकलने वाले सारे रास्तों पर जहाज़ लगा कर उनकी नाकेबन्दी कर दी। सारी रात प्रतीक्षा में बीत गई किन्तु ऐसा कुछ नहीं हुआ। भोर होते ही अचानक एथेन्स के सैनिकों ने परशियन जहाज़ों पर आक्रमण कर दिया। परशियन सेनापति इस अप्रत्याशित आक्रमण का सामना करने के लिये तैयार नहीं थे। जहाज़ों के सटे होने के कारण उनमें गतिरोध की स्थिति पैदा हो गई और वे खुल कर आक्रमणकारियों का सामना नहीं कर सके। ग्रीक बेड़ों ने उन्हें घेर लिया और किनारे पर नियुक्त सिपाहियों को भी मौत के घाट उतार दिया। स्थिति नियन्त्रण से बाहर हो गई और पराजय अवश्यम्भावी। हताश ज़ेरेक्सीज़ ने आवेश में अपने राजसी वस्त्र फाड़ डाले। पतन का यह संकेत देखते ही परशियन सैनिकों में भगदड़ मच गई। एटोसा का

दुःस्वप्न इस तरह सत्य हुआ। राजमाता भारी मन से वीरगति को प्राप्त हुए सैनिकों के लिए प्रार्थना करने के लिए प्रस्थान करती हैं। जाते समय वे कोरस-सदस्यों से आग्रह करती हैं कि यदि उनका पुत्र उनकी अनुपस्थिति में आ जाए तो उसे सम्मानपूर्वक महल में ले जाएँ। राजा के मन्त्री और सेवक उसकी सत्ता के प्रतीक हैं। पराजित ज़ेरेक्सीज़ अकेला न रहे। अपने घर में उसके आदर-सम्मान में कमी नहीं होनी चाहिए।

राजमाता की अनुपस्थिति में कोरस के संयम का बाँध टूट जाता है। मृत सैनिकों का विलाप करते हुए वे अपनी भाषा पर नियन्त्रण खो देते हैं। अपने देवतुल्य राजा के प्रति भी उनका मन आक्रोश से भर उठता है। परशिया की युवाशक्ति का ह्रास राजा के प्रति सहज सम्मान पर हावी हो जाता है। ज़ेरेक्सीज़ की महत्वाकांक्षा से राज सत्ता का विघटन हुआ है। उसके वैभव की क्षति हुई है। अब कोई परशिया के सामने नतमस्तक नहीं होगा, उसे भेंट नहीं देगा। परशिया का सम्मान क्षत-विक्षत हुआ।

तभी राजमाता एटोसा लौट कर आती हैं। इस बार न रथ है न राजसी वैभव। डेरियस की समाधि पर अर्पित करने के लिए वह दूध, शहद, मदिरा, जैतून का तेल और अन्य सामग्री लेकर आयी हैं। महारानी तर्पण करती हैं और कोरस-सदस्य पाताल के देवताओं से प्रार्थना करते हैं कि वे इस संकट की घड़ी में डेरियस को उनकी सहायता के लिए पृथ्वी पर भेजें। प्रार्थना स्वीकार होती है और डेरियस का प्रेत पूरे राजसी वैभव के साथ प्रकट होता है। वह मृतलोक के विधान के विपरीत बड़ी कठिनाई से कुछ देर के लिए पृथ्वी पर आया है और विस्तार में जानना चाहता है कि परशिया पर कैसी आपदा आयी है। विस्मित कोरस-सदस्य श्रद्धा से नतमस्तक हो अभिवादन करते हैं और एटोसा परशिया के दुर्भाग्य की कहानी दोहराती है। डेरियस स्तब्ध है कि उसके पुत्र ने समुद्र अर्थात् एक देवता को जीतने का दुस्साहस किया है, स्वयं ज़ीयस की सत्ता को चुनौती दी है। यह तो पागलपन है। आश्चर्य नहीं कि उसे पराजय का मुँह देखना पड़ा। ज़ीयस ने ज़ेरेक्सीज़ को उसकी महत्वाकांक्षा और अहंकार का दंड दिया है। राजमाता का कहना है कि ज़ेरेक्सीज़ ने दैवी-प्रेरणा से ऐसा किया और उसका उद्देश्य परशिया की शक्ति और धन-वैभव को बढ़ाना था। डेरियस सहमत नहीं। राज्य-विस्तार से कहीं अधिक महत्वपूर्ण है देश और उसके युवा सैनिकों की सुरक्षा। डेरियस ने अपने जीवनकाल में कभी ऐसी भूल नहीं की। कोरस द्वारा भविष्य के बारे में पूछे जाने पर डेरियस उन्हें चेतावनी देता है कि कभी ग्रीस पर आक्रमण करने का दुस्साहस न करें। साथ ही वह यह भी बताता है कि परशिया के दुःख का अभी अन्त नहीं हुआ। युद्ध में बचे बहुत से सैनिक देश लौटने से पहले ही मारे जाएँगे। ग्रीक देवताओं के मन्दिरों, हवन वेदियों और प्रतिमाओं को ध्वंस करने के घोर पाप के लिए ज़ीयस उन्हें दंड देगा। पाताल लौटने से पहले डेरियस

एटोसा को आदेश देता है कि वह राजप्रासाद जाए और वहाँ से ज़ेरेक्सीज़ के लिए उचित राजसी परिधान लेकर आए। क्षुब्ध और पराजित ज़ेरेक्सीज़ को इस कठिन समय में सान्त्वना केवल वही दे सकती है। यह कहकर डेरियस अपनी समाधि में लौट जाता है।

राजमाता महल की ओर प्रस्थान करती है। कोरस के वरिष्ठ नागरिक परशिया के अतीत वैभव और डेरियस के सफल सैनिक अभियानों को दुःखी मन से याद करते हैं। वे सभी नगर, द्वीप, समुद्र के किनारे की बस्तियाँ जो डेरियस ने अपने बाहुबल और सामरिक सूझ-बूझ से जीती थीं, वह सम्मान और सम्पदा जो उसने अपनी प्रज्ञा और क्षमता से प्राप्त की थी–वह सब ज़ेरेक्सीज़ ने गँवा दिया। तभी थका-हारा, अकेला, पैदल चलता हुआ, फटे वस्त्रों में दैन्य की प्रतिमा-सा ज़ेरेक्सीज़ आ पहुँचता है–बिलकुल वैसा ही जैसा राजमाता ने स्वप्न में देखा था। देवतुल्य राजा ज़ेरेक्सीज़ की दुर्दशा भय और करुणा उपजाती है। एक-एक कर कोरस-सदस्य उन सेनाधिपतियों के नाम गिनवाते हैं जो उसके साथ इस अभियान पर गये थे और दग्ध हृदय, शोकाकुल ज़ेरेक्सीज़ हर बार चीत्कार कर उनकी मृत्यु की पुष्टि करता है। उन सब में से कोई जीवित नहीं बचा। बचा है केवल उसका गर्हित जीवन, अपमान, लज्जा, क्षोभ, फटे वस्त्र और खाली तरकश। जो लेकर गया था–साथी, सैनिक, जहाज़, अस्त्र-शस्त्र, धन-वैभव और सम्मान–वह सब गँवा आया। वह स्वयं को इस विनाश का उत्तरदायी मानता है और ग्रीक सैनिकों के असाधारण शौर्य को भी स्वीकार करता है। विलाप करते, छाती पीटते, बाल नोंचते और शोक गीत गाते हुए कोरस ज़ेरेक्सीज़ के साथ नगर की ओर प्रस्थान करते हैं।

सोफ़ॉक्लीज़

सोफ़ॉक्लीज़ का जन्म 496 ई.पू. में एथेन्स के निकट कोलोनस नामक जनपद के एक सम्पन्न एवं अभिजात परिवार में हुआ। उसने नृत्य-संगीत की शिक्षा लैम्प्रस से प्राप्त की और 15 वर्ष की आयु में ही सैलामिस युद्ध के विजयोत्सव में कोरस का नेतृत्व करने का गौरव प्राप्त किया। सोफ़ॉक्लीज़ की बचपन से ही संगीत, नाटक, अभिनय और रंगमंच के प्रति गहरी रुचि थी। सोफ़ॉक्लीज़ के प्रभावशाली व्यक्तित्व में सृजनात्मक प्रतिभा, साहित्यिक और सामरिक उपलब्धियों का अनुपम संगम था। 440 ई.पू. में सेमॉस में हुए विद्रोह को दबाने के लिए भेजे गए सैन्यबल में सोफ़ॉक्लीज़ की नियुक्ति पेराक्लीज़ के समकक्ष सेनाधिपति के रूप में हुई। पेलॉप्पनीज़ युद्ध में वह नीसियास के साथ दस सेनाध्यक्षों में से एक था। बहुमुखी प्रतिभा सम्पन्न सोफ़ॉक्लीज़ ने 28 वर्ष की आयु में एथेन्स की वार्षिक नाटक प्रतियोगिता में वरिष्ठ एवं प्रतिष्ठित नाटककार ईस्किलस को हराकर प्रथम स्थान प्राप्त किया। इसके बाद वह प्रतिवर्ष डायोनीसिया और लेनाया के नाट्य-उत्सव में भाग लेता रहा और विजयी होता रहा। सोफ़ॉक्लीज के पुरस्कारों की संख्या 18 से 24 बताई जाती है। उसने द्वितीय पुरस्कार भी प्राप्त किया लेकिन कभी तीसरे स्थान पर नहीं रहा।

सोफ़ॉक्लीज ने 123 नाटक लिखे जिनमें से केवल 7 प्राप्त हैं किन्तु इनके रचनाकाल के विषय में कुछ विश्वस्त रूप से नहीं कहा जा सकता। 'फ़िलॉक्टेटीज़' को 409 ई.पू. में नाटक प्रतियोगिता में पुरस्कृत किया गया और 401 ई.पू. में 'ईडिपस एट कोलोनस' को मरणोपरान्त सम्मानित किया गया। 'ईडिपस रेक्स', 'एजैक्स', 'इलेक्ट्रा', 'एंटीगनी' तथा 'वीमेन ऑव ट्रैकीस' के रचनाकाल अथवा मंचन वर्ष के विषय में कोई विश्वसनीय जानकारी नहीं।

सोफ़ॉक्लीज का प्रत्येक नाटक अपने आपमें एक सम्पूर्ण इकाई है जो अर्थवत्ता के लिए किसी अन्य रचना पर निर्भर नहीं। सोफ़ॉक्लीज में कथानक के प्रति विशेष आग्रह है और एक विशेष व्यक्ति, स्थिति, घटना अथवा पल उसकी सर्जनात्मक ऊर्जा का केन्द्र है। असाधारण गति, क्रिया-प्रतिक्रिया का निरन्तर आघात, घटनाओं का सही अनुपात और निर्वाह में सन्तुलन उसकी रचनात्मकता की विशिष्टता है। अरस्तू ने अपने काव्यशास्त्र 'पोयटिक्स' में 'ईडिपस' को उत्तम गठन और तकनीकी उत्कृष्टता के मानक के रूप में उद्‌धृत किया है। इतना ही नहीं, सोफ़ॉक्लीज़ ने मानवी ऊर्जा और आत्मबल को केन्द्र मानकर जीवन संघर्ष का निरूपण किया और इस तरह आधुनिक नाटक के 'मानवतावाद' का मार्ग प्रशस्त किया।

सोफ़ॉक्लीज नाटक में तीसरे पात्र को लेकर आया जिससे संवाद के माध्यम से स्थिति निरूपण और चरित्र-चित्रण को नए आयाम मिले। उसने कोरस सदस्यों की संख्या 12 से बढ़ाकर 15 कर दी। इससे कोरस नायक की भूमिका मुखर हुई और कोरस के प्रबन्ध विन्यास में विविधता और नवीनता आई। सोफ़ॉक्लीज ने शब्दों के माध्यम से दृश्य चित्रण किया। देश-काल, नगर-जनपद, स्थान-स्पेस, आगमन-निर्गमन को नई अर्थवत्ता से रेखांकित किया। उसने फ्रिजिया के संगीत का डिथीरैम्ब शैली से मिश्रण कर संगीत की एक नई शैली को जन्म दिया। एरिस्टोफ़ेनीज़ ने अपने नाटक 'फ्रॉग्स' में उसे 'मधुमक्खी' की संज्ञा दी है जिसने अपने पूर्ववर्ती नाटककारों की कला का रस आत्मसात् कर साहित्य को और अधिक समृद्ध किया।

ईडिपस रेक्स

थीब्ज़ नामक नगर में राजा ईडिपस के राजप्रासाद के प्रांगण में स्थापित हवन वेदियों और सीढ़ियों पर शरणागत की मुद्रा में बैठे नागरिक राजा की प्रतीक्षा कर रहे हैं। राजा ईडिपस केन्द्र द्वार से मंच पर आता है। देव श्रेष्ठ ज़ीयस का प्रधान पुजारी महामारी से त्रस्त जनता की दुर्दशा की ओर राजा का ध्यान आकृष्ट कर उससे रक्षा की प्रार्थना करता है। राजा अभिज्ञ नहीं। वस्तुतः वह रानी जोकास्टा के भाई क्रियों को पहले ही इस दैवी विपत्ति का कारण एवं निदान जानने के लिए डेल्फ़ी स्थित अपोलो के शकुन स्थल पर भेज चुका है। अभी इस विषय पर वह चिन्ता व्यक्त कर ही रहा है कि क्रियों आ पहुँचता है। वह प्रजा की उपस्थिति में ही राजा को सूचित करता है कि देव अपोलो के द्वारा अभिप्रेरित डेल्फ़ी शकुन-स्थल की पुजारिन के अनुसार थीब्ज़ पर यह आपद उसके भूतपूर्व राजा लायेस की हत्या के कारण आयी है। लायेस का हत्यारा दंडित नहीं किया गया। वह आज भी थीब्ज़ में है। उसकी उपस्थित से ही थीब्ज़ की धरती अपवित्र हुई है। उसे ढूँढ़ कर उसके अपराध का दंड दो तभी थीब्ज़ को वर्तमान दैवी विपत्ति से मुक्ति मिलेगी। ईडिपस लायेस की हत्या की परिस्थिति से अनजान है। क्रियो उसे बताता है कि ईडिपस के थीब्ज़ में आने से पूर्व वहाँ के राजा लायेस एक यात्रा के दौरान किन्हीं लुटेरों के हाथों मारे गए थे। केवल उनका एक सहयात्री जीवित थीब्ज़ लौट पाया था। उस समय थीब्ज़ का नगर दानवी स्फिंक्स के कूट प्रश्नों के मायाजाल में फँसा था जिस कारण लायेस के हत्यारों को ढूँढ़ने की दिशा में कोई सुनिश्चित प्रयास नहीं किया जा सका। राजा ईडिपस जनता को आश्वासन देता है कि वे लायेस के हत्यारों का अवश्य पता लगाएगा। कोरस के सदस्य मृत्युंजयी देवी एथीना, आखेट की देवी आर्टेमिस, सत्य एवं प्रकाश के देवता फ़ीबस अपोलो और अपने नगर के आराध्य देव बैकस से आतुर प्रार्थना करते हैं कि वे थीब्ज़ को इस व्याधि से मुक्ति दिलाएँ। ईडिपस घोषणा करता है कि यदि लायेस का हत्यारा आत्म समर्पण कर दे तो दंड का गुरुत्व कम हो सकता है, किन्तु ऐसा न करने पर वह और उसे शरण देने वाले दोनों ही कठोरतम दंड के अतिरिक्त सामाजिक बहिष्कार, दैवी श्राप और निष्कासन के भागी होंगे।

लायेस की हत्या की गुत्थी सुलझाने के लिए नेत्रहीन भविष्य-द्रष्टा टियरेसियस को बुलाया जाता है। वृद्ध टियरेसियस राजाज्ञा का पालन कर ईडिपस के सम्मुख उपस्थित तो होता है किन्तु बार-बार प्रश्न किए जाने पर भी कोई स्पष्ट उत्तर नहीं देता। ईडिपस को टियरेसियस का व्यवहार संदिग्ध जान पड़ता है। आवेश में आकर वह टियरेसियस पर ही लायेस-वध का आरोप लगा देता है। उसने ही क्रियों के साथ मिलकर लायेस की हत्या का षड्यन्त्र रचा होगा। थीब्ज़ के सम्मानित भविष्य-द्रष्टा एवं शकुनों की व्याख्या में बेजोड़ टियरेसियस के लिए अब चुप रहकर अपमान सहना असम्भव है। ईडिपस ने उसे मुँह खोलने को विवश कर दिया है। अन्ततः वह रहस्योद्घाटन करता है कि नगर पर आयी इस विपत्ति का कारण कोई और नहीं, स्वयं ईडिपस है। वही लायेस का हत्यारा है। वही अधर्मी है, पितृहन्ता और मातृगामी है और अब उसके पापों का हिसाब चुकाने का समय आ गया है। वे सारे दंड, जो कुछ क्षण पहले उसने लायेस के हत्यारे के लिए नियत किए थे अब उसे भोगने होंगे–तिरस्कार, जननिन्दा, गर्हित जीवन, दयनीयता और निष्कासन। यह कहकर वह प्रस्थान करता है। ईडिपस स्तब्ध है। थीब्ज़ के वरिष्ठ नागरिकों का कोरस डावाँडोल है। उन्हें अपने राजा ईडिपस की असाधारण प्रजा और निष्पाप प्रकृति पर विश्वास है किन्तु टियरेसियस का वचन भी कभी असत्य नहीं हुआ। यह कैसी कठिन स्थिति है। कैसे होगा इसका समाधान? वे लायेस के अज्ञात हत्यारे की भर्त्सना करते हैं।

तभी क्रियों प्रवेश करता है। वह ईडिपस द्वारा लगाए गए आरोप से क्षुब्ध है। न तो वह देशद्रोही है और न ही महत्वाकांक्षी। जब जोकास्टा का भाई होने के नाते उसे राज के सभी सुख मिल रहे हैं तो उसे क्या आवश्यकता है कि वह काँटों का ताज पहनने की इच्छा रखे। किन्तु इस समय ईडिपस सच-झूठ को परख पाने की मानसिक स्थिति में नहीं है। दोनों में तर्क-वितर्क चल रहा है, जब रानी जोकास्टा आ पहुँचती है। इस संकट के समय में वह आपसी झगड़ों की भर्त्सना करती है। क्रियों के जाने के बाद जोकास्टा ईडिपस को बताती है कि बहुत वर्ष पूर्व हुई एक भविष्यवाणी के अनुसार लायेस की हत्या उसके अपने पुत्र के हाथों होनी नियत थी। इसी कारण जोकास्टा और लायेस ने एक निर्जन पर्वत पर अपने नवजात पुत्र का परित्याग कर दिया था ताकि पितृवध का कलंक उनके परिवार को न लगे। इस तरह वह भविष्यवाणी असत्य सिद्ध हुई। लायेस की हत्या डेल्फ़ी के शकुन स्थल की ओर जाते हुए, फ़ॉकिस नामक स्थान पर, जहाँ तीन मार्ग मिलते हैं–कुछ विदेशी लुटेरों के हाथों हुई। यह सुनते ही ईडिपस उद्विग्न हो उठता है। उसे वह वृद्ध याद आता है जिसकी हत्या उसके हाथों उसी स्थान पर कई वर्ष पूर्व हुई थी। क्या वह लायेस था? वह जोकास्टा से आग्रह करता है कि वह तत्काल उस व्यक्ति को बुलवाए जो लायेस के साथ था, जो अकेला थीब्ज़ लौटकर आया था और जिसने

यह दुःखद समाचार रानी को दिया था। जोकास्टा बताती है कि उस दुर्घटना के बाद उस व्यक्ति ने राजपरिवार की सेवा से अवकाश ले लिया और नगर के बाहर एक चरवाहे का काम कर जीवन-यापन करने लगा। स्वयं जोकास्टा ने उसे सेवानिवृत्त होने की अनुमति दी थी। ईडिपस के अनुरोध पर जोकास्टा उस चरवाहे को बुलाने के लिए दूत भेजती है।

रहस्य गहराता जा रहा है। ईडिपस इस उलझी कहानी का कोई सिरा पकड़ने की कोशिश में है। प्रतीक्षा का हर पल कठिन है। जब तक कि दूत चरवाहे के साथ लौटकर आए ईडिपस अपने अतीत की कड़ियाँ जोड़ने का प्रयास करता है। वह जोकास्टा को बताता है कि कॉरिन्थ के राजा पॉलिबस और रानी मेरोपी के वात्सल्य की छाँव में उसका बचपन बीता। वह सदैव उन्हें ही अपना जनक मानता था। किन्तु एक दिन उसके एक युवा मित्र ने उसे राजा का दत्तक पुत्र कह कर उसके विश्वास को हिला दिया। वह आहत हुआ और रानी मेरोपी के पास गया। मेरोपी के उत्तर उसे आश्वस्त न कर सके अतः उसने अपने जन्म का सत्य जानने के लिए देवता अपोलो के डेल्फ़ी स्थित शकुन स्थल पर जाने का निश्चय किया। मन्दिर की उपासिका ने उसे पितृहन्ता और मातृगामी कह कर धिक्कारा और उसे पवित्र स्थान से बाहर निकल जाने का आदेश दिया। वह क्षुब्ध हुआ, सम्भवतः इसी कारण मेरोपी उसे साधिकार अपना पुत्र कहने से हिचकिचा रही थी। उसने निश्चय किया कि वह अब लौटकर कॉरिन्थ नहीं जाएगा। वह विपरीत दिशा में थीब्ज़ की ओर चल पड़ा। वह तनावग्रस्त था–अजीब उलझन में घिरा था उसका मन। फ़ॉकिस में वहाँ, जहाँ तीन मार्ग मिलते हैं, उसका सामना एक वयोवृद्ध व्यक्ति से हुआ। दोनों में कुछ कहा-सुनी हुई और वह वृद्ध ईडिपस के हाथों मारा गया। अब यदि यह सिद्ध हुआ कि वह व्यक्ति ही थीब्ज़ का राजा, जोकास्टा का पहला पति लायेस था, तो अनजाने में हुए इस अपराध के लिए ईडिपस को दंड तो भोगना ही होगा। उस चरवाहे के आने पर पर ही स्थिति स्पष्ट हो सकेगी। वही है आशा की एकमात्र किरण। यदि वह इस बात की पुष्टि करे कि लायेस का वध एक नहीं, अनेक लुटेरों के हाथों हुआ तभी ईडिपस इस अपराध से मुक्त हो सकेगा। जोकास्टा ईडिपस को आश्वासन देती है कि भविष्यवाणियाँ सदैव सत्य नहीं होतीं। लायेस निश्चित ही अपने पुत्र के हाथों नहीं मारा गया। ईडिपस और जोकास्टा राजप्रासाद के भीतर जाते हैं। कोरस के सदस्य मानव की उद्दंडता, उसके अहम् और ईश्वरीय संकेतों में उसके अविश्वास से विचलित हैं। सत्य-असत्य, शुभ-अशुभ, शंका और आस्था के बीच संघर्ष की स्थिति बनी हुई हैं। रानी जोकास्टा बाहर आती हैं और सत्य के देवता अपोलो से प्रार्थना करती है कि वह राजपरिवार को कलुष से बचाएँ। तभी कॉरिन्थ से एक दूत का आगमन होता है। वह राजा पॉलिबस के निधन का समाचार लेकर आया है। जोकास्टा ईडिपस को बुला भेजती है। वह

आश्वस्त है कि देव वाणी असत्य सिद्ध हुई। किन्तु ईडिपस तब तक आश्वस्त नहीं जब तक उसकी माँ रानी मेरोपी जीवित है। यह सुनकर दूत उसकी शंका का समाधान करता है। वह ईडिपस को बताता है कि मेरोपी के कारण कोई भय नहीं क्योंकि वह ईडिपस की माँ नहीं। ईडिपस को इसी दूत ने सीथेरों पर्वत पर थीब्ज़ के एक चरवाहे से लेकर कॉरिन्थ की सन्तानहीन राज-दम्पत्ति को सौंप दिया था। वह चरवाहा जिसने शिशु ईडिपस को इस दूत को दिया था, वही व्यक्ति है जिसे जोकास्टा ने पहले ही बुला भेजा है। रानी जोकास्टा भय से पीली पड़ जाती है। ईडिपस के जन्म और लायेस की हत्या का भयावह सत्य उस पर खुलने लगा है। वह कातर स्वर में ईडिपस से आग्रह करती है कि वह अपनी जिज्ञासा का दमन करे। अब और कोई प्रश्न न करे। किन्तु ईडिपस के लिए अब रुकना असम्भव है। परिणाम जो भी हो। सत्य का साक्षात्कार तो करना ही होगा। इस अनिवार्यता का अब निराकरण नहीं। वह पूरा सच जानना चाहता है। अपने जन्म का रहस्य जानना चाहता है। अपने आपको पहचानना चाहता है। ईडिपस और जोकास्टा दोनों आशंकित और उद्वेलित हैं। कोरस गीत में अभी भी आशा की किरण टिमटिमा रही है।

तभी वह चरवाहा आ पहुँचता है। कॉरिन्थ से आया दूत उसे तत्क्षण पहचान लेता है। बहुत विवश किये जाने पर चरवाहा अन्ततः स्वीकार करता है कि दया के वशीभूत हो उसने भूतपूर्व राजा लायेस और रानी जोकास्टा के नवजात शिशु का वध न करके उसे इसी दूत को सौंप दिया था जो उस समय सीथेरों पर्वत पर बकरियाँ चराया करता था। वह इस भेद का भी स्पष्टीकरण करता है कि लायेस की हत्या अनेक लुटेरों ने नहीं, ईडिपस ने ही की थी। किन्तु जब वह थीब्ज़ लौट कर आया और ईडिपस को राजा के सिंहासन पर आसीन पाया तो कुछ न कह सका और नगर छोड़कर चला गया। एक क्षण में सारा रहस्य खुल जाता है। एक भयावह किन्तु पूरा सच ईडिपस के सामने है। वही है अपने पिता लायेस का हत्यारा, अपनी जननी का पति और भाई अपनी ही सन्तान का। वही है कलुषित, अभिशप्त, पापिष्ठ। असह्य है सच को झेल पाना। असम्भव है दिन के प्रकाश का सामना। यह कैसा आत्मज्ञान! यह कैसी अपनी पहचान? अपने दुर्भाग्य और नियति की विडम्बना से निरस्त ईडिपस भीतर जाता है। कोरस का हृदय भी अपने राजा के दुःख और मानव नियति की ऐसी क्रूर निष्पत्ति से फटा जाता है। एक दूत आकर सूचना देता है कि रानी जोकास्टा ने गले में फन्दा डाल कर आत्महत्या कर ली और ईडिपस ने उसके परिधान की एक पिन से अपनी आँखें फोड़ लीं। ऐसे भयावह सत्य के साक्षात्कार के बाद कुछ भी नहीं देखना चाहता वह। अब उसका जीवन एक कभी न समाप्त होने वाली काली रात है। अनजाने में हुए अपराध की वीभत्सता का बोध उसकी आत्मा को काट रहा है। आँखों से रक्त बह रहा है। शब्द नहीं कि उसकी व्यथा, आत्मग्लानि और

असहनीय यन्त्रणा का वर्णन कर सकें। तभी ईडिपस आता है–अवश, अशक्त, अशान्त, शरीर और आत्मा दोनों की गहरी पीड़ा से आक्रान्त। वह एक पल भी नहीं रहना चाहता अब थीब्ज़ में। वह कोरस से अनुनय करता है कि देवताओं द्वारा घृणित उसके जीवन को वे थीब्ज़ से निष्कासित करें। कोरस के सदस्य विचलित और व्यथित हैं किन्तु असहाय। ईडिपस के भविष्य का निर्णय क्रियों करेगा क्योंकि अब वही राजा है। तभी क्रियों प्रवेश करता है। ईडिपस उससे आग्रह करता है कि उसे निष्कासित करे। क्रियों अभी कोई निर्णय लेने की स्थिति में नहीं। परिवर्तित परिस्थितियों में देवताओं के स्पष्ट आदेश की अपेक्षा है। ईडिपस अपने बच्चों के लिए चिन्तित है। बेटे तो अपनी देखभाल कर लेंगे किन्तु उसकी बेटियों का क्या होगा? वे कभी अपने पिता के बिना नहीं रहीं। तभी उसकी दोनों बेटियाँ इज़मइन और एन्टीगनी क्रियों के आदेश से मंच पर लाई जाती हैं। ईडिपस उन्हें देख तो नहीं सकता, छू अवश्य सकता है। वह बार-बार क्रियों से अनुरोध करता है कि अपनी बहन का विधिवत् अन्तिम संस्कार करे और दोनों भांजियों का स्नेह से पालन-पोषण करे। क्रियों उसे याद दिलाता है कि अब वह राजा नहीं और दूसरों के भाग्य का निर्णय लेने का उसे अधिकार नहीं। असहाय, असमर्थ ईडिपस को सेवक भीतर ले जाते हैं।

कोरस का अन्तिम संक्षिप्त गीत चेतावनी दे रहा है–जीवन परिवर्तनशील है और सौभाग्यशाली व्यक्ति वही है जो अपना सुख अपनी अन्तिम यात्रा तक साथ ले जा सके।

ईडिपस एट कोलोनस

थीब्ज़ से निष्कासित, दृष्टिहीन, वृद्ध ईडिपस अत्यन्त दयनीय अवस्था में अपनी छोटी बेटी एण्टीगनी के साथ कोलोनस नामक जनपद में पहुँचता है और थका-हारा वह अनजाने में किसी पवित्र स्थान की परिधि में एक शिला पर बैठ जाता है। तभी एक कोलोनस-निवासी उधर आ निकलता है और वह ईडिपस को वहाँ से हट जाने को कहता है। यह करुणा की देवियों यूमेनायड्स का पवित्र स्थल है और यहाँ प्रवेश निषिद्ध है। ईडिपस तत्क्षण समझ जाता है कि वह अपने गन्तव्य पर आ पहुँचा है। यही भूमि है उसका अन्तिम विश्राम स्थल। वह नागरिक अन्य कोलोनस वासियों को इस कुलीन दिखने वाले विदेशी के आगमन की सूचना देने जाता है। इस बीच ईडिपस वृक्षों की ओट में छिप जाता है ताकि वह कोलोनस के नागरिकों की मंशा जान सके। नागरिकों द्वारा आश्वस्त किए जाने पर वह बाहर आता है और उनसे विनती करता है वे उसे जीवन के अन्तिम वर्ष अपने जनपद में बिताने की अनुमति दें। नागरिकों को सम्भवतः कोई आपत्ति न होती किन्तु जैसे ही उन्हें पता चलता है कि वह थीब्ज़ से निष्कासित, देवताओं द्वारा अभिशप्त और कलंकित, भाग्य का मारा ईडिपस है तो वे उसे शरण देने से मना कर देते हैं। एण्टीगनी अपने पिता के लिए सहानुभूति की याचना करती है। ईडिपस अपने त्रासद अतीत और अनजाने में हुए अपराध के प्रति न्याय संगत और निष्पक्ष दृष्टिकोण की माँग करता है। साथ ही वह उन्हें यह आश्वासन भी देता है कि उसकी उपस्थिति से कोलोनस का कल्याण होगा। विचार-विमर्श के बाद यह निश्चित होता है कि ईडिपस का निर्णय एथेन्स का राजा थीसियस ले, यही उचित होगा। एक नागरिक राजा को सूचना देने के लिए प्रस्थान करता है।

इस बीच ईडिपस की दूसरी बेटी, एण्टीगनी की बहन इज़्मइन घोड़े पर सवार आती दिखाई देती है। वह अपने पिता से मिलने और थीब्ज़ की वर्तमान स्थिति की सूचना देने अकेली ही आई है। ईडिपस और एण्टीगनी उसे देखकर बहुत प्रसन्न और भावुक हो उठते हैं। ईडिपस को इस बात का दुःख और रोष भी है कि उसके बेटे पॉलिनिसेज़ और इटोक्लीज़ उसकी खोज-ख़बर लेने नहीं आए। वे पिता के प्रति अपने

कर्तव्य का पालन नहीं कर रहे हैं। इज़मइन बताती है कि दोनों भाइयों में थीब्ज़ की सत्ता के लिए संघर्ष छिड़ गया है। छोटे इटोक्लीज़ ने सिंहासन पर कब्जा कर भाई पॉलिनिसेज़ को पितरों की धरती से निष्कासित कर दिया है। इस समय पॉलिनिसेज़ आरगू के राजा से मिलकर थीब्ज़ पर आक्रमण करने के लिए सैनिक इकट्ठे कर रहा है। दोनों ओर घृणा और हिंसा की आग भड़क उठी है। इसके अतिरिक्त इज़मइन पिता को डेल्फ़ी के शकुन स्थल पर हुई एक नई भविष्यवाणी के विषय में भी बताती है जिसके अनुसार थीब्ज़ को अपनी सुरक्षा और सम्पन्नता के लिए ईडिपस की आवश्यकता होगी—उसके जीवन काल में ही नहीं, उसकी मृत्यु के उपरान्त भी। सम्भव है क्रियों उसे थीब्ज़ वापिस ले जाने के उद्देश्य से आता ही हो। किन्तु यह निश्चित है कि पितृहन्ता होने के कारण थीब्ज़ की परिधि में ईडिपस का प्रवेश निषिद्ध होगा और उसके निवास की व्यवस्था नगर-सीमा के बाहर की जाएगी। मरणोपरान्त उसकी समाधि भी नगर के बाहर ही बनाई जाएगी। ईडिपस के दोनों पुत्र इस युद्ध में ईडिपस के महत्व को जानते हैं और वे किसी कर्तव्य भावना से नहीं अपितु अपनी स्वार्थसिद्धि के लिए उसे ढूँढ़ रहे हैं। यह सुन कर ईडिपस का मन क्षुब्ध हो उठता है। इन परिस्थितियों में उसे अब थीब्ज़ लौटने की कोई इच्छा नहीं। वह एथेन्स और कोलोनस वासियों की सुरक्षा में रहकर उनके उपकार का ऋण चुकाना चाहता है। जिस भूमि ने उसे शरण दी है उसका कल्याण ही अब ईडिपस के जीवन का लक्ष्य है। ईडिपस के प्रति कोलोनस वासियों का दृष्टिकोण अब बदल रहा है। वे उसकी सहायता करना चाहते हैं। वरिष्ठ नागरिकों का कोरस उसे करुणा की देवियों को प्रसन्न करने की विधि बताता है। अशक्त ईडिपस नदी की ओर जाने में असमर्थ है। अतः उसके स्थान पर इज़मइन आवश्यक सामग्री अर्पित करने के लिए जाती है। उसकी अनुपस्थिति में नागरिकों के आग्रह पर ईडिपस उन्हें आपबीती सुनाता है। वह बताता है कि कैसे दुर्भाग्यवश उसके हाथों अपने पिता का वध हुआ और अनजाने में अपनी जननी से पाणिग्रहण कर वह घोर पाप का भागी बना। किन्तु सर्वज्ञ देवगण जानते हैं कि उसने जान-बूझकर कुछ नहीं किया। अशुभ भविष्यवाणियों से बचने के लिए वह भागता रहा और दुर्भाग्य उसके आगे चलता रहा। उसका जीवन सचमुच नियति की विडम्बनाओं की मर्मस्पर्शी कथा है। यह प्रसंग चल ही रहा है तभी एथेन्स का राजा थीसियस प्रवेश करता है। वह प्रचलित किंवदन्तियों के आधार पर ईडिपस को पहचान लेता है। थीसियस कष्ट, भटकन और अकेलेपन से अपरिचित नहीं। मानवता के नाते उसे ईडिपस से सहानुभूति है और वह उसकी सहायता को प्रस्तुत है। ईडिपस थीसियस के सद्व्यवहार से सन्तुष्ट होता है और उसे एथेन्स के हित में अपनी उपयोगिता का विश्वास दिलाता है। थीसियस जानना चाहता है कि वह एथेन्स का क्या उपकार करेगा। विस्तार में न जाकर ईडिपस उसे पुनः आश्वस्त करने का

प्रयास करता है और थीसियस से अनुरोध करता है कि वह ईडिपस की मृत्यु के बाद उसके शव को अपने राज्य में दफनाने की अनुमति देकर अनुगृहीत करे। थीसियस को इसमें आपत्ति नहीं यद्यपि वह इस अनुरोध का कारण जानना चाहता है। ईडिपस बताता है कि वह अपने बेटों के दुर्व्यवहार से खिन्न है। इतने सालों में उन्होंने अपने पिता की खोज खबर नहीं ली किन्तु अब वे उसकी उपयोगिता जानते हैं और अपनी स्वार्थ सिद्धि के लिए उसे लेने आते होंगे। अब वह थीब्ज़ लौटना नहीं चाहता अतः थीसियस को उसकी रक्षा करनी होगी। वह एथेन्स में शरणागत है। थीसियस अपने कर्तव्य के प्रति सजग है। वह ईडिपस को साथ आने का निमन्त्रण देता है किन्तु ईडिपस कोलोनस के इस पवित्र स्थल को छोड़ना नहीं चाहता। थीसियस कोरस-सदस्यों को ईडिपस की सुरक्षा का दायित्व देकर प्रस्थान करता है। कोरस कोलोनस के यश और प्राकृतिक सम्पदा का वर्णन करता है। सहसा एण्टीगनी देखती है कि सिपाहियों की एक टुकड़ी उनकी ओर बढ़ती आ रही है और उनका नेतृत्व कर रहा है क्रियों। कोरस नागरिक यह जान कर आशंकित हो उठते हैं। क्रियों प्रवेश करता है और बड़ी विनम्रता से उन्हें आश्वस्त करता है। वह थीब्ज़ की जनता के प्रतिनिधि के रूप में आया है और उसकी ओर से ईडिपस से स्वदेश लौट चलने का आग्रह करता है। पिता की ख़ातिर दर-दर भटकती सुकोमल एण्टीगनी के दुर्भाग्य से भी उसका मन द्रवित है। किन्तु ईडिपस इस धूर्त के वाक्-चातुर्य से अब प्रभावित नहीं होने वाला। वह क्रियों की कूटनीति समझ रहा है। क्रियों एथेन्स से युद्ध किए बिना अपनी दिखावे की विनम्रता और वाक्-पटुता के बल पर ईडिपस को थीब्ज़ ले जाना चाहता है। ईडिपस के साफ मना कर देने पर उसका अभियोजन खुल कर सामने आ जाता है। क्रियों स्पष्ट कर उससे बताता है कि नदी की ओर जाती हुई इज़मइन को तो उसके सैनिक पहले ही बन्दी बना चुके हैं और अब वे बलात् एण्टीगनी को भी ले जाएँगे। उसका आदेश मिलते ही सैनिक एण्टीगनी को बन्दी बना लेते हैं। कोरस के वरिष्ठ नागरिक उसे समझाने की कोशिश करते हैं। इस मौखिक हस्तक्षेप का क्रियों पर कोई प्रभाव नहीं। किन्तु इससे पहले कि सैनिक ईडिपस को बन्दी बनाएँ दल-बल सहित राजा थीसियस वहाँ पहुँच जाता है। वस्तुस्थिति का पता चलते ही वह पहले अपने सैनिकों को इज़मइन और एण्टीगनी को मुक्त कराने के लिए प्रस्थान का आदेश देता है और ऐसे अभद्र एवं आक्रामक व्यवहार के लिए क्रियों की भर्त्सना करता है। क्रियों ईडिपस जैसे अधर्मी, पितृहन्ता और मातृगामी पातक को शरण देने के लिए एथेन्स की औचित्य बुद्धि और न्यायपरायणता पर सन्देह प्रकट करता है। आहत ईडिपस एक बार फिर प्रारब्ध को दोषी ठहराते हुए अपने को निर्दोष सिद्ध करने का प्रयास करता है। थीसियस क्रियों को लेकर प्रस्थान करता है ताकि शीघ्र ही ईडिपस-पुत्रियों को स्वतन्त्र करा सके।

कोरस-सदस्य थीब्ज़ के अपहरणकर्ताओं पर एथेन्स की विजय का गीत गाते हैं। तभी थीसियस इज़मइन और एण्टीगनी को लेकर आ पहुँचता है। अपनी बेटियों को पाकर ईडिपस के हर्ष की सीमा नहीं। वह थीसियस के प्रति कृतज्ञता प्रकट करता है। थीसियस बताता है कि मार्ग में उसने समुद्र-देवता पॉसायडन की बलि बेदी पर एक विदेशी को अभ्यर्थना करते देखा था। वह थीब्ज़ से आया है और ईडिपस का सम्बन्धी है। ईडिपस तत्क्षण समझ जाता है कि यह व्यक्ति कोई और नहीं उसका बेटा पॉलिनिसेज़ है। ईडिपस उससे मिलने को तैयार नहीं किन्तु थीसियस और एण्टीगनी के आग्रह करने पर राजी हो जाता है। थीसियस के प्रस्थान के बाद कोरस-सदस्य वृद्धावस्था के कष्ट और अकेलेपन की पीड़ा को अभिव्यक्त करते हैं।

पॉलिनिसेज़ प्रवेश करता है। वह अपने पिता और बहनों की दुर्दशा के लिए अपने आपको दोषी मानते हुए क्षमा याचना करता है। ईडिपस चुप है। तब पॉलिनिसेज़ उसे इटोक्लीज़ द्वारा थीब्ज़ का सिंहासन हथियाने और उसे निष्कासित करने के विषय में बताता है। यह भी बताता है कि देश से निकाले जाने के बाद वह अब आरगू में सात विख्यात योद्धा-मित्रों और उनके सैनिकों को लेकर इटोक्लीज़ से प्रतिशोध लेने के लिए थीब्ज़ पर आक्रमण की योजना बना रहा है। वह ईडिपस से आग्रह करता है कि इस युद्ध में वह उसका साथ दें। ईडिपस के धैर्य का बाँध टूट जाता है। पॉलिनिसेज़ की धूर्तता उसे असह्य हो उठती है। अपने साथ हुए अन्याय और दुर्व्यवहार के लिए वह अपने दोनों बेटों को श्राप देता है कि वे दोनों इस युद्ध में एक दूसरे के हाथों मारे जाएँ। उसके भीतर की सारी घृणा और व्यथा शब्दों में फूट-फूट कर बाहर निकलती है। ईडिपस से क्षमा की अपेक्षा भी दुस्साहस है। हताश पॉलिनिसेज़ लौटने को प्रवृत होता है। भाइयों का युद्ध और युद्ध का घातक परिणाम अब ऐसी अनिवार्य विडम्बनाएँ हैं जिनसे बचना असम्भव है। सम्भवतः यह अन्तिम विदा है। जाते-जाते वह अपनी बहनों से अनुरोध करता है कि यदि वह युद्ध में मारा जाए तो वे उसका अन्तिम संस्कार अवश्य ही विधिपूर्वक कर दें।

पॉलिनिसेज़ के प्रस्थान करते ही आकाश में वज्रध्वनि के साथ बादलों की गड़गड़ाहट सुनाई देती है। ईडिपस सहसा व्याकुल हो उठता है और थीसियस को बुलाने के लिए दूत भेजता है। उसका अन्तिम समय आ पहुँचा है। यही है वह स्थान और यही वह संकेत जिसकी कई वर्ष पूर्व भविष्यवाणी हुई थी। ईडिपस का थीसियस से मिलना आवश्यक है। एथेन्स के कल्याण का जो वचन उसे दिया था उसे पूरा करने का समय आ गया है। यज्ञशाला की ओर से थीसियस प्रवेश करता है। वृद्ध, दीन एवं दृष्टिहीन ईडिपस अकस्मात् उर्जा और विश्वास से भर उठता है। अब न वह अशक्त है न ही कातर। किसी अदृश्य शक्ति से प्रेरित वह थीसियस, इज़मइन तथा एण्टीगनी को अपने पीछे आने को कह कर किसी एकान्त, अनजान, रहस्यमय

स्थल की ओर चल पड़ता है। वहीं उसके जीवन का अन्त होगा और वहीं उसकी अस्थियाँ दफ़नायी जाएँगी। इस गुप्त समाधि की सुरक्षा एथेन्स को सदा के लिए विदेशी आक्रमण के भय से मुक्त कर देगी। यही है ईडिपस का वचन और एथेन्स को उपहार। एण्टीगनी के कन्धे का सहारा लेकर लाठी से मार्ग टटोलता जो आया था वह ईडिपस मृत्यु के सम्मुख जैसे दिव्यदृष्टि प्राप्त कर उनका मार्गदर्शक बन जाता है। उसकी मुक्ति का क्षण निकट है। कोरस सदस्य उसके पीड़ा रहित अवसान के लिए प्रार्थना करते हैं।

सन्देशवाहक आकर सूचना देता है कि ईडिपस ने अनुष्ठान सम्पन्न करने के बाद अपनी बेटियों को विदा किया। फिर वही बिजली की चमक, बादलों का घटाटोप और अचानक ईडिपस अदृश्य हो गए। यह एक चमत्कृत कर देनेवाली अद्‌भुत घटना थी जिसे केवल थीसियस ने देखा। उनकी भी आँखें पल भर को चौंधिया गई थीं और वे आश्चर्यचकित से खड़े रह गये थे। कोई नहीं जानता कि ईडिपस किस तरह इस संसार से विदा हुए।

एण्टीगनी और इज़मइन के दुःख का अन्त नहीं। वे पिता के लिए शोकातुर हैं किन्तु अन्ततः ईडिपस पर दैवी कृपा के संकेत से आश्वस्त भी। ईडिपस तो चले गए किन्तु जीवन की कर्मभूमि में उनका दायित्व अभी समाप्त नहीं हुआ। वे थीसियस से आग्रह करती हैं कि वह उन्हें थीब्ज़ वापिस भेजने का प्रबन्ध कर दें।

एण्टीगनी

ईडिपस की बेटी एण्टीगनी ने अपनी बड़ी बहन इज़्मइन को थीब्ज़ के राजप्रासाद के बाहर एकान्त में किसी कारण विशेष से बुला भेजा है। युद्ध में उनके दोनों भाई पॉलिनिसेज़ और इटोक्लीज़ मारे जा चुके हैं। राजसत्ता एक बार फिर ईडिपस के परिवार को छल कर क्रियों के हाथ जा लगी है। सिंहासन पर बैठते ही क्रियों ने यह घोषणा की है कि थीब्ज़ की रक्षा करते हुए वीरगति को प्राप्त होने वाले इटोक्लीज़ का अन्तिम संस्कार पूरे राजकीय सम्मान के साथ किया जाएगा किन्तु थीब्ज़ पर आक्रमण करने वाले देशद्रोही पॉलिनिसेज़ का शव खुले आकाश के नीचे चील, कौओं और गिद्धों के खाने के लिए छोड़ दिया जाए। उसकी अन्त्येष्टि राजाज्ञा से निषेध है। अवज्ञा करने वाले को मृत्यु दंड दिया जाएगा। इस उद्घोषणा के कारण ही एण्टीगनी ने इज़्मइन को बुलाया है। एण्टीगनी का भ्रातृ प्रेम और कर्तव्य भावना उसे पॉलिनिसेज़ का विधिवत् संस्कार करने को बाध्य कर रही है। वह इस उद्देश्य की पूर्ति में इज़्मइन से सहायता की अपेक्षा रखती है। इज़्मइन इस समाचार से हतप्रभ है किन्तु उसमें एण्टीगनी की सहायता का साहस नहीं। वह स्त्री है और सत्ता से टकराना उसके वश की बात नहीं। वह एण्टीगनी को भी रोकने की चेष्टा करती है। एण्टीगनी का खून खौल रहा है, इज़्मइन का परिणाम के भय से जम गया है। बहन के कर्तव्य से विमुख होने के लिए वह इज़्मइन को धिक्कारती है। अलिखित दैवी विधान मनुष्य के बनाए नियमों से ऊपर और अपरिवर्तनीय हैं। एण्टीगनी उनका पालन करना अपना धर्म मानती है।

कोरस के वरिष्ठ नागरिक पॉलिनिसेज़ और इटोक्लीज़ की सेनाओं के बीच थीब्ज़ के सातों द्वारों पर हुए घमासान युद्ध, दोनों भाइयों का सामना, एक दूसरे के हाथों दोनों की मृत्यु और युद्ध समाप्ति तक की घटनाओं का वर्णन करते हैं। थीब्ज़ का नया राजा क्रियों प्रवेश करता है। वह देश और प्रजा के प्रति अपनी आस्था अभिव्यक्त करता है और पॉलिनिसेज़ को देशद्रोही घोषित करते हुए उसके अन्तिम संस्कार का निषेध करता है। कोरस को सूचित किया जाता है कि राजाज्ञा को कार्यान्वित करने के लिए प्रहरियों की नियुक्ति की जा चुकी है। तभी घबराया हुआ

एक सन्तरी भागता आता है और राजा को सूचना देता है कि पॉलिनिसेज़ की लाश पर कोई मिट्टी डाल कर चला गया—ऐसे जैसे उसका अन्तिम संस्कार प्रतीकात्मक रूप में कर गया हो। यह कब और कैसे हुआ, वह नहीं जानता। एक अन्धड़ सा उठा जिसमें सारी दिशाएँ धुँधला गईं। बवन्डर शान्त होने पर देखा शव पर मिट्टी की एक परत है। भयभीत दूत राजा को सूचना देने भागा चला आया। वह जानता है कि अशुभ समाचार लाने वाले का स्वागत नहीं होता। यह सुनते ही क्रियों के मन में सन्देह की आग भड़क उठती है। उसे लगता है कि थीब्ज़ में उसकी सत्ता के विरुद्ध षड्यन्त्र रचा जा रहा है। कुछ असन्तुष्ट लोग उसे अपदस्थ करने की योजना बना रहे हैं। वह सन्तरी को धमकाता है कि यदि वह अपराधी को पकड़ने में असफल हुआ तो कठोर दंड का भागी होगा। उसे सतर्क रहने का आदेश देकर वापिस घटनास्थल पर भेज दिया जाता है।

कोरस के वरिष्ठ नागरिक मनुष्य की असाधारण बुद्धि और शक्ति, उसकी महत्वाकांक्षा और अनन्यतम उपलब्धियों को नमन करते हैं और देश के विधान के प्रति सम्मान को मनुष्य का सर्वश्रेष्ठ गुण मानते हैं। इस कोरस गीत के समाप्त होते ही वही सन्तरी एण्टीगनी को साथ लिए आता दिखाई देता है। एण्टीगनी ही वह अपराधी है जो दूसरी बार पॉलिनिसेज़ के शव पर मिट्टी डालते हुए रंगे हाथों पकड़ी गई। कोरस स्तब्ध है। अपनी आँखों पर विश्वास नहीं कर पाता। क्या ईडिपस परिवार के दुर्भाग्य का कोई अन्त नहीं? एण्टीगनी निर्भय हो अपना अपराध स्वीकार करती है। शव का अपमान ईश्वरीय विधान का अपमान है। उसने अपरिवर्तनीय, अविनाशी विधान का पालन किया है। यही धर्म है। वह न अपने किये पर लज्जित है और न ही भयभीत। क्रियों के क्रोध की सीमा नहीं। उसकी भाषा में घृणा और द्वेष का दंश है। उसे इज़मइन पर भी सन्देह है। अवश्य ही यह काम दोनों बहनों की सहमति से हुआ है। इज़मइन को बुलवाया जाता है। इस संकट की घड़ी में वह एण्टीगनी का साथ देना चाहती है किन्तु एण्टीगनी को दंड की भागीदारी स्वीकार नहीं। उसकी मृत्यु अब निश्चित है और वह उसके वरण को तैयार है। इज़मइन क्रियों को स्मरण कराती है कि उसका पुत्र हेमन एण्टीगनी से सच्चा प्रेम करता है और उनकी सगाई भी हो चुकी है। क्या वह हेमन से उसकी प्रेमिका छीन लेगा? क्या वह अपनी भावी पुत्र-वधू के प्राण लेगा? क्रियों क्रोध में अन्धा हो गया है। उस पर इन बातों का कोई प्रभाव नहीं। वह सैनिकों को एण्टीगनी को ले जाने की आज्ञा देता है।

कोरस के सदस्य ईडिपस के वंश में तीन पीढ़ियों से चले आ रहे अभिशाप की व्यथा-कथा कहते हैं। वे भविष्य के प्रति भी आशंकित है। विनाश काले विपरीत बुद्धि। तभी क्रियों का पुत्र हेमन आता है। क्रियों के अनुसार एण्टीगनी राजद्रोही है और उसे दिए जाने वाला मृत्यु दंड न्यायसंगत। कोई कारण नहीं कि हेमन उसके

निर्णय का विरोध करे। उसे आशा है कि एक पुत्र अपने पिता की आज्ञा को निस्सन्देह शिरोधार्य करेगा। एक स्त्री के लिए वह अपने जनक के विरुद्ध नहीं जाएगा। वह यह भी स्थापित करता है कि अपने परिवार पर शासन करने वाला ही देश का सफल और प्रभावी शासक हो सकता है। हेमन पिता के सम्मान के प्रति सचेत है किन्तु उसे सत्ता के प्रति प्रजा की सोच का भी ध्यान है। वह क्रियों को स्पष्ट शब्दों में बताता है कि थीब्ज़ की जनता की सहानुभूति ईडिपस की बेटी के साथ है। लोग राजा से डरते हैं किन्तु दबे स्वर में राजाज्ञा की निन्दा कर रहे हैं। उनके अनुसार एण्टीगनी का आचरण धर्मसम्मत है। ऐसी परिस्थिति में एण्टीगनी को मृत्युदंड देना जनमत का अपमान है। हेमन क्रियों को समझाने का हर सम्भव प्रयास करता है किन्तु क्रियों की क्रोधाग्नि भड़कती ही जाती है। न तो वह लोकमत का आदर करने की मानसिक स्थिति में है न ही हेमन की भावनाओं का। बड़े आवेश की मनःस्थिति में हेमन प्रस्थान करता है। कोरस चिन्तित हैं न जाने क्या कर बैठे। क्रियों पाषाण की तरह अडिग और संवेदनशून्य है। वह सेवकों को आज्ञा देता है कि एण्टीगनी को थोड़े से भोजन के साथ गुफा में बन्द कर दिया जाए। वहाँ वह वायु और भोजन के बिना कुछ समय बाद खुद ही मर जाएगी और इस तरह क्रियों को स्वजन की हत्या का पाप भी नहीं लगेगा। यह आदेश देकर क्रियों प्रस्थान करता है।

कोरस-गीत प्रेम की अबाध शक्ति का वर्णन करता है। प्रेम की देवी एफ़्रॉडायटी के सामने मनुष्य तो क्या देवता भी विवश हैं और अपने प्रिय को पाने के लिए क्या-क्या रूप बदलते हैं, कैसे-कैसे खेल रचते हैं। प्रेम की उद्दाम अग्नि संयम और विवेक को भस्म कर देती है, रह जाती है तो केवल कामना। तभी क्रियों के सैनिक एण्टीगनी को लेकर आते हैं। वह अपनी अन्तिम यात्रा पर जा रही है। अवश्यम्भावी मृत्यु के सम्मुख एण्टीगनी कुछ क्षण को कातर हो उठती है। अपने अनछुए रूप और कौमार्य के साथ वह मृत्यु का वरण करने जा रही है। कोरस सदस्यों को उससे सहानुभूति है किन्तु वे विवश हैं। शासन हठधर्मिता की अनदेखी नहीं कर सकता। तभी क्रियों प्रवेश करता है और एण्टीगनी की कातरता का उपहास करता है। किन्तु एण्टीगनी की क्षणिक दुर्बलता में असीम सन्तोष है। उसने अपना धर्म निभाया। सैनिक एण्टीगनी को गुफा की ओर ले जाते हैं। कोरस नागरिक दुर्भाग्य के मारों के लिए शोक प्रकट करते हैं।

थीब्ज़ का सम्मानित दृष्टिहीन भविष्य-द्रष्टा टियरेसियस एक किशोर का सहारा लिए आता है। वह क्रियों को सावधान करने आया है। लगता है देवता थीब्ज़ से अप्रसन्न हैं। यज्ञ की आहुतियाँ कौओं और श्वानों के लाए मांस के टुकड़ों से अपवित्र हो गई हैं। प्रार्थनाएँ अस्वीकार हो रही हैं। वातावरण प्रदूषित है। अन्तिम

संस्कार मृतक का अधिकार है। उसे उसके अधिकार से वंचित न करो, मरे को न मारो। मदान्ध क्रियों को इस चेतावनी में टियरेसियस का स्वार्थ और व्यक्तिगत लाभ नज़र आता है। वह टियरेसियस के भविष्यज्ञान को दुष्टता से प्रेरित अभियान का नाम देता है। क्रुद्ध टियरेसियस अब स्पष्ट शब्दों में हठधर्मी क्रियों के विनाश की भविष्यवाणी करता है। पॉलिनिसेज़ के शव को अपमानित करने का जो जघन्य अपराध उसने किया है उसका दंड अवश्यम्भावी है। वस्तुतः दैवी न्याय और प्रतिशोध की देवियाँ उसकी खोज में निकल पड़ी हैं। शीघ्र ही उसका बीजनाश होगा और उसका घर स्त्री-पुरुषों के करुण विलाप से भर जाएगा। होनी को टालने का समय उसके हाथ से निकलता जा रहा है। यह कह कर टियरेसियस तो चला जाता है किन्तु उसके शब्दों की भयावहता से कोरस सदस्य काँप उठते हैं। क्रियों की हठधर्मिता भी डगमगा जाती है। टियरेसियस की भविष्यवाणी कभी असत्य नहीं सिद्ध हुई। कोरस-नागरिक उससे आग्रह करते हैं कि वह तत्काल सेवक भेज कर एण्टीगनी का जीवन बचा ले और पॉलिनिसेज़ के शव का विधिवत संस्कार करे। पश्चाताप ही एकमात्र निराकरण है। आतंकित क्रियों तत्काल प्रस्थान करता है। कोरस को आशा है सबकुछ ठीक हो जाएगा। वे थीब्ज़ के अधिष्ठाता बैकस से रक्षा की प्रार्थना करते हैं।

तभी एक दूत आकर हेमन की मृत्यु की सूचना देता है। रानी यूरीडिसी भी आ पहुँचती हैं। उनकी उपस्थिति में ही दूत हेमन की मृत्यु का वृतान्त सुनाता है। वह बताता है कि क्रियों यहाँ से पहले युद्धभूमि की ओर गए और विधिवत पॉलिनिसेज़ के बचे-खुचे शव का अन्तिम संस्कार किया। फिर उन्होंने उस गुफा की ओर प्रस्थान किया जहाँ एण्टीगनी को बन्दी बनाने का आदेश दिया था। गुफा के निकट पहुँचते ही उन्हें मर्मभेदी चीखें सुनाई दीं। उनके अपने बेटे हेमन की चीख थी यह। दौड़कर पहुँचे तो पाया कि एण्टीगनी ने अपने हाथों अपना जीवन समाप्त कर लिया था। उस पथरीली गुफा में तड़प-तड़प कर मरने से उसने आत्म-हत्या कर लेना बेहतर समझा। उसके शव पर हेमन पागलों की तरह चीख़ रहा था। पिता को देखते ही उसने तलवार से उस पर वार किया। वार चूक गया। क्रियों तो बच गए किन्तु हेमन ने वही तलवार अपने सीने में घोंप ली और एण्टीगनी के शव को बाँहों में लिए प्राण त्याग दिए। मृत्यु में सम्पन्न हुआ दो सच्चे प्रेमियों का गठबन्धन। यह सुनकर रानी यूरीडिसी निःशब्द महल के भीतर चली जाती है। बाँहों में हेमन का शव और आत्मा पर उसकी मृत्यु का भार लिए क्रियों प्रवेश करता है। दुःख से हृदय फटा जाता है। कोस रहा है अपने आपको। अहंकार का कैसा भयानक दंड पाया। कैसे और किसके लिए जिएगा वह। उसकी आँखों के सामने ही सबकुछ समाप्त हो गया। उसे नहीं पता लेकिन दुर्भाग्य का एक और वार उस पर हो चुका है। पुत्र शोक से विह्वल

क्रियों को दूत यह सूचना देता है कि रानी यूरीडिसी ने सीने में कटार घोंप कर आत्महत्या कर ली। न आँसू, न विलाप, न रुदन। बस चुपचाप अन्दर गईं और समाप्त कर दिया जीवन। पुत्र और पत्नी दोनों छिन गए एक ही दिन में क्रूर नियति के हाथों। अनर्थ हुआ। निरर्थक हो गया सबकुछ। जीवन का सुख, सत्ता का मद–दोनों ही धूल में मिल गए।

संक्षिप्त-सा कोरस-गीत दैवी नियमों को सर्वोपरि मान कर विवेकपूर्ण एवं धर्मसम्मत आचरण करने का सन्देश देता है। मानव को अहंकार का त्याग ही उचित है।

इलेक्ट्रा

ट्रॉय का युद्ध समाप्त होने पर विजयी ग्रीक सेनाधिपति एगमेम्नन दस वर्ष की अनुपस्थिति के बाद अपने राज्य मायसीनी लौटा। लेकिन इस बीच सत्ता का गणित बदल चुका था। मायसीनी पर अपरोक्ष रूप से ईजिस्थस का शासन स्थापित हो चुका था। एगमेम्नन की असन्तुष्ट पत्नी क्लाइटीमनेस्ट्रा ने अपनी बेटी इफ़िजीनिया की बलि का प्रतिशोध लेने के लिए अपने प्रेमी ईजिस्थस के साथ मिलकर एगमेम्नन की हत्या कर दी। अब खुलेआम क्लाइटीमनेस्ट्रा और ईजिस्थस मायसीनी के सिंहासन पर आसीन हो गए। क्लाइटीमनेस्ट्रा और एगमेम्नन की दोनों बेटियों–इलेक्ट्रा और क्रिसोथेमीज़ के लिए पिता की हत्या का दुःख ही कम न था, अब वे माँ का सौतेला व्यवहार सहने को भी विवश थीं। इलेक्ट्रा ने किसी तरह चोरी-छिपे अपने छोटे भाई ऑरेस्टीज़ को एक विश्वस्त शिक्षक मित्र के साथ विदेश भेज दिया। वहाँ फ़ॉकिस में स्ट्रोफ़ियस के संरक्षण में ऑरेस्टीज़ की शिक्षा सम्पन्न हुई। युवावस्था प्राप्त करने पर ऑरेस्टीज़ देवता अपोलो के विश्व विख्यात शकुन स्थल डेल्फ़ी गया। वहाँ उसे दैवी आदेश हुआ कि वह बिना दल-बल के मायसीनी जाए और अपने पिता की हत्या का प्रतिशोध ले।

सोफ़ॉक्लीज़ के इस नाटक के आरम्भ में ऑरेस्टीज़, उसका शिक्षक और मित्र पायलेडीज़ मायसीनी के राजमहल के सामने खड़े हैं। यही ऑरेस्टीज़ की कर्मभूमि है। वह सोच-विचार कर इस निष्कर्ष पर पहुँचता है कि उसे सबसे पहले अपने पिता एगमेम्नन की समाधि पर भेंट अर्पित करना चाहिए। इस बीच पायलेडीज़ भीतर जाकर ऑरेस्टीज़ की मृत्यु की झूठी खबर दे ताकि उसके शत्रु इस सम्भावी संकट की आशंका के प्रति आश्वस्त हो जाएँ। दोनों अपने निर्दिष्ट लक्ष्य की ओर प्रस्थान करते हैं। उनके जाते ही इलेक्ट्रा महल से बाहर आती है और अपने पिता के साथ हुए अन्याय की कहानी कहती है। वह दैवी न्याय एवं प्रतिशोध की देवियों फ़्यूरीज़ से प्रार्थना करती हैं कि उसका भाई शीघ्रातिशीघ्र स्वदेश लौटे ताकि वह अपना दुःख-दर्द किसी के साथ तो बाँट सके। मायसीनी का महिला-कोरस उसके प्रति सहानुभूति रखता है और उसे विश्वास दिलाता है कि देवताओं की कृपा से उसका भाई एक दिन अवश्य आएगा।

इलेक्ट्रा के दुःखों का अन्त नहीं। उसके पिता के सिंहासन पर उसका हत्यारा ईजिस्थस बैठा है और माँ उस हत्यारे की अंकशायिनी है। इलेक्ट्रा के साथ उसका व्यवहार द्वेषपूर्ण है क्योंकि वह उसे ऑरेस्टीज़ को मायसीनी से दूर किसी गुप्त स्थान पर भेजने के लिए उत्तरदायी मानती है और इस प्रसंग को लेकर बहुधा उसे प्रताड़ित करती रहती है। कोरस के साथ इलेक्ट्रा के संवाद उसकी दयनीयता और विषाद को रेखांकित करते हैं। तभी इलेक्ट्रा की बहन क्रिसोथेमीज़ राजमहल से बाहर आती है। उसके हाथों में मृतक को अर्पित करने योग्य भेंट सामग्री है जिसे वह अपने पिता ऐगमेम्नन की समाधि पर अपनी माँ क्लाइटीमनेस्ट्रा की ओर से चढ़ाने जा रही है। क्रिसोथेमीज़ इलेक्ट्रा को समझाने का प्रयास करती है कि वह हर समय क्षोभ और आवेश में न रहा करे अन्यथा ईजिस्थस उसे कहीं किसी अँधेरी गुफा में बन्दी बनाकर उसका जीवन नष्ट कर देगा। वह भी अपने परिवार के विघटन से दुःखी है किन्तु इस स्थिति का कोई विकल्प नहीं। अनिच्छा से माँ की आज्ञा का पालन कर रही है। भेंट सामग्री के बारे में पूछने पर वह बताती है कि क्लाइटीमनेस्ट्रा ने पिछली रात ऐगमेम्नन को स्वप्न में देखा। वह राजसी वस्त्रों में था और उसके हाथ में राजदंड था। वह राजदंड उसने हवन की वेदी के पास गाड़ दिया। देखते ही देखते राजदंड एक विशाल वृक्ष में परिवर्तित हो गया और उसने सारे मायसीनी राज्य को ढँक लिया। क्लाइटीमनेस्ट्रा इस स्वप्न से आशंकित है। अतएव मृतक की आत्मा की शान्ति के लिए यह सामग्री अर्पित करवा रही है। इलेक्ट्रा यह सुनकर मन ही मन प्रसन्न होती है। उसे इस स्वप्न से शुभ का संकेत मिल रहा है। क्रिसोथेमीज़ रागाधि की ओर प्रस्थान करती है। कोरस आशान्वित हैं। सम्भवतः इलेक्ट्रा के दुःखों का शीघ्र ही अन्त होने वाला है और न्याय की विजय।

क्लाइटीमनेस्ट्रा महल से बाहर आती है और ईजिस्थस की अनुपस्थिति का अनुचित लाभ उठाकर अपने दुःख का सार्वजनिक प्रदर्शन करने के लिए इलेक्ट्रा को धिक्कारती है। वह यह भी स्थापित करने का प्रयास करती है कि ग्रीक सेना के हित में अपनी बेटी इफ़िजीनिया की बलि देने वाले एगमेम्नन की हत्या न्याय संगत थी। इलेक्ट्रा अपनी बहन इफ़िजीनिया की बलि को हत्या नहीं, एक दुर्घटना मानती है जो देवी आर्टेमिस को प्रसन्न करने के लिए अनिवार्य थी। इस बलिदान के बिना ग्रीक सेना न तो ट्रॉय को प्रस्थान कर सकती थी और न ही सकुशल स्वदेश लौट सकती थी। वह क्लाइटीमनेस्ट्रा से पूछती है कि इफ़िजीनिया का प्रतिशोध लेने के लिए अपने पति की हत्या करना और फिर उसके हत्यारे के साथ परिणीता की भाँति रहना कहाँ तक नैतिक है? इलेक्ट्रा माँ की उपस्थिति में देवताओं से प्रार्थना करती है कि वे एगमेम्नन के परिवार की रक्षा करें और शत्रुओं का सर्वनाश। विचलित क्लाइटीमनेस्ट्रा भी देवता अपोलो से प्रार्थना करती है कि वह उसे भय से मुक्ति दिलाए।

तभी पायलेडीज़ आता है और वह रानी को सूचना देता है कि डेल्फ़ी-खेलों के दौरान रथ धावन प्रतियोगिता में भाग लेते हुए एक दुर्घटना में ऑरेस्टीज़ की मृत्यु हो गई। उसका शरीर इस बुरी तरह क्षत-विक्षत हो गया था कि उसके मित्रों को तत्काल वहीं उसका अन्तिम संस्कार करना पड़ा। वह ऑरेस्टीज़ की राख से भरा काँसे का कलश लेकर आया है। क्लाइटीमनेस्ट्रा अपने पुत्र की मृत्यु के समाचार से पलभर को हतप्रभ हो जाती है। किन्तु शीघ्र ही अपने को सँभाल कर वह दूत को महल में ले जाती है। इलेक्ट्रा दुःख से बेहाल है। उसकी आशा की अन्तिम किरण भी बुझ गई। कोरस का हृदय भी दग्ध है। इलेक्ट्रा भाई का विलाप कर रही है जब प्रसन्नता से खिली क्रिसोथेमीज़ वहाँ पहुँचती है। वह इलेक्ट्रा को आश्वस्त करती है कि ऑरेस्टीज़ जीवित है और इस समय मायसीनी में ही है। उसने अपने पिता एगमेम्नन की समाधि पर समर्पित सद्यः काटी गई बालों की लट देखी जो ऑरेस्टीज़ के अतिरिक्त और किसी की नहीं हो सकती। दो विरोधी समाचारों के बीच फँसी इलेक्ट्रा सत्य तक पहुँचने में असमर्थ है। वह पागलों की भाँति बार-बार यहीं कहती है कि ऑरेस्टीज़ मर चुका है और अब ऐगमेम्नन की हत्या का प्रतिशोध लेने वाला कोई नहीं। अब उसका धर्म है कि पिता के हत्यारों को दंड दे। वह क्रिसोथेमीज़ से आग्रह करती है कि ईजिस्थस की हत्या में उसका साथ दे। अपने पिता और अपने भाई, अपने राजवंश और आत्मसम्मान के प्रति अपना कर्तव्य निभाने का बस अब यही एकमात्र उपाय है। ऑरेस्टीज़ की मृत्यु का समाचार पाकर ईजिस्थस अब और निरंकुश और क्रूर हो जाएगा। वह एगमेम्नन की बेटियों को विवाह कर के घर-गृहस्थी भी बसाने नहीं देगा। वह नहीं चाहेगा कि उनकी सन्तान हो और उसके शत्रुओं का परिवार फले-फूले। क्रिसोथेमीज़ को लगता है कि इलेक्ट्रा दुःख के आवेग में अपना सन्तुलन खो बैठी है। दो असहाय स्त्रियाँ सत्ता का सामना कैसे कर सकती हैं! वह इलेक्ट्रा को समझाने का प्रयास करती है। अब हार मान लेने में ही समझदारी है। इलेक्ट्रा उसे धिक्कारती है। मगर क्रिसोथेमीज़ उसका साथ देने को तैयार नहीं। वह महल में चली जाती है। क्रिसोथेमीज़ के प्रस्थान के बाद कोरस महिलाएँ इलेक्ट्रा के दुर्भाग्य और अकेलेपन पर दुःख प्रकट करती हैं। किन्तु वे उसके साहस की प्रशंसा भी करती हैं। इलेक्ट्रा दैवी विधान के प्रति समर्पित है और यह समर्पण उसकी शक्ति और उसकी जीत है।

मंच के दूसरी ओर से ऑरेस्टीज़ और पायलेडीज़ प्रवेश करते हैं। पायलेडीज़ के हाथ में राख से भरा एक छोटा कलश है। ऑरेस्टीज़ पल भर में ही इलेक्ट्रा को पहचान लेता है किन्तु इलेक्ट्रा भाई को पहचान नहीं पाती। ऑरेस्टीज़ राख से भरा कलश उसके हाथ में देता है। इलेक्ट्रा दुःख से पागल-सी हो जाती है। उसके आर्त विलाप को सहने में असमर्थ ऑरेस्टीज़ उसे सच बता देता है। किन्तु अब इलेक्ट्रा उसके सच

पर विश्वास नहीं कर पा रही। इतने दुःख के बाद इतना सुख। क्या सचमुच देवता उस पर दयावान हो गये हैं? ऑरेस्टीज़ उसे पिता की निशानी दिखाता है और आश्वस्त करता है कि निर्णय का क्षण आ पहुँचा है। इलेक्ट्रा की आँखों में हर्ष के आँसू हैं किन्तु मन में घृणा और प्रतिशोध की ज्वाला। तभी उसका शिक्षक और मित्र पायलेडीज़ राजप्रासाद से बाहर आकर यह सूचना देता है कि क्लाइटीमनेस्ट्रा इस समय महल में अकेली है। वार करने का यह सही समय है। वे तीनों प्रासाद के मुख्य द्वार पर प्रतिष्ठित ऐगमेम्नन परिवार के अधिष्ठाता देवता की प्रतिमा को प्रणाम कर महल के भीतर जाते हैं। कोरस आशावान है कि प्रतीक्षा की पीड़ा समाप्त हुई और स्वप्न सच होने की घड़ी आ पहुँची है।

इलेक्ट्रा बाहर आती हैं। कुछ पल के सन्नाटे के बाद क्लाइटीमनेस्ट्रा की चीखें सुनाई देती हैं। ऑरेस्टीज़ मित्र के साथ बाहर आता है। उसके हाथ अपनी माँ के खून से रंगे हैं। एगमेम्मन का प्रतिशोध पूरा हुआ। तभी ईजिस्थस महल की ओर आता दिखाई देता है। ऑरेस्टीज़ और पायलेडीज़ चुपके से महल में वापस लौट जाते हैं—अपने शिकार की आहट में। ईजिस्थ प्रसन्न दिखाई दे रहा है। उसे रास्ते में ही यह समाचार मिल गया कि फ़ॉकिस से कुछ लोग ऑरेस्टीज़ की मृत्यु की खबर लेकर आए हैं। उसके रास्ते का एकमात्र काँटा अपने आप ही निकल गया। इलेक्ट्रा इस समाचार की पुष्टि करती है। तभी महल का द्वार खुलता है। कफन से ढँका एक शव धरती पर पड़ा है। ईजिस्थस लपक कर कफन हटाता है और यह देखकर स्तब्ध रह जाता है कि यह शव ऑरेस्टीज़ का नहीं, उसकी प्रेमिका और पत्नी क्लाइटीमनेस्ट्रा का है। इससे पहले कि वह कुछ कह सके ऑरेस्टीज़ उसे तलवार की नोक पर उसी कक्ष की ओर चलने की आज्ञा देता है जहाँ उसने ऐगमेम्नन की नृशंस हत्या में क्लाइटीमनेस्ट्रा का साथ दिया था। ईजिस्थस के पीछे ऑरेस्टीज़ और पायलेडीज़ भीतर जाते हैं। ईजिस्थस को अपने किये का फल मिलता है। एटरियस का वंश यातना-मुक्त और स्वतन्त्र हुआ। कोरस इस शुभ दिन का स्वागत करता है।

एजैक्स

ट्रॉय के युद्ध में महानायक एकीलीज़ के वीरगति को प्राप्त होने के पश्चात् यह प्रश्न उठा कि उसका कवच और अस्त्र-शस्त्र देकर किस शूरवीर को सम्मानित किया जाए। एकीलीज़ के शौर्य का उत्तराधिकारी कौन हो? बड़े वाद-विवाद और तर्क-वितर्क के बाद दो प्रत्याशी मैदान में रह गए—ओडीसियस और एजैक्स। अन्ततः यह सम्मान एटरियस-पुत्रों की सहमति से ओडीसियस को देने का निर्णय लिया गया। एजैक्स यह अपमान सहन नहीं कर सका और उसने ग्रीक सेनाधिकारी एगमेम्नन, उसके भाई मेनेलियस और ओडीसियस की हत्या कर देने की ठानी। किन्तु आधी रात गए जब एजैक्स तलवार हाथ में लिये उनके खेमे की ओर जा रहा था तो देवी एथीना ने अपने प्रिय ओडीसियस की प्राण रक्षा के लिए उसे ऐसा सम्भ्रमित किया कि वह बैलों, भेड़ों और प्रहरी कुत्तों को अपना शत्रु समझ कर उन पर टूट पड़ा और तलवार से उनके टुकड़े कर दिये। यहाँ से नाटक 'एजैक्स' प्रारम्भ होता है।

ओडीसयस एजैक्स के शिविर की ओर जा रहा है। देवी एथीना आज भी उसके साथ है। ओडीसियस यह निश्चित करने के लिए जा रहा है कि क्या इतने निरीह पशुओं का निर्मम संहार सचमुच एजैक्स ने ही किया है। एथीना उसे एजैक्स के वास्तविक उद्देश्य और उसके कार्यान्वयन की विफलता का कारण बताती है। उसकी यह उपहासास्पद दुर्दशा देवताओं को सम्मान न देने के कारण हुई है। मतिभ्रम में वह अभी भी यही समझ रहा है कि ओडीसियस उसका बन्दी है और वह शीघ्र ही उसे जान से मार डालेगा। एजैक्स के सेवक नाविकों का कोरस अपने स्वामी के विक्षिप्त अबोधगम्य व्यवहार से लज्जित है किन्तु साथ ही उन्हें विश्वास है कि ऐसा किसी दैवी प्रकोप के कारण हुआ है। एजैक्स जैसा शूरवीर सामान्य मानसिक स्थिति में ऐसा निरुद्देश्य क्रूर कर्म कर ही नहीं सकता। तभी एजैक्स की उपपत्नी टेक्मेसा आती है और कोरस सदस्यों को एजैक्स के विक्षिप्त व्यवहार का विवरण देती है। साथ ही यह सूचना भी देती है कि वह शनैः-शनैः सहज हो रहा है और अपने किये पर क्षुब्ध और लज्जित है। एकदम स्तब्ध, पश्चात्ताप-ग्रस्त, हताश-सा बैठा है। न खाता है न पीता है न बात करता है। एक तो एकीलीज़ के शस्त्रों के योग्य न समझे जाने की यन्त्रणा और उस पर अनजाने

में निरीह पशुओं की हत्या का दोहरा अपमान सहने में असमर्थ एजैक्स रह-रहकर गहरे दुःख से कराह उठता है। टेक्मेसा भयभीत और चिन्तित है। कहीं कोई अनर्थ न कर बैठे। वह कोरस की सहायता चाहती है। तभी एजैक्स अपने बेटे यूरीसेसीज़ और भाई ट्यूसर को पुकारता है। टेक्मेसा द्वार खोलती है। पशुओं के लहूलुहान शवों के बीच हतप्रभ एजैक्स बैठा है। वह ज़ीयस की बेटी एथीना द्वारा दिये गये दंड से क्षुब्ध है और मृत्यु की कामना करता है। ऐसे निरुद्देश्य, लज्जास्पद और उपहासास्पद पशुसंहार के बाद वह किसी को मुँह दिखाने योग्य नहीं रहा। सम्मानपूर्ण जीवन या स्पृहणीय मृत्यु–बस यही एक लक्ष्य होता है किसी भी शूरवीर का। जीवन ने छल किया, मित्रों ने धोखा दिया, अब मृत्यु ही एकमात्र आशा है। उसके शौर्य का लोहा तो एकीलीज़ भी मानता था। यदि वह प्राण त्यागते समय अपने शस्त्रों के उत्तराधिकारी की घोषणा करता तो निश्चय ही एजैक्स का नाम लेता। लेकिन एटरियस के बेटों ने उसके शौर्य एवं सहयोग को भुला कर उस धूर्त ओडीसियस का पक्ष लिया और उसका अपमान किया। कुछ शेष नहीं रहा अब जीवन में। टेक्मेसा उसे अपने दुर्भाग्यपूर्ण अतीत और भयावह भविष्य का वास्ता देकर आवेश में कोई ग़लत क़दम न उठाने का आग्रह करती है। एजैक्स ने उसे एक दासी होने पर भी एक पत्नी का सम्मान दिया। अब उसे उन लोगों की दया पर छोड़कर न जाए, जो एजैक्स के शत्रु हैं। ग्रीक सेनाधिपतियों के व्यंग्यवाण वह सह न सकेगी। वह एजैक्स को उसके माता-पिता की वृद्धावस्था का वास्ता देती है, अपने बेटे के भविष्य का वास्ता देती है। एजैक्स अपने पुत्र को देखने की इच्छा प्रकट करता है। टेक्मेसा ने उसकी विक्षिप्तावस्था में यूरीसेसीज़ को सुरक्षा की दृष्टि से उसके शिविर से हटा दिया था। एजैक्स टेक्मेसा की बुद्धिमत्ता की सराहना करता है और ट्यूसर को अपने बेटे का संरक्षक नियुक्त करता है। वह अपने बेटे को न भेदा जा सकने वाला सात तहों वाला अपना कवच अपने शौर्य की धरोहर के रूप में देता है। उसकी वसीयत है कि उसके शेष शस्त्र उसके साथ ही दफ़ना दिये जाएँ और उसकी मृत्यु पर उसके द्वार के बाहर कोई विलाप न करे। टेक्मेसा उसकी बातों से भयभीत और आशंकित है। कोरस भी चिन्तित है। एजैक्स के वृद्ध माता-पिता कैसे सह पाएँगे ऐसे शूरवीर पुत्र के अन्त का दुःखद समाचार।

द्वार खुलता है और एजैक्स शिविर से बाहर आता है। वह शान्त और दृढ़ लग रहा है और समुद्र-स्नान के लिए जा रहा है। वहाँ पवित्र होकर प्रार्थना करेगा। शायद देवता उसे क्षमा कर दें। एजैक्स वह तलवार साथ ले जा रहा है जो उसे ट्रॉय के महान योद्धा हेक्टर ने भेंट स्वरूप दी थी। जब से यह तलवार उसे मिली है उसके जीवन में कुछ सुखद नहीं घटा। शत्रु की भेंट भी शुभ नहीं होती अतः वह उसे किसी एकांत स्थान में पृथ्वी में गाड़ने जा रहा है। वह यह भी स्वीकार करता है कि देवताओं की अवमानना कर उसने भारी भूल की। इतना ही नहीं ग्रीक सेनाधिपति एगमेम्नन और

मेनेलियस की आज्ञा उसे मान्य होनी चाहिए थी। जाते-जाते वह यह भी कहता है कि मित्रता एक असुरक्षित और अविश्वसनीय लंगर है जिससे जीवन और विश्वास का जहाज़ बाँधा नहीं जा सकता। कब शत्रु मित्र हो जाएँ और मित्र शत्रु कुछ कहा नहीं जा सकता। एजैक्स की बातों से लगता है कि उसने आत्महत्या का इरादा छोड़ दिया है। वह प्रस्थान करता है। कोरस राहत की साँस लेता है। चिन्ता और आशंका का स्थान शुभेच्छा ले लेती है। कोरस सदस्य देवताओं की अभ्यर्थना करते हैं।

ग्रीक शिविर से आकर एक दूत यह सूचना देता है कि एजैक्स का भाई ट्यूसर मायसिया की पहाड़ियों से लौट आया है। लेकिन जब वह ग्रीक सैनिकों के बीच पहुँचा तो उन्होंने 'राजद्रोही का भाई' और 'पागल एजैक्स का भाई' कहकर उसे अपमानित किया। इतना ही नहीं कुछ लोग तो आक्रामक हो उठे और उसे मारने पर उतारू हो गये। बीच-बचाव से जैसे-तैसे ट्यूसर की जान बची। एजैक्स को इस घटना की सूचना देना आवश्यक है। साथ ही ट्यूसर ने यह सन्देश भी अपने भाई के लिए भेजा है कि प्रसिद्ध भविष्यद्रष्टा कैलकस के अनुसार आज का दिन उसके लिए अशुभ है अतः आज वह घर से बाहर न निकले। लेकिन पता लगता है कि एजैक्स को समुद्र तट की ओर गए देर हो चुकी है और वह अभी तक वापस नहीं लौटा। यह सुनकर दूत चिन्तित हो उठता है। टेक्मेसा, कोरस सदस्य और सन्देशवाहक—सभी एजैक्स की तलाश में निकल पड़ते हैं।

समुद्र तट पर एजैक्स हेक्टर की तलवार की मूठ धरती में गाड़ता है। वह हैक्टर जिससे जी-जान से घृणा करता था एजैक्स, उसी के देश की धरती में गड़ी हेक्टर की यह तलवार अपने स्वामी के शत्रु की प्रतीक्षा कर रही है। वह तलवार जो रणभूमि में उसके प्राण न ले सकी आज इस निर्जन तट पर अनायास ही उसकी मृत्यु का कारण बनने जा रही है। एजैक्स दैवी न्याय और प्रतिशोध की देवियों से प्रार्थना करता है कि उसके साथ हुए अन्याय के लिए एटरियस के परिवार का सर्वनाश करें। वह अपने माता-पिता और अपने देश को स्मरण करता है। अपने भाई-बन्धुओं और दिवस के उजाले से विदा लेता है और पूरे वेग से अपने आपको तलवार पर गिरा देता है। शरीर से रक्त की धारा फूटती है। तभी टैक्मेसा वहाँ पहुँचती है और चीत्कार कर उठती है। वह वीर योद्धा एजैक्स की अनहोनी मृत्यु का विलाप कर रही है, जब कोरस सदस्य भी वहाँ पहुँच जाते हैं। वह अपने वस्त्र से एजैक्स का शव ढँक देती है और ग्रीक सेनापतियों को श्राप देती है—इस अनर्थ के लिए वे दैवी दंड के भागी हों। उन्हें जीवन में कभी सुख सन्तोष न मिले और वे आज के दिन का आजीवन पश्चाताप करें। उनके हाथों नहीं मरा एजैक्स। अपनी मृत्यु आप चुनी उसने। तभी ट्यूसर वहाँ आ पहुँचता है। भाई की मृत्यु का आघात असह्य है। कैसे यह समाचार देगा वृद्ध माता-पिता को? क्या मुँह दिखाएगा उन्हें? यूरीसेसीज़ कहाँ है? ट्यूसर की सैनिक बुद्धि इस संकट की घड़ी में भी सतर्क है। वह तत्क्षण यूरीसेसीज़ को शिविर

से वहाँ लाने का प्रबन्ध करता है। भाई के शव को उठाता है। हेक्टर की तलवार से हुआ यह अनर्थ। शत्रु का उपहार कैसे शुभ हो सकता था। वह एजैक्स के शव के अन्तिम संस्कार के प्रबन्ध का आदेश दे रहा है जब मेनेलियस वहाँ पहुँचता है। वह घोषणा करता है कि एजैक्स जैसे राजद्रोही के शव की अन्त्येष्टि की आज्ञा नहीं है। उसका शव वहीं रेत पर पड़ा पशु-पक्षियों का आहार बनेगा। कोरस इस अधर्म का विरोध करता है। मृतक को उसका देय न देना देवताओं और दैवी नियमों का अपमान है। ट्यूसर मेनेलियस की कृतघ्नता की निन्दा करता है और उसे याद दिलाता है कि एजैक्स उसका दास नहीं, मित्र योद्धा था जो एक वचन का पालन करने के लिए अपना सैन्य बल लेकर विदेश की धरती पर आया। मेनेलियस को कोई अधिकार नहीं कि उसके शव का अपमान करे। वैसे भी वह ग्रीक सेनाधिकारी नहीं। ट्यूसर मेनेलियस और उसके भाई एगमेम्नन पर यह आरोप भी लगाता है कि एकीलीज़ के शस्त्रों का उतराधिकारी निर्णीत करते समय उन्होंने मतगणना में बेईमानी कर चतुर ओडीसियस का पक्ष लिया और एजैक्स के किये सारे एहसानों को भुला दिया। मेनेलियस धमकी देकर जाता है। राजाज्ञा की अवज्ञा के लिये ट्यूसर को दंड मिलेगा। ट्यूसर दृढ़ है अन्त्येष्टि विधिवत होगी। तभी यूरीसेसीज़ को लेकर टेक्मेसा लौट आती है। तीनों अपने बालों की लट काट कर एजैक्स को अर्पित करते हैं। ट्यूसर अन्तिम संस्कार के प्रबन्ध के लिए जाता है। कोरस शोकगीत गाता है।

कुछ देर बाद ट्यूसर लौट कर आता है। ग्रीक सेनाधिपति उसका पीछा करते हुए प्रवेश करता है। वह ट्यूसर को टेलमॉन की अनुचित सन्तान कह कर उसका अपमान करता है। ट्यूसर उसके परिवार और पिता एटरियस के कुकर्मों का इतिहास दोहराता है। दोनों में वाक्-युद्ध चल रहा है जब ओडीसियस वहाँ आ पहुँचता है। ऐगमेम्नन उसे बताता है कि ट्यूसर उसके आदेश की अवहेलना करके एजैक्स का विधिवत संस्कार करना चाहता है। यद्यपि यह सारा झगड़ा एकीलीज़ के शस्त्र ओडीसियस को दिये जाने से ही आरम्भ हुआ था और उस समय ओडीसियस के मन में एजैक्स के प्रति स्वाभाविक रोष और घृणा थी किन्तु वह जीवित एजैक्स के प्रति तर्कसंगत थी। अब स्थिति बदल चुकी है। ओडीसियस एगमेम्नन को समझाता है कि एजैक्स के शव का अपमान अन्याय-पूर्ण है और दैवी विधान का उल्लंघन है। वह निस्सन्देह एक वीर योद्धा था और एक वीर योद्धा का देय उसे मिलना चाहिए। अन्ततः एगमेम्नन एजैक्स की अन्त्येष्टि के प्रश्न को ओडीसियस की न्यायबुद्धि पर छोड़ कर वहाँ से प्रस्थान करता है। ट्यूसर ओडीसियस की बुद्धिमत्ता, निष्पक्षता और सहयोग की प्रशंसा करता है किन्तु अन्त्येष्टि में उसकी सहायता स्वीकार नहीं करता। एजैक्स के पुत्र यूरीसेसीज़ के साथ ट्यूसर भाई के अन्तिम संस्कार का आयोजन करता है। कोरस भारी मन से अपने स्वामी को विदा देता है।

फ़िलॉक्टेटीज़

दस वर्ष तक ट्रॉय का घेरा डाले रखने के बाद भी ग्रीक सेना नगर पर आधिपत्य स्थापित करने में सफल नहीं हो पा रही थी। साम, दाम, दंड, भेद सभी निष्फल हो चुके थे। सेनाधिपति और सैनिक दोनों ही युद्ध से उकता गए थे और अपने घर लौटने को विकल थे। समझ में नहीं आता था कि इस युद्ध का अन्त कब और कैसे होगा। तभी ट्रॉय के भविष्यद्रष्टा हेलेनस ने यह भविष्यवाणी की कि एकीलीज़ का पुत्र नियोपटोलेमस और पोइया का पुत्र फ़िलॉक्टेटीज़ तथा हेराक्लीज़ द्वारा उसे दिये गये बाणों से ही ट्रॉय का पतन सम्भव होगा। यह पता लगते ही प्रधान सेनापति एगमेम्नन और उसका भाई मेनेलॉस फौरन ओडीसियस और नियोपटोलेमस को लेमनास द्वीप भेजते हैं जहाँ पिछले कई वर्षों से फ़िलॉक्टेटीज़ अकेला रहता है।

नाटक के आरम्भ में ओडीसियस और एकीलीज़–पुत्र नियोपटोलेमस लेमनास द्वीप के तट पर फ़िलोक्टेटीज़ की गुफा के बाहर खड़े हैं। ओडीसियस अपने युवा साथी को बताता है कि आज से दस वर्ष पूर्व जब ग्रीक बेड़े ट्रॉय की ओर जा रहे थे, अपने प्रधान सेनापति की आज्ञा से उन्होंने फ़िलॉक्टेटीज़ को धोखे से इसी द्वीप पर अकेला छोड़ दिया था। देवी क्रिसे के मन्दिर के संरक्षक सर्प के काटने से फ़िलॉक्टेटीज़ के पैर में एक घिनौना और बदबूदार घाव हो गया था जिसकी अतिशय पीड़ा से वह दिन-रात चीखता रहता था। हर कोई उसकी चीखों और उसके घाव की दुर्गन्ध से परेशान था और उससे मुक्ति चाहता था। सो उसे यहाँ सोया हुआ छोड़कर ग्रीक जलपोत ट्रॉय के लिए रवाना हो गए। किन्तु भाग्य का खेल! आज फिर ग्रीक सेना को फ़िलॉक्टेटीज़ और उसके बाणों की आवश्यकता आ पड़ी है। वह आसानी से उनके साथ जाने को राजी नहीं होगा। ओडीसियस की बात तो वह कदापि नहीं मानेगा। नियोपटोलेमस को ही उसे बहला-फुसला कर किसी भी तरह उसके बाण हासिल करने होंगे अन्यथा ट्रॉय की विजय एक दुःस्वप्न बन कर रह जाएगी। हो सकता है उसे झूठ का सहारा लेना पड़े। ओडीसियस इस तथ्य को स्वीकार करता है कि नियोपटोलेमस एक वीर, सच्चा और आदर्शवादी योद्धा है, कूटनीतिज्ञ नहीं। किन्तु इस परिस्थिति में उसे अपने जीवन-मूल्यों से समझौता करना

होगा अन्यथा ग्रीक सैनिक उसे कभी क्षमा नहीं करेंगे। नियोपटोलेमस के लिए यह एक कठिन निर्णय है। वह धोखे से प्राप्त की गई विजय से ईमानदारी की पराजय को श्रेष्ठ मानता है लेकिन ओडीसियस के लिए सुरक्षा और सफलता हर आदर्श से अधिक महत्वपूर्ण है। यह शब्दों का नहीं कर्म का अवसर है। नियोपटोलेमस को सारी स्थिति समझा कर, गुफा के बाहर प्रतीक्षा करने को कह कर ओडीसियस प्रस्थान करता है।

नियोपटोलेमस के नाविकों का कोरस प्रवेश करता है। वे अपनी इस यात्रा का उद्देश्य स्पष्ट रूप से नहीं समझ पा रहे हैं। नियोपटोलेमस से फ़िलॉक्टेटीज़ के साथ हुए अन्याय की जानकारी मिलने पर वे उसके साथ सहानुभूति प्रकट करते हैं। किन्तु साथ ही वे अपनी यह भावना भी अभिव्यक्त करते हैं कि मानव जीवन दैवी विधान से ही नियंत्रित होता है। तभी फटे-पुराने कपड़े पहने, चीथड़ों से घाव को लपेटे, हाथ में हेराक्लीज़ के विख्यात एवं वांछित धनुष बाण लिए, पैर घसीटता हुआ फ़िलॉक्टेटीज़ प्रवेश करता है। नियोपटोलेमस उसे बताता है कि वे ग्रीक हैं और ट्रॉय से स्कीरॉस की ओर जा रहे हैं। जब फ़िलॉक्टेटीज़ को पता चलता है कि नियोपटोलेमस उसके मित्र एकीलीज़ का पुत्र है तो वह बहुत प्रसन्न होता है और उसे अपना परिचय देता है। वही है पोइया का पुत्र, हेराक्लीज़ के बाणों का उत्तराधिकारी वीर फ़िलॉक्टेटीज़ जिसे दुर्भाग्यवश ट्रॉय में अपना शौर्य दिखाने का अवसर ही नहीं मिला। ग्रीक सेनापति के अन्याय्र, अपने परित्याग और पिछले दस वर्षों से हर दिन इस एकाकी द्वीप पर मर-मर के जीने की व्यथा-कथा वह नियोपटोलेमस और उसके साथियों को सुनाता है। हेराक्लीज़ के इस धनुष-बाण से पशु-पक्षियों को मार कर वह एक आदिम की तरह जी रहा है। इस सारे द्वीप पर कोई नहीं जिससे वह दो बातें कर सके। भूले-भटके यदि कोई जहाज़ किनारे आ भी लगा तो लाख अनुनय-विनय के बावजूद उसे साथ ले जाने से इनकार कर दिया। सन्देश भेजा तो उसका कोई उत्तर नहीं आया। पता नहीं उसका पिता जीवित भी है या नहीं अन्यथा अपने पुत्र के दुर्भाग्य का समाचार पाकर अवश्य आता। फ़िलॉक्टेटीज़ अपनी दुर्दशा के लिए ओडीसियस और ग्रीक सेनाधिपतियों को दोषी मानता है और उनके प्रति उसके मन में भयंकर रोष और घृणा है।

नियोपटोलेमस फ़िलॉक्टेटीज़ का विश्वास जीतने के लिए उसे ट्रॉय से अपने प्रयाण की झूठी कहानी सुनाता है। वह कहता है कि अपने पिता एकीलीज़ के वीरगति को प्राप्त होने पर वह ग्रीक सेनापतियों के निमन्त्रण पर ट्रॉय गया। वहाँ उसका अपेक्षित स्वागत भी हुआ। किन्तु जब उसने एगमेम्नन से अपने पिता का कवच और अस्त्र-शस्त्र माँगे तो उसने इनकार कर दिया और कहा कि वे शस्त्र तो ओडीसियस को दे दिये गये हैं। अपने उत्तराधिकार से वंचित किये जाने का अपमान

नियोपटोलेमस सह नहीं सका और क्रुद्ध होकर उसने उल्टे पाँव स्कीरॉस की ओर प्रस्थान कर दिया। इस तरह नियोपटोलेमस और फ़िलाक्टेटीज़ का शत्रु एक ही व्यक्ति है। एक ही है जिसने उनके साथ छल किया, उनके स्वाभिमान पर चोट की। नियोपटोलेमस फ़िलॉक्टेटीज़ को उसके मित्र–योद्धाओं–एकीलीज़, एजैक्स और पेट्रोक्लस की मृत्यु की जानकारी भी देता है। इसमें अब कोई सन्देह नहीं कि नियोपटोलेमस जो कह रहा है, वह सच है। फ़िलॉक्टेटीज़ अपने मित्र एकीलीज़ के पुत्र पर पूरी तरह विश्वास कर लेता है और उससे अनुनय करता है कि उसे इस एकाकी द्वीप से ले चले। उस पर दया करे। इस घाव की पीड़ा और वर्षों का अकेलापन उसे लील जाएगा। वह अब और नहीं सह सकता। वह अपने मित्र-पुत्र को जीवन की अनिश्चितताओं का वास्ता देता है। सुख-दुःख, उत्थान-पतन, हार-जीत तो सब के साथ है। दुर्भाग्य कब सफल और समर्थ को मिट्टी में मिला दे, कुछ कहा नहीं जा सकता। समय की परिवर्तनशीलता और नियति की अनिवार्यता कब किसे कहाँ पहुँचा दे। एक श्रेष्ठ पिता के सच्चे पुत्र को दूसरों का दुःख समझना चाहिए, उनकी सहायता करनी चाहिए। लेकिन नियोपटोलेमस चुप है। वह कैसे धर्म-संकट में है, फ़िलॉक्टेटीज़ नहीं समझ सकता और न ही वह उसे समझाने की स्थिति में है। नियोपटोलेमस के सहयात्री नाविक उसे अपनी ओर से आश्वस्त करते हैं। फ़िलॉक्टेटीज़ को साथ ले चलने में उन्हें कोई एतराज़ नहीं। नियोपटोलेमस दुविधा में है तभी ओडिसियस का एक गुप्तचर व्यापारी की वेशभूषा में उनकी ओर आता दिखाई देता है। वह नियोपटोलेमस को सूचना देता है कि वृद्ध-फ़ीनिक्स और थीसियस-पुत्र के नेतृत्व में एगमेम्नन के सैनिक उसका पीछा कर रहे हैं। उसे अपनी सुरक्षा के प्रति सचेत रहना चाहिए। साथ ही वह यह भी बताता है कि ओडीसियस और टायडियस भी फ़िलाक्टेटीज़ नाम के एक व्यक्ति की खोज में ट्रॉय से निकल पड़े हैं। एक भविष्यवाणी के अनुसार ट्रॉय को धराशायी करने के लिए उन्हें इस व्यक्ति और उसके बाणों की आवश्यकता है। यह सुन कर फ़िलॉक्टेटीज़ एक बार फिर क्रोध से आविष्ट होकर ओडीसियस को भला-बुरा कहता है। वह आशंकित भी है अतः नियोपटोलेमस से जल्दी करने का आग्रह करता है। इससे पहले कि उनका शत्रु वहाँ पहुँचे उन्हें यहाँ से चले जाना चाहिए। नियोपटोलेमस की आँख उसके बाणों पर लगी है। वह हेराक्लीज़ द्वारा प्रदत्त उस धनुष-बाण को छूने की इच्छा प्रकट करता है। फ़िलॉक्टेटीज़ के विश्वास की यह चरम सीमा है कि वह धनुष-बाण नियोपटोलेमस के हाथों में दे देता है। नियोपटोलेमस की आत्मा उसे कचोट रही है। यात्रा के लिए फ़िलॉक्टेटीज़ का छोटा-मोटा सामान और जड़ी-बूटियाँ लेने के लिए वे दोनों उसकी गुफा में जाते हैं। कोरस-सदस्य एक बार फिर नियति के हाथों निर्दोष फ़िलॉक्टेटीज़ की दुर्दशा, असह्य पीड़ा, निपट एकाकीपन और दस वर्ष तक ऐसी प्रतिकूल परिस्थितियों में जीवित रहने

की व्यथा-कथा दोहराते हैं। किन्तु अब देव-कृपा से उसके दुःखों का अन्त होने का समय आ गया है।

नियोपटोलेमस और फ़िलॉक्टेटीज़ गुफा से बाहर आते हैं। तभी अचानक भयानक पीड़ा से फ़िलॉक्टेटीज़ का पैर ऐंठने लगता है। पीड़ा को सहने में असमर्थ वह अपने धनुष बाण नियोपटोलेमस के हाथ में दे देता है लेकिन साथ ही सावधान भी करता है कि यदि उसने ये बाण किसी और को दिए तो वे दोनों ही मारे जाएँगे। यह कहकर वह दर्द से अचेत-सा हो जाता है। नियोपटोलेमस के हाथ में बाण है। क्या करे? कैसे धोखा दे फ़िलॉक्टेटीज़ के विश्वास को? उसकी अन्तरात्मा उसे धिक्कार रही है। जिस उद्देश्य से यहाँ भेजा गया है उसे पूरा करना भी तो उसकी विवशता है। बड़े धर्म-संकट में है नियोपटोलेमस। फ़िलॉक्टेटीज़ की चेतना लौटते ही वह अपने आपको रोक नहीं पाता और उसे सारा सच बता देता है। फ़िलॉक्टेटीज़ इस विश्वासघात से निरस्त हो जाता है। वह नियोपटोलेमस को उसके दोगलेपन और धूर्तता के लिए लज्जित करते हुए उससे अपने बाण वापस माँगता है। इन बाणों के बिना इस निर्जन द्वीप पर वह उन्हीं पशु-पक्षियों का शिकार हो जाएगा जिन्हें मार कर वह आज तक जीवित रहा। नियोपटोलेमस सोच में पड़ जाता है। मगर इससे पहले कि वह फ़िलॉक्टेटीज़ को उसके बाण लौटा सके, ओडीसियस प्रतिरोध घोष के साथ प्रवेश करता है। ओडीसियस को देखते ही फ़िलॉक्टेटीज़ का क्रोध भड़क उठता है, वह उसे कोसने और भला-बुरा कहने लगता है। ओडीसियस उसे ग्रीस के प्रति उसके कर्तव्य की याद दिलाता है और यह आश्वासन भी देता है कि ट्रॉय की पराजय का श्रेय भी फ़िलॉक्टेटीज़ को ही मिलेगा। उसका अतीत भले ही स्पृहणीय न हो, भविष्य निश्चय ही गौरवमय होगा। फ़िलॉक्टेटीज़ अत्यन्त उत्तेजित और क्रुद्ध है। वह कुछ भी सुनने को तैयार नहीं। ओडीसियस और नियोपटोलेमस उसे सोचने का समय देते हैं और वाण लेकर यात्रा का प्रबन्ध करने को प्रस्थान करते हैं। उनकी अनुपस्थिति में कोरस-सदस्य भी फ़िलॉक्टेटीज़ को समझाने का प्रयास करते हैं। ओडीसियस ग्रीस की मान-मर्यादा के लिए युद्ध कर रहा है और उसने जो भी किया है अपने देशवासियों और सेनाधिपतियों के लिए किया है। फ़िलॉक्टेटीज़ के साथ जो हुआ, वह उसका दुर्भाग्य था। किन्तु आज वह निर्णय लेने की स्थिति में है। घृणा के आवेग में वह न तो अतीत को भूल पा रहा है, न ही क्षमा करने की मनःस्थिति में है। उसे आवेग को शमित कर ठंडे मन से सोचना चाहिए। फ़िलॉक्टेटीज़ गुफा में चला जाता है।

ओडीसियस और नियोपटोलेमस लौट कर आते हैं। नियोपटोलेमस धोखे से हासिल किए गए बाण फ़िलॉक्टेटीज़ को लौटा देना चाहता है। ओडिसियस इस उदारता के पक्ष में नहीं। दोनों में बहस होती है और ओडिसियस क्रुद्ध होकर चला

जाता है। नियोपटोलेमस फ़िलॉक्टेटीज़ को पुकारता है और उसके बाहर आते ही उसका धनुष और बाण उसे लौटा देता है। फ़िलॉक्टेटीज़ इस अप्रत्याशित औदार्य से प्रसन्न हो जाता है। उसके मन की मलिनता मिट जाती है। वह नियोपटोलेमस को शत-शत आशीर्वाद देता है। नियोपटोलेमस एक बार फिर उसे ट्रॉय चलने के लिए राज़ी करने का प्रयास करता है। ट्रॉय के विध्वंस का श्रेय उसे मिलेगा, वह महान नायक के रूप में प्रतिष्ठित होगा और एस्केलेपियस नामक प्रसिद्ध वैद्य उसका पैर भी ठीक कर देगा। वह स्वस्थ और सम्मानित जीवन बिता सकेगा। लेकिन फिर भी फ़िलॉक्टेटीज़ टस से मस नहीं होता। वह केवल नियोपटोलेमस को यह याद दिलाता है कि उसने उसे लेमनास से ले चलने का जो वचन दिया था, उसे पूरा करे। नियोपटोलेमस उसकी यह इच्छा भी पूरी करने को तैयार है। तभी आकाश में ग्रीस का महानायक ज़ीयस-पुत्र हेराक्लीज़ प्रकट होता है और फ़िलॉक्टेटीज़ को ट्रॉय जाने का आदेश देता है। यह नियत है कि ट्रॉय का विनाश हेराक्लीज़ के बाणों से ही होगा। हेराक्लीज़ के बाण, नियोपटोलेमस और फ़िलॉक्टेटीज़–इन तीनों के बिना ग्रीस की विजय असम्भव है। देवाज्ञा है कि वह ट्रॉय के लिए प्रस्थान करे। हेराक्लीज़ उसके घाव के उपचार के लिए एस्केलेपियस को वहाँ भेजने का वचन भी देता है।

अब शंका और विलम्ब के लिए स्थान नहीं। फ़िलॉक्टेटीज़ देवाज्ञा को शिरोधार्य कर नियोपटोलेमस के साथ ट्रॉय जाने के लिए समुद्र की ओर प्रस्थान करता है। कोरस-सदस्य उनकी सकुशल यात्रा के लिए प्रार्थना करते हैं।

वीमेन ऑव ट्रैकीस

महा पराक्रमी ग्रीक शूरवीर हेराक्लीज़ की पत्नी डियानीरा अपनी परिचारिका के साथ ट्रैकीस में स्थित अपने राजप्रासाद से बाहर आती है। वह अपना परिचय देती है। डियानीरा राजा ओयनियस की पुत्री है और प्लूरॉन की रहनेवाली है। किशोरावस्था में ही इच्छानुसार रूप बदलने वाला नदी का देवता एकिलू उस पर आसक्त हो गया। वह उससे विवाह करना चाहता था। किन्तु वह ऐसे मायावी से विवाह करने की अपेक्षा मृत्यु का वरण श्रेयस्कर मानती थी। क्या अपने रूप के कारण सारा जीवन एक अनचाहे व्यक्ति के साथ व्यतीत करने की यातना झेलनी होगी, यह सोच-सोचकर वह घुलती जाती थी। किन्तु भाग्य ने उसका साथ दिया। संयोगवश देव सम्राट ज़ीयस और मानवी एलक्मेना का बलशाली, विश्वविख्यात पुत्र हेराक्लीज़ वहाँ आ पहुँचा। उसने द्वन्द्व युद्ध में एकिलू को परास्त कर डियानीरा से विवाह कर लिया। हेराक्लीज़ जैसे पराक्रमी की पत्नी बनना परम सौभाग्य की बात थी। उनके पुत्र भी हुए। गृहस्वामिनी, पत्नी, माँ-स्त्री के तीनों रूप से परिचय हुआ उराका किन्तु पति के साथ समय बिताने का सुख उसे कभी नहीं मिल पाया। विवाहिता होते हुए भी जीवन के अधिकांश वर्ष अकेले ही बिताने पड़े। दुर्भाग्यवश हेराक्लीज़ को यूरीस्थियस का दासत्व स्वीकार करना पड़ा और इस अवधि में अपने स्वामी की आज्ञानुसार, बारह महत् उपक्रम सम्पन्न करने पड़े। अब सारे उपक्रम सम्पन्न हो चुके हैं किन्तु हेराक्लीज़ की कोई खोज-खबर ही नहीं। सेविका अपनी स्वामिनी डियानीरा को सलाह देती है कि हेराक्लीज़ का समाचार जानने के लिए वह अपने बेटे हायलस को भेजे। तभी हायलस आता है और वह माँ को यह सूचना देता है कि इस समय हेराक्लीज़ सम्भवतः यूबोइया के राजा यूरीटस से युद्ध कर रहा है। डियानीरा हायलस को यूबोइया जाकर पिता की सहायता करने का आदेश देती है। हायलस प्रस्थान करता है। ट्रैकीस का स्त्री कोरस भी हेराक्लीज़ की सुरक्षा को लेकर चिन्तित है और पति वियोग में आँसू बहाती डियानीरा के दुःख से दुःखी। डियानीरा की चिन्ता का एक और कारण भी है। इस बार डियानीरा से विदा लेते समय हेराक्लीज़ ने अपनी सम्पत्ति के बँटवारे की बात की थी और कहा था कि आज से ठीक पन्द्रह महीने बाद या

तो उसकी मृत्यु हो जाएगी या वह विजयी होकर लौटेगा और आने वाले कई वर्ष तक सुख से जीएगा। यह डोडोना के पवित्र ओक वृक्ष की भविष्यवाणी थी और अवश्य ही चरितार्थ होगी। उनका भविष्य अधर में है। जीवन या मृत्यु न जाने क्या है भाग्य में। स्त्री-कोरस भी यह सुनकर आशंकित हो उठता है। हेराक्लीज़ की प्रेम-बन्दिनी डियानीरा एक चिड़िया की तरह फड़फड़ा रही है। वह सौभाग्यशालिनी है किन्तु सुखी नहीं। पति के होते एक विधवा का एकाकी जीवन जी रही है। किन्तु कोई भी समय ठहरता नहीं। सुख-दुख, आशा-निराशा, उत्थान-पतन का क्रम चलता रहता है। मनुष्य को कभी आस का आँचल नहीं छोड़ना चाहिए।

महल का एक वृद्ध सेवक आकर शुभ समाचार देता है कि हेराक्लीज़ जीवित है। वह युद्ध में विजयी हुआ और अकूत सम्पति लेकर, ट्रैकीज़ की ओर आ रहा है। सेवक को यह सूचना हेराक्लीज़ के दूत लिकास से उस समय मिली जब वह महल की ओर आ रहा था। ट्रैकीस की जनता लिकास को घेरे थी और अपने प्रिय योद्धा का समाचार पाने को उत्कंठित थी। डियानीरा और कोरस इस सूचना से हर्षित और उत्तेजित हैं। कोरस-स्त्रियाँ महल की कुमारियों को गाने, नाचने, देवता अपोलो और देवी आर्टेमिस की स्तुति करने को आवाहन करती हैं। कुछ पल में लिकास भी वहाँ पहुँच जाता है। उसके साथ अनेक बन्दी स्त्रियाँ हैं। लिकास बताता है कि यूरीटस की व्यंयोक्ति से क्रुद्ध होकर हेराक्लीज़ ने उसके बेटे इफ़िटस को पहाडी से नीचे फेंक कर मार डाला था जिसके पश्चाताप स्वरूप उसे एक वर्ष के लिए लीडिया की बर्बर महिला योद्धाओं की अमेजन जाति की रानी ऑम्फ़ेल का दास बनना पड़ा। यद्यपि यह ज़ीयस की सहमति से ही हुआ किन्तु इस अपमान से हेराक्लीज़ इतना आहत था कि दासत्व की अवधि समाप्त होने पर उसने यूबोइया पर आक्रमण कर उसे धराशायी कर अपना प्रतिशोध लिया। ये स्त्रियाँ जिन्हें वह लेकर ट्रैकीस आया है वहीं पर बन्दी बनायी गईं। डियानीरा का मन उन स्त्रियों के प्रति करुणा से भर आता है। वे भले घरों की जान पड़ती हैं। स्वतन्त्रता से दासता की यात्रा कितनी कष्टकर होगी। उनमें से एक कन्या तो अपने अभिजात और संवेदनशीलता के कारण सबसे अलग जान पड़ती है। दुःख की मूक प्रतिमा सी दिखायी देती है। सम्भवतः वह यूरीटस की बेटी है। डियानीरा उसके वंश कुल के बारे में लिकास से पूछती है किन्तु कोई सन्तोषजनक उत्तर नहीं मिलता। लिकास के प्रस्थान के बाद वह पहला वाला वृद्ध सेवक डियानीरा को बताता है कि लिकास जान-बूझकर सच छिपाने की चेष्टा कर रहा था। यह किशोर वय रूपसी यूरीटस की बेटी इओली है और हेराक्लीज़ ने यूरीटस की हत्या इसी को पाने के लिए की। यूबोइया का युद्ध और नरसंहार इसी के कारण हुआ। यह बात उसने लिकास के मुँह से कई अन्य लोगों के सामने रास्ते में सुनी थी। तभी लिकास आता है। डियानीरा

उससे सब कुछ सच-सच बताने के लिए कहती है। उसे आश्वस्त करने के लिए वह कहती है कि प्रेम की शक्ति को कौन नहीं जानता! सुन्दर स्त्री के लिए अपने पति की दुर्बलता से भी वह परिचित है। इओली युवती है, आकर्षक है। शायद उसका रूप ही उसके देश और परिवार के विनाश का कारण बन गया। लिकास अब झूठ नहीं बोल पाता। वह वृद्ध सेवक द्वारा दी गई सूचना की पुष्टि करता है। हेराक्लीज़ ने उसे कुछ छिपाने को नहीं कहा था। वह स्वयं ही अपनी स्वामिनी का दिल नहीं दुखाना चाहता था। लिकास हेराक्लीज़ के पास वापस जाने की अनुममति चाहता है। डियानीरा उसे खाली हाथ नहीं भेजेगी। वह अपने पति के लिए भेंट लाने के लिए अन्दर जाती है। लिकास भी जाता है। कोरस की स्त्रियाँ प्रेम की देवी एफ़्रॉडायटी की असाधारण शक्ति का वर्णन करती हैं। वे उस द्वन्द्व-युद्ध को भी याद करती हैं जो प्रेम के वशीभूत होकर हेराक्लीज़ ने एकिंलू के साथ लड़ा था अपनी वधु डियानीरा को पाने के लिए।

कुछ क्षण बाद डियानीरा आती है। वह अपना घर-संसार और अपना पति किसी के साथ नहीं बाँट सकती। वह किसी भी कीमत पर हेराक्लीज़ का प्रेम और अपने मन की शान्ति खोना नहीं चाहती। उसके हाथ में एक छोटा बक्सा है। वह स्त्री-कोरस को बताती है कि हेराक्लीज़ से विवाह के बाद जब वह अपने पिता के घर से विदा होकर पति के घर जा रही थी तो रास्ते में उन्हें एक नदी पार करनी थी। नदी का पाट बहुत बड़ा था और नैसस नाम का एक सैन्टार उसे पार करने में यात्रियों की सहायता किया करता था। हेराक्लीज़ के आदेश पर डियानीरा भी उसकी पीठ पर बैठ कर नदी पार कर रही थी। जब वे धारा के मध्य में पहुँचे तो नैसस ने उसके साथ अभद्र व्यवहार की चेष्टा की। डियानीरा ज़ोर से चीखी, हेराक्लीज़ ने मुड़ कर देखा और वहीं से एक बाण छोड़ा जो नैसस के वक्ष के पार हो गया। मरने से पहले नैसस ने डियानीरा से कहा कि उसका रक्त सँभालकर रख ले। इस रक्त में अद्‍भुत शक्ति है। यदि जीवन में हेराक्लीज़ कभी किसी अन्य स्त्री पर आसक्त हो जाए तो इस रक्त को जादुई टोने की तरह प्रयोग करे। इसके प्रभाव से वह फिर से अपने पति का मन जीत लेगी और सदा उसके प्रेम की स्वामिनी बनी रहेगी। डियानीरा ने इतने वर्ष वह रक्तिम द्रव्य अपने पास सँभाल कर रखा। ऐसे टोने का प्रयोग उसकी मर्यादा के अनुकूल तो नहीं किन्तु इस नई परिस्थिति ने उसे बाध्य कर दिया है। वह अपने घर में सौत स्वीकार नहीं कर सकती। अतः वह उस रक्त से अभिषिक्त, हाथ की बुनी, एक आकर्षक पोषाक भेंट स्वरूप अपने पति हेराक्लीज़ के लिए लिकास के हाथ भेज रही है। कोरस की दृष्टि में यह एक सहज और स्वाभाविक प्रतिक्रिया है। लिकास के आने पर डियानीरा बक्सा उसे देती है और कहती है कि यह पोशाक हेराक्लीज़ घर लौटने से पहले देवताओं को बलि देते समय धारण करे। लिकास भेंट

लेकर जाता है। डियानीरा भीतर जाती है। कोरस पति-पत्नी के पुनर्मिलन के प्रति आशान्वित हैं।

कुछ पल बाद डियानीरा राजप्रासाद से बाहर आती है। उसके चेहरे का रंग उड़ा हुआ है और वह अनिष्ट की आशंका से काँप रही है। यह भय हेराक्लीज़ को भेजी गई भेंट को लेकर है। वह स्त्री कोरस को बताती है कि रूई के जिस टुकड़े से उसने हेराक्लीज़ के परिधान पर नैसस से प्राप्त रक्तिम द्रव्य लगा कर बाहर धूप में फेंक दिया था, गर्मी से वह एकदम सिकुड़ा और जल कर राख हो गया। अब उसे समझ में आ रहा है क्यों नैसस ने इस रक्त को धूप गर्मी और आग से बचा कर किसी ठंडे सुरक्षित स्थान पर रखने को कहा था। यह उसने क्या कर डाला। यह रक्त प्राण ले लेगा हेराक्लीज़ के। वह सह नहीं सकेगी ऐसा अनर्थ, ऐसे अनजाने अपराध का दंश। कोरस उसे सँभालने की चेष्टा करता है। तभी हायलस आता है और यह समाचार देता है कि डियानीरा द्वारा भेजी गई पोशाक पहन कर जब हेराक्लीज़ देवताओं को पशु-बलि दे रहा था, अचानक आग के ताप से वस्त्र उसके शरीर से चिपकने लगे और उनका विष उसके शरीर को विषैले साँपों की तरह डसने लगा। असहनीय यातना से बेहाल हेराक्लीज़ दिल दहलाने वाली आवाज़ में चीखने लगा। आस-पास खड़े सारे लोग घबरा कर पीछे हट गये। उनकी समझ में नहीं आ रहा था कि वे क्या करें। भयभीत और शोकाकुल वे उसके पास जाने का साहस नहीं कर पा रहे थे। वह स्वयं उनके बीच रोता खड़ा था। विश्वासघात की पीड़ा और क्रोध के आवेग में उसने यह परिधान लाने वाले लिकास को उठाकर समुद्र में खड़ी एक चट्टान पर दे मारा जिससे उसका सिर टुकड़े-टुकड़े हो गया। उसकी मर्मभेदी चीखों से लोकरिस की पहाड़ियाँ और यूबोइया के समुद्र तट गूँज रहे थे। डियानीरा ने किया है यह पाप। ओनियस के परिवार और डियानीरा से संयोग के अभागे दिन को अभिशाप देते हुए उसकी नज़र मुझ पर पड़ी। हेराक्लीज़ ने मुझे बुलाया और कहा कि उसे ट्रैकीस ले चलूँ। पिता की आज्ञानुसार उन्हें एक जलपोत में चीखता-कराहता लेकर वह बड़ी कठिनाई से यहाँ पहुँचा है। यह विवरण देकर हायलस अपना संयम खो बैठता है। वह अपनी माँ डियानीरा को अपराधी मानता है। उसने जान-बूझकर योजना बनाकर हेराक्लीज़ की, अपने पति की जान ली है। प्रतिशोध की देवियाँ उसे दंड दें। पति की हत्यारिन, पुत्र की दोषी, अपराध-बोध से ग्रस्त, समाज से लाँछित डियानीरा के लिए अब जीवन का क्या अर्थ रह गया। स्तब्ध-सी वह हायलस को सुनती है और एक भी शब्द बोले बिना भीतर चली जाती है। हायलस उसे धिक्कारता हुआ पिता को लाने के लिए दूसरी ओर से जाता है।

स्त्री-कोरस उस भविष्यवाणी को याद करता है जिसके अनुसार हेराक्लीज़ के दासत्व और उसके बारहवें उपक्रम के सम्पन्न होने के पश्चात् बारहवें महीने में उसके

कष्टों का अन्त होना नियत था। हाँ, सचमुच मृत्यु ही तो अन्त है दासता के कष्ट का! मौत का धुआँ उसे अपनी लपेट में ले रहा है, आग्नेय सर्प की तरह सैन्टार का रक्त उसकी रगों को डस रहा है, चिपके वस्त्रों का विष उसकी त्वचा को भेदता जा रहा है! क्या पता था डियानीरा को उराकी नारी सुलभ ईर्ष्या का ऐसा त्रासद अन्त होगा। कैसा भयानक खेल खेला एफ़्रोडॉयटी ने! तभी भीतर से आर्तनाद सुनायी देता है। रोती-चिल्लाती हुई एक सेविका आती है और बताती है कि डियानीरा ने आत्महत्या कर ली। हेराक्लीज़ की यातना का विवरण और हायलस के लगाए लाँछन के बाद वह भीतर गई। आँखों से निरन्तर आँसू बहाती, अपनी एक-एक प्रिय वस्तु को स्पर्श करती वह महल के हर कक्ष में गई। अपने गृह-देवताओं से विदा ली और अपने शयन कक्ष में जाकर बिस्तर पर गिर कर रोती रही। हायलस बाहर अपने पिता की अन्त्येष्टि का प्रबन्ध कर रहा था। रोकर डियानीरा शान्त हुई और हेराक्लीज़ की तलवार हाथ में ले ली। जब तक मैं दौड़ कर हायलस को बुलाती उसने वह तलवार अपने सीने में घोंप ली और अपनी निरपराध होने का अन्तिम निर्विवाद प्रमाण दे गई। हायलस को अपनी ग़लती का एहसास हुआ। मगर समय उसके हाथ से निकल चुका था। माँ के शव पर फूट-फूट कर रोता रहा। एक ही दिन में माँ और पिता—दोनों को खो दिया। कोरस का हृदय अपनी स्वामिनी के दुःखद अन्त से विदीर्ण है लेकिन अभी दुखों का अन्त नहीं हुआ। अभी एक और हृदय-विदारक दृश्य देखना शेष है। अभी उनका स्वामी, ज़ीयस का बेटा, महापराक्रमी, महा शूरवीर हेराक्लीज़ पीड़ा की शैय्या पर तड़पता हुआ उनके सामने लाया जाएगा। काश कि हवाएँ उन्हें यह दृश्य देखने से पहले ही कहीं दूर उड़ा कर ले जातीं। कदमों की आवाज़ निकट आ रही है, वे उसे ला रहे हैं, एकदम सन्नाटा है, पैरों को घसीट कर चलने की भारी आवाज़ सुनायी दे रही है। क्या हुआ? क्या हेराक्लीज़ नहीं रहा? या थक कर सो गया?

एक डाँडी पर सेवक हेराक्लीज़ को लेकर आते हैं। साथ में एक वरिष्ठ नागरिक है और पीछे शोक सन्तप्त विलाप करता हायलस। उसके रुदन से हेराक्लीज़ की आँख खुल जाती है। क्या कोई नहीं जो उसे इस पीड़ा से मुक्ति दिला सके। वह हायलस से कहता है कि तलवार उसके सीने में भोंक दे। इतनी यन्त्रणा, ऐसी भयावह पीड़ा, कभी नहीं सही उसने। देवी साम्राज्ञी हेरा और यूरीस्थियस भी उसे इतना कष्ट नहीं दे पाये जितना विश्वासघाती डियानीरा ने दिया। मेरे रक्त को धीरे-धीरे चूसते जा रहे हैं ये वस्त्र जो उसने भेंट रूप में भेजे। मेरा दम घुट रहा है। यह क्या किया पापिन डियानीरा ने! ग्रीस के महानतम योद्धा, पृथ्वी-पुत्र दानव, आदिम जीव-जन्तु जो नहीं कर सके वह इस औरत ने बिना किसी शस्त्र के, बिना पौरुष के कर दिखाया! हेराक्लीज़ का बलवान शरीर, सुडौल बाँहें, चौड़ा सीना जिनसे उसने बारह असम्भव उपक्रमों को सम्भव बनाया, वे सब एक किले की भाँति ध्वस्त हो रहे हैं, टूटते जा

रहे हैं। हेराक्लीज़ हायलस को आज्ञा देता है कि ज़ीयस-पुत्र की यह दुर्दशा करनेवाली डियानीरा को बाहर लेकर आए ताकि वह मरने से पहले उसके पाप का दंड देकर जाए। तब हायलस पिता को बताता है कि डियानीरा अब इस संसार में नहीं है। उसने आत्महत्या कर ली। और यह भी कि वह निर्दोष थी। उसने जान-बूझकर हेराक्लीज़ के प्राण लेने की चेष्टा नहीं की। उसका दोष केवल इतना था कि उसने सेन्टार नैसस का विश्वास किया और अपने पति का प्रेम पाने के लिए उसके रक्त से उसकी पोषाक को अभिषिक्त कर दिया। तब हेराक्लीज़ को याद आता है कई वर्ष पूर्व उसके पिता ज़ीयस ने बताया था कि कोई भी जीवित प्राणी उसे मार नहीं सकेगा। इस बात की पुष्टि बाद में पवित्र डोडोना शोक-वृक्ष ने भी की थी। सो एक मृतक ही उसकी मृत्यु का कारण बना। यही नियति थी। मृत्यु के आलिंगन को तैयार हेराक्लीज़ हायलस को शपथ दिलाता है कि जो वह कहेगा हायलस वैसा ही करेगा। हेराक्लीज़ आदेश देता है कि हायलस उसे देव-सम्राट ज़ीयस के पर्वत ओइटा की उस हवन-वेदी पर ले चले जहाँ वह बहुधा जाया करता था। वहाँ ओक और जैतून की लकड़ियों की चिता पर उसे चीड़ की शाखा से अग्नि दे। हायलस न चाहते हुए भी पिता की आज्ञा का पालन करने को विवश है। हेराक्लीज़ की दूसरी इच्छा है कि वह उसकी मृत्यु के बाद इओली से विवाह कर ले। हायलस दुविधा में है लेकिन पिता की आज्ञा के सामने उसे झुकना पड़ता है। यह अधर्म है किन्तु हेराक्लीज़ उसे याद दिलाता है कि पिता की आज्ञा का सम्मान सबसे बड़ा धर्म है। हेराक्लीज़ की अन्तिम यात्रा के लिए सेवक अर्थी उठाते हैं। हायलस जनता-जनार्दन से क्षमा की याचना करता है। देवता सर्वशक्तिमान हैं किन्तु मानव के दुःख से अछूते। वह ट्रैकीस के स्त्री-कोरस को जाने की अनुमति देता है। जो कुछ उन्होंने यहाँ देखा वही ईश्वर है।

यूरीपिडीज़

यूरीपिडीज़ का जन्म 480 ई.पू. में सैलामिस में हुआ। उसके परिवार और जीवन-व्यापार के सम्बन्ध में कोई निश्चित जानकारी नहीं है। ऐसी मान्यता है कि वह अन्तर्मुखी और एकान्त-प्रिय था और अपना अधिकांश समय पढ़ने-लिखने में व्यतीत करता था। एनेक्सागोरस उसका गुरु था और सुकरात मित्र और प्रशंसक। सम्भवतः अपने एकांकी स्वभाव एवं नाटकों में मिथक, विषयवस्तु, चरित्र-चित्रण और एक नए यथार्थवादी दृष्टिकोण तथा तकनीकी प्रयोगधर्मिता और विविधता के कारण यूरीपिडीज़ को एक नाटककार के रूप में अपने जीवनकाल में विशेष सफलता और लोकप्रियता नहीं मिली। शायद इसी कारण वह 71 वर्ष की आयु में एथेन्स से मेगनेसिया प्रवास कर गया जहाँ नगर अतिथि के रूप में उसे उचित सत्कार मिला। जीवन के अन्तिम वर्ष उसने मकदूनिया में बिताए और वहीं 'बैकाई' नाट्य-शृंखला की रचना की। 406-05 ई.पू. में यूरीपिडीज़ का देहान्त हुआ और उसे पूरे मान-सम्मान के साथ एरेथुसा में दफ़नाया गया। एथेन्स में यूरीपिडीज़ का स्मारक बाद में बना।

यूरीपिडीज़ के नाटकों की संख्या 75 से 92 के बीच बताई जाती है जिसमें से केवल 17 नाटक उपलब्ध हैं। कुछ का उल्लेख और कुछ के अंश ही प्राप्य हैं। 'एल्सेसटिस' (438 ई.पू.) चार नाटकों की शृंखला में एक था जिसे नाटक प्रतियोगिता में दूसरा स्थान प्राप्त हुआ। यूरीपिडीज़ का बहुचर्चित नाटक 'मेडिआ' 431 ई.पू. में खेला गया और तृतीय स्थान पर रहा। 'द चिल्ड्रेन ऑव हेराक्लीज़' सम्भवतः 430 में और 'हिप्पॉलिटस' 428 ई.पू. में मंचित हुआ और उसे प्रतियोगिता में प्रथम स्थान प्राप्त हुआ। 'हेकूबा' 425 ई.पू., 'द सप्लायेन्ट वीमेन' 420 ई.पू. और 'हेराक्लीज़' 416 ई.पू. में प्रस्तुत किए गए। 'इलेक्ट्रा' (413 ई.पू.),

'हेलेन' (412 ई.पू.), 'ऑरेस्टीज़' (408 ई.पू.) तथा 'आयान' एवं 'इफ़िजीनिया इन टॉरिस' 413 से 408 ई.पू. के बीच लिखे गए। 'द बैकाई' की रचना 407 में और मंचन 'इफ़िजीनिया इन ऑलिस' और 'एल्कमीन' के साथ 406 ई.पू. में हुआ। यूरीपिडीज़ के एकमात्र प्राप्य सैटर नाटक 'साइक्लॉप्स' के रचनाकाल के विषय में कुछ निश्चित रूप से नहीं कहा जा सकता। यूरीपिडीज़ ने केवल चार या पाँच प्रतियोगिताएँ जीतीं जबकि ईस्किलस को मिले पुरस्कारों की संख्या 13 और सोफ़ॉक्लीज़ की 18 बताई जाती है।

यूरीपिडीज़ ने दैवी शक्तियों, शकुन स्थलों और देवी-देवताओं के आचरण को अन्तिम सत्य की तरह प्रस्तुत नहीं किया अपितु उन पर प्रश्नचिन्ह लगाए। उन्हें नैतिकता के निकष रूप में नहीं, नाटकीय आवश्यकताओं की तरह प्रयुक्त किया। मिथकों के प्रचलित पाठ में परिवर्तन किए। अलौकिक विधान को मानव-मन की जटिलता, उसकी प्रकृति, सामाजिक स्थिति, संवेगों, अभिप्रेरणाओं और प्रतिक्रियाओं की सूक्ष्मता के परिप्रेक्ष्य में परिभाषित और निरूपित किया। महानायकों के मानव पक्ष को उजागर किया, उन्हें पारिवारिक सम्बन्धों और स्थितियों के माध्यम से उकेरा। अरस्तू के एक उद्धरण के अनुसार सोफ़ॉक्लीज़ ने एक बार अपनी तुलना यूरीपिडीज़ से करते हुए कहा था कि वह ऐसे पात्र प्रस्तुत करता है जैसे होने चाहिए किन्तु यूरीपिडीज़ उन्हें ऐसे प्रस्तुत करता है जैसे कि वे हैं।

यूरीपिडीज़ ने अपनी सोच, यथार्थवादी और आधुनिक दृष्टिकोण के चलते नाटक के कलेवर में भी परिवर्तन किए। उसने कोरस की भूमिका को सीमित किया और कभी-कभी तो नाटक की मुख्यधारा से पूर्णतया विलग। दूत की भूमिका को विस्तार दिया, नाटक के आरम्भ और अन्त की प्रस्तुति में परिवर्तन किए, भाषा-शैली को जनसाधारण की भाषा के निकट लाने का प्रयास किया, कथानक की समग्रता की अपेक्षा नाट्यांशों को अधिक प्रभावी बनाने पर ध्यान दिया और करुणा उपजाने के लिए कई बार राजा-महाराजाओं को मंच पर फटे-पुराने वस्त्रों में प्रस्तुत किया। उसने त्रासदी की मूलभूत अवधारणा को ही बदलने का प्रयास किया। सम्भवतः यही कारण था कि वह अपने जीवन काल में अधिक लोकप्रिय नहीं हो सका।

इफ़िजीनिया इन ऑलिस

ऑलिस के समुद्र तट पर ट्रॉय की ओर यात्रा आरम्भ करने के लिए ग्रीक सेनाएँ जमा हैं। उनका सेनाधिपति एगमेम्नन परेशान-सा खेमे के बाहर इधर से उधर टहल रहा है। भोर होने को है। अचानक जैसे किसी निर्णय पर पहुँच कर एगमेम्नन अपने वृद्ध सेवक को पुकारता है। सेवक पुराना और वफ़ादार है। एगमेम्नन उस पर विश्वास कर सकता है। वह पहले तो सेवक को इस अवश्यम्भावी युद्ध की पृष्ठभूमि विस्तार से समझाता है। देवियों की सौन्दर्य प्रतियोगिता में एफ़्रॉडायटी को सर्वश्रेष्ठ सुन्दरी घोषित करने के पुरस्कार स्वरूप रूप की देवी ने ट्रॉय के राजकुमार, प्रतियोगिता के निर्णायक पेरिस को विश्व की सबसे सुन्दर स्त्री देने का वचन दिया। दुर्भाग्यवश विश्व सुन्दरी हेलेन का विवाह हो चुका था और वह स्पार्टा के राजा, एगमेम्नन के भाई मेनेलियस की पत्नी थी। हेलेन के विवाह के समय उसके पिता टिन्डेरियस ने स्वयंवर में आए सभी राजकुमारों से यह वचन लिया था कि यदि हेलेन या उसके पति पर उसके कारण कोई विपत्ति आई तो वे सब मिलकर उसकी रक्षा करेंगे। एफ़्रॉडायटी की अभिप्रेरणा से पेरिस और हेलेन प्रेमपाश में बँध गए और हेलेन अपने पति की अनुपस्थिति में अपने प्रेमी के साथ ट्रॉय चली आई। घर लौटने पर जब मेनेलियस को अपहरण की सूचना मिली तो उसने ग्रीस के समस्त राजाओं को उस अनुबन्ध के अनुसार ट्रॉय पर आक्रमण कर हेलेन को वापस लाने का सन्देश भेजा। सभी राजा-महाराजा अपने सैन्य बल के साथ इसी उद्‌देश्य से यहाँ एकत्रित हुए हैं। ट्रॉय का विध्वंस और हेलेन की वापसी ग्रीस के सम्मान का प्रश्न है। कूच करने की सभी तैयारी हो चुकी थी किन्तु अचानक मौसम बदल गया। समुद्र एक चित्र-सा स्थिर हो गया और हवा एकदम रुक गई। भविष्य वक्ता कैलकस को बुलाया गया। उसने बताया कि यदि वह–अर्थात् ग्रीक सेना का नायक एगमेम्नन आखेट की देवी आर्टेमिस की बलिवेदी पर अपनी बेटी इफ़िजीनिया की बलि दे तो अनुकूल वायु, सुरक्षित यात्रा और ट्रॉय का पतन सुनिश्चित हो सकता है। मैं किसी भी हालत में अपनी मासूम बेटी की बलि चढ़ाने को तैयार न था किन्तु भाई मेनेलियस के दबाव में आकर मैंने क्लाइटीमनेस्ट्रा को यह सन्देश भेजा कि इफ़िजीनिया का विवाह

देवी-थेटिस के शूरवीर एवं सुदर्शन पुत्र ऐकीलीज़ से होना निश्चित किया है अतः वह शीघ्रातिशीघ्र उसे साथ लेकर ऑलिस आ जाए। वह रास्ते में होगी। किन्तु मैं इस अनर्थ के लिए तैयार नहीं हूँ। मैं अपनी बेटी की बलि नहीं दूँगा। अतः मैंने बड़ी कशमकश के बाद यह दूसरा पत्र लिखा है कि क्लाइटीमनेस्ट्रा वापस चली जाए। विवाह का मुहूर्त टल गया है। यह बता कर एगमेम्नन ने वह पत्र वृद्ध सेवक को दिया और उसे तत्काल यात्रा पर निकल पड़ने का आदेश दिया। सम्भव है कि क्लाइटीमनेस्ट्रा उसे रास्ते में ही मिल जाए। सेवक पत्र लेकर प्रस्थान करता है और एगमेम्नन अपने शिविर के भीतर जाता है।

युवतियों का कोरस प्रवेश करता है। वे कैलकिस से एक लम्बी यात्रा के जोखिम उठाकर यहाँ ग्रीक शूरवीरों और महानायकों को देखने ऑलिस आई हैं। उनके मन में अपूर्व उत्साह है। वे देवी मार्टेमिस की वेदी से दौड़ कर आगे निकलीं और रास्ते में उन्होंने हज़ारों अस्त्र-शस्त्रधारी सैनिकों, शिविरों, व्यायाम करते, दौड़ लगाते, घोड़े दौड़ाते, तलवार घुमाते, शस्त्र विद्या का अभ्यास करते उन अनेक पराक्रमी योद्धाओं को देखा जिनके आज तक केवल नाम सुने थे। उन्होंने एजैक्स को देखा, पैलामेडीज़ और प्रोटिसिलॉस को देखा, डिस्कस फेंकते डायमेडीज़ को देखा और सारे ग्रीस में विख्यात धावक एकीलीज़ को भी देखा। एकीलीज़ के पचास जहाज़ और उसका मरमीडन नाम से प्रसिद्ध सैन्य बल भी तो वहीं था। आरगू के पचास पोत और एट्टिका के साठ, पृथ्वी पुत्र लीटॉस के पचास द्रुतगामी लड़ाकू जहाज़ और इतने ही फ़ॉकिस से आए जहाज़ जिनका नेतृत्व ऑयलियस का पुत्र ईयास कर रहा था। एड्रास्टस था वहाँ, ओडीसियस और पायलॉस का नेस्टर भी। और भी न जाने कितने योद्धा, सैनिक और जलपोत। असम्भव है, विश्व की किसी भी शक्ति का ऐसी विशाल संगठित और रणकुशल सेना से जीत पाना।

तभी मेनेलॉस एगमेम्नन के वृद्ध सेवक को घसीटता हुआ मंच पर आता है। उसके दूसरे हाथ में वह पत्र है जो वह क्लाइटीमनेस्ट्रा को देने जा रहा था। मेनेलियस उसे रास्ते में ही पकड़ लिया और एगमेम्नन की सील लगा वह पत्र खोल कर पढ़ लिया। मेनेलियस आवेश में है। एगमेम्नन केवल उसे नहीं सारे ग्रीस को धोखा दे रहा है। वृद्ध सेवक मेनेलियस के व्यवहार को अनुचित ठहरा रहा है। तभी एगमेम्नन पहुँच जाता है और मेनेलियस कहता है कि उसके साथ धोखा हुआ है और वह यह पत्र सारी ग्रीक सेना को दिखाएगा। ग्रीक सेनाध्यक्ष होकर वह मन ही मन बड़ा प्रसन्न था, इतना बड़ा सम्मान पाकर उसका अहम सन्तुष्ट था और बेटी की बलि देने को भी तैयार हो गया था। मगर अब क्या हुआ? एगमेम्नन कहता है कि उससे भूल हुई जो कि अपने भाई की दुष्चरित्र पत्नी को वापस लाने के लिए वह अपनी सुकुमार और निर्दोष कन्या की बलि चढ़ाने को तैयार हो गया। पागल हो गया था वह, किन्तु

अब नहीं! दोनों भाइयों के बीच बहस चल रही है जब एक दूत क्लाइटीमनेस्ट्रा, इफ़िजीनिया और नन्हें ऑरेस्टीज़ की सैन्य शिविर से कुछ दूर आ पहुँचने की सूचना देता है। इफ़िजीनिया के विवाह को लेकर क्लाइटीमनेस्ट्रा बहुत प्रसन्न और उल्लसित है। इफ़िजीनिया की एक झलक देखने को हज़ारों ग्रीक सैनिक उधर झरने की ओर जा रहे हैं जहाँ वह विश्राम करने को रुकी है। सूचना देकर दूत प्रस्थान करता है। एगमेम्नन किंकर्तव्यविमूढ़ है। क्या करे, क्या न करे? एक साधारण व्यक्ति का जीवन एक राजा और सेनाध्यक्ष के जटिल जीवन से कहीं अधिक वांछनीय है। समर्थ और सशक्त तो रोकर भी अपना जी हलका नहीं कर सकता। कैसे सामना करेगा वह पत्नी और बेटी का? कैसे बता पाएगा सच? एगमेम्नन की दुविधा से मेनेलियस का हृदय पिघलने लगता है और आँखों से आँसू बहने लगते हैं। आख़िर इफ़िजीनिया उसकी भी तो भतीजी है। वह एगमेम्नन को वचन मुक्त करता है। आख़िर हेलेन जैसी बेवफ़ा पत्नी के लिए एक निर्दोष बच्ची की बलि क्यों दी जाए। लौट जाने दो सेनाओं को अपने-अपने देश। कोरस उसके निर्णय की प्रशंसा करता है। लेकिन एगमेम्नन जानता है कि तीर कमान से निकल चुका है। सुदूर राज्यों से आई सेनाएँ ऑलिस के समुद्र तट पर सेनापति के आदेश की प्रतीक्षा में तैयार खड़ी हैं। उन्हें ज़्यादा देर तक रोके रखने में सैन्य-विद्रोह का भय है। और यदि कहीं कैलकस या ओडिसियस ने उन्हें यह बता दिया कि यह सारा प्रयास एगमेम्नन के कारण विफल हो रहा है तो वे उसे ज़िन्दा नहीं छोड़ेंगे। अब इफ़िजीनिया की बलि के अतिरिक्त कोई रास्ता नहीं। हाँ, क्लाइटीमनेस्ट्रा को जब तक पता न चले अच्छा है। मेनेलॉस और एगमेम्नन के प्रस्थान के बाद कोरस-युवतियाँ प्रेम की अनोखी प्रकृति का बखान करती हैं। भाग्यशाली हैं वे लोग जो प्रेम के पागल उन्माद से अछूते हैं और शान्त, संयमित जीवन जीते हैं। सुनहरी बालों वाले एरॉस का एक पुष्प बाण जहाँ आजीवन सुख और शान्ति का वरदान है वहीं दूसरा बाण विनाश और असमंजस का सन्देश। सदाचरण ही स्त्री का आभूषण है और पुरुष की महानता। राजकुमार पेरिस मेनेलॉस की पत्नी हेलेन को ट्रॉय ले गया और सारा ग्रीस युद्ध के कगार पर आ खड़ा हुआ।

रथ पर सवार क्लाइटीमनेस्ट्रा और इफ़िजीनिया का दास-दासियों के साथ प्रवेश। क्लाइटीमनेस्ट्रा दासियों को वे उपहार उठाने की आज्ञा देती है जो वह अपनी बेटी के विवाह के लिए लेकर आई है। वह अत्यन्त मुदित और उल्लसित है। आदेश देने में वह इतनी व्यस्त है कि उसे पता ही नहीं चलता कब एगमेम्नन वहाँ उसके पास आकर खड़ा हो जाता है। इफ़िजीनिया पिता को देखकर दौड़कर उससे लिपट जाती है। लेकिन एगमेम्नन के चेहरे पर विषाद की छाया है। एक सेनाधिपति पर बड़ा उत्तरदायित्व होता है। लेकिन अब इफ़िजीनिया आ गई है। सब ठीक हो जाएगा। इफ़िजीनिया की प्यारी और भोली बातों से एगमेम्नन का दिल और दुःखी होता है।

भारी मन से वह इफ़िजीनिया को बताता है कि ट्रॉय की ओर कूच करने से पहले उसे देवी को भेंट अर्पित करनी है अतः वह भी हवन वेदी के पास उपस्थित रहे। इफ़िजीनिया के जाने के बाद उसकी माँ क्लाइटीमनेस्ट्रा अपने भावी दामाद एकीलीज़ के वंश, परिवार, शिक्षा-दीक्षा और राज्य के बारे में अनेक प्रश्न पूछती है जिनका उत्तर एगमेम्नन कम से कम शब्दों में देता जाता है। उसके सन्तुष्ट हो जाने पर वह उसे तत्काल आरगू वापस चले जाने को कहता है। इफ़िजीनिया का कन्यादान वह कर देगा। यह सुनकर क्लाइटीमनेस्ट्रा के मन में संशय पैदा हो जाता है। एगमेम्नन कहता है कि यहाँ सैन्य शिविर में उसका रहना ठीक नहीं और पीछे दोनों छोटी लड़कियाँ भी अकेली होंगी। क्लाइटीमनेस्ट्रा गुस्सा खा जाती है और कहती है कि एगमेम्नन युद्ध और राजनीति देखे, अपना घर सँभालना वह जानती है। दोनों के प्रस्थान के बाद कोरस-युवतियाँ युद्ध के दूसरे पक्ष-रक्तपात, नरसंहार, जलते हुए नगर, बिलखते बच्चे और अपमानित होती स्त्रियों की कल्पना करती हैं। और यह सब इसलिए कि हेलेन नाम की एक स्त्री अपने पति का घर छोड़ कर चली गई! क्या सचमुच यह विश्व सुन्दरी लीडा और देव सम्राट ज़ीयस की बेटी है? और उसका जन्म स्त्री की कोख से नहीं, एक अंडे से हुआ था? या यह कोई मिथक है? किसी कवि की कल्पना?

एकीलीज़ प्रवेश करता है। वह एगमेम्नन को ढूँढ़ता हुआ यहाँ आता है। उसके सैनिक बेचैन हो रहे हैं। वे जानना चाहते हैं कि ट्रॉय की ओर प्रस्थान करने में विलम्ब क्यों हो रहा है। वे अपने परिवार और वृद्ध माता-पिता को छोड़कर यहाँ कितने दिनों से समुद्र तट पर निष्क्रिय बैठे हैं। उसकी आवाज़ सुन कर क्लाइटीमनेस्ट्रा बाहर आती है और बड़े स्नेह से उसका स्वागत करती है। एकीलीज़ इस अप्रत्याशित व्यवहार से अचम्भित है। क्लाइटीमनेस्ट्र सोचती है कि वह शरमा रहा है। विवाह की बात सुन कर तो वह क्रुद्ध ही हो उठता है। आख़िर क्या मतलब है इन बेतुकी बातों का? लगता है उन दोनों को किसी ने बेवकूफ बनाया है। क्लाइटीमनेस्ट्रा के क्रोध और शर्मिन्दगी की सीमा नहीं। एकीलीज़ बाहर आने को उद्यत होता है तभी चोरी छिपे वह वृद्ध सेवक बाहर आता है और सारा भेद खुल जाता है। क्लाइटीमनेस्ट्रा को स्पष्ट होता है कि एकीलीज़ से विवाह के बहाने इफ़िजीनिया को देवी आर्टेमिस की वेदी पर बलि देने के लिए बुलाया गया है और इस षड्यन्त्र को रचनेवाला स्वयं एगमेम्नन है। वृद्ध सेवक उसे दूसरा पत्र भी दिखाता है जो एगमेम्नन के हृदय परिवर्तन का प्रमाण है। एकीलीज़ आवेश में है कि इफ़िजीनिया को वहाँ बुलाने के लिए उसे बिना बताए उसके नाम का इस्तेमाल किया गया। क्लाइटीमनेस्ट्रा को बचाव का कोई रास्ता नज़र नहीं आता। वह घुटनों पर झुक कर एकीलीज़ से प्रार्थना करती है कि वह इफ़िजीनिया को बचा ले। झूठे ही सही मगर इफ़िजीनिया का नाम उसके नाम से

जोड़ा गया। उसकी रक्षा करे। एकीलीज़ ट्रॉय के युद्ध में यश कमाने आया था और यहाँ एक अप्रिय स्थिति में घिर गया है। एगमेम्नन ने उसका अपमान किया है। उसकी अनुमति लिए बिना उसके नाम का ग़लत ढंग से इस्तेमाल किया है। वह वचन देता है कि वह इफ़िजीनिया की रक्षा करेगा लेकिन उचित होगा कि पहले क्लाइटीमनेस्ट्रा एक बार अपने पति को समझाने की चेष्टा करे। प्यार से, अधिकार से उसे अपना निर्णय बदलने को प्रेरित करे, किन्तु यदि वह फिर भी न माने तो उसे सूचना दे। वह स्वयं समय पर पहुँच कर उनका उद्धार करेगा। एकीलीज़ के प्रस्थान के बाद कृतज्ञ मन क्लाइटीमनेस्ट्रा शिविर में जाती है। कोरस-युवतियाँ एकीलीज़ की माँ थेटिस और पीलियस के विवाहोत्सव का वर्णन करती हैं। कितने देवी-देवता वन और जलपरियाँ तथा सेन्टार्ज़ इस आयोजन में भाग लेने आए थे। उसी दिन वहाँ सेन्टार्ज़ ने यह भविष्यवाणी की थी कि एक दिन थेटिस का पुत्र, देवता हेफास्टस के हाथों बना स्वर्ण कवच पहन कर प्रायम के देश पर आक्रमण करेगा और ट्रॉय को ध्वस्त कर अमर कीर्ति अर्जित करेगा। कितना सौभाग्यशाली था थेटिस के विवाह का वह दिन! और एक यह विवाहोत्सव है इफ़िजीनिया का जिसमें पुष्प मालाओं रो उसका शृंगार तो किया जाएगा मगर ऐसे जैसे किसी बलि पशु का किया जाता है। क्या अच्छाई में शक्ति नहीं कि स्वयं अपनी रक्षा कर सके? क्या बुराई करनेवालों के मन से ईश्वर का भय मिट गया है?

क्लाइटीमनेस्ट्रा शिविर से बाहर आती है। उसे पति के आने की प्रतीक्षा है। इफ़िजीनिया रो-रोकर बेहाल है। तभी एगमेम्नन प्रवेश करता है। वह पत्नी से अकेले में ही बात करना चाहता था। अच्छा है इफ़िजीनिया वहाँ नहीं है। वहाँ विवाह पूर्व सम्पन्न किए जानेवाली रीतियों के लिए उसे लेने आया है। क्लाइटीमनेस्ट्रा इफ़िजीनिया को पुकारती है। वह ऑरेस्टीज़ को गोद में लिए रोती हुई बाहर आती है। क्लाइटीमनेस्ट्रा की आँखों से आग बरस रही है। बिना इधर-उधर की बात किए वह एगमेम्नन से सीधा सवाल करती है कि क्या वह अपने स्वार्थ के लिए बेटी की बलि देने जा रहा है? अपनी चोरी पकड़े जाने पर एगमेम्नन पल भर को हतप्रभ रह जाता है। सो उसे पता चल ही गया। वह स्तब्ध है। कह भी क्या सकता है अपने पक्ष में? क्लाइटीमनेस्ट्रा उस पर आरोप लगाती है कि एगमेम्नन ने तो सदा ही उसके साथ अन्याय किया। उसके पहले पति टैन्टलस और उनके दुधमुँहे बच्चे की हत्या कर उससे जबरन विवाह किया। उसने सह लिया। सब कुछ भूल कर एक वफ़ादार पत्नी और एक कुशल ग्रहिणी के कर्तव्य निभाए। तीन बेटियों और एक बेटे को जन्म दिया और आज वह इतनी निर्दयता से उनमें से एक के प्राण लेने पर उतारू है। और वह भी किसलिए? एक दुश्चरित्र स्त्री के लिए? अपनी सबसे प्यारी बेटी की बलि देना चाहता है। एक बेवफ़ा औरत के लिए? उसके ट्रॉय जाने के बाद अकेली सुनसान

वीरान रातों में क्या याद करेगी वह? क्या जवाब देगी अपने बच्चों के सवालों का? और यदि एक कन्या की ही बलि देनी है तो हेलेन और मेनेलॉस की बेटी हर्मीयोनि की क्यों नहीं? रोती हुई इफ़िजीनिया भी एगमेम्नन से अपने प्राणों की भीख माँगती है। अपने निर्दोष और निष्पाप बचपन की दुहाई देती है। उन सपनों की दुहाई देती है जो उसके पिता ने उसके लिए देखे थे। जीवन सुन्दर है, सुखमय है, प्रकाशमान है, वह हेडीज़ के अँधेरों में असमय नहीं खोना चाहती। और आख़िर किसके लिए? कौन हेलेन? कौन पेरिस? उसका क्या सम्बन्ध है इस सबसे? कोरस की सहानुभूति उसके साथ है। हेलेन के कारण यह विपदा आई एट्रियस के परिवार पर। एगमेम्नन उसे समझाने का प्रयास करता है। ऑलिस के समुद्र तट पर अस्त्र-शस्त्र से सज्जित सेनाएँ आदेश की प्रतीक्षा में खड़ी हैं। उन्हें लौटाया नहीं जा सकता। और कैलकस की भविष्यवाणी पूरी किए बिना यह यात्रा असम्भव है। यदि उसने अपना निर्णय बदला तो वे लोग उसके सारे परिवार की हत्या कर देंगे और आरगू को मिट्टी में मिला देंगे। वह मेनेलॉस का नहीं, ग्रीस का दास है, उसका सेवक है और ग्रीस के सम्मान की रक्षा उसका परम धर्म है। यह कह कर एगमेम्नन जाता है। अब कोई आशा शेष नहीं। इफीजीनिया उस दिन का शोक मनाती है जब प्रायम के घर पेरिस ने जन्म लिया था, जब ओलिम्पस वासी अमर्त्य गरिमामयी देवियों की सौन्दर्य प्रतियोगिता हुई थी और पेरिस को उसका निर्णायक नियुक्त किया गया था। उस दिन ही इफ़िजीनिया का भाग्य निश्चित हो गया था। वह हेलेन को श्राप देती है। उसी के कारण अपने ही पिता के हाथों आज मारी जाएगी इफ़िजीनिया। तभी एकीलीज़ आता है और सूचना देता है कि ग्रीक सिपाही इफ़िजीनिया की बलि माँग रहे हैं। उन्हें समझाने के उसके सारे प्रयास विफल हुए। सैनिकों के साथ ओडीसियस उसे लेने आता ही होगा। वह इफ़िजीनिया को घसीट कर ले जाएगा। क्लाइटीमनेस्ट्रा का गिड़गिड़ाना किसी काम नहीं आनेवाला। यह सुन कर इफ़िजीनिया अपनी माँ से कहती है कि अब वह शान्त हो जाए। अपने पति को दोष न दे। जो भाग्य में लिखा है उसका विरोध व्यर्थ है। एकीलीज़ की सद्भावना के लिए वह कृतज्ञ है। और अब मरने के लिए तैयार। सारे ग्रीस की आँखें उस पर लगी हैं, सेनाओं का प्रयाण, ट्रॉय का विध्वंस और ग्रीस के सम्मान और उसके नागरिकों की सुरक्षा उसके बलिदान पर निर्भर है। वह स्वेच्छा से यह बलिदान देगी। एकीलीज़ जैसे महान योद्धा का जीवन एक स्त्री के लिए व्यर्थ न जाना चाहिए। इफ़िजीनिया के मुख पर विश्वास, सत्य और साहस का तेज़ है। एकीलीज़ इस तेज़ को पहचानता है। उसके मन में इफ़िजीनिया के लिए प्रेम का अंकुर फूटता है। इफ़िजीनिया जैसी पत्नी पाना सौभाग्य होगा उसका। वह उसकी रक्षा को तैयार है। मगर इफ़िजीनिया अब देश के लिए प्राणों की आहुति देने को दृढ़प्रतिज्ञ है। एकीलीज़ प्रस्थान करता है। इफ़िजीनिया माँ को

चुप कराती है और यह इच्छा प्रकट करती है कि उसकी मृत्यु पर क्लाइटीमनेस्ट्रा अपने बाल न काटे, न विलाप करे, न ही काले वस्त्र पहने। एगमेम्नन को क्षमा कर दे, वह देश के हित को समर्पित है। सैनिक आते हैं, क्लाइटीमनेस्ट्रा को अन्दर भेज कर इफ़िजीनिया कोरस-युवतियों से आर्टेमिस के प्रार्थना गीत गाने को कहती है। वह कहती है मुझे ले चलो बलिवेदी की ओर पवित्र जल से स्नान कराके फूलों से सजा के। मैं वह कन्या हूँ जिसका जन्म ट्रॉय के विनाश के लिए हुआ था। वह स्वेच्छा से इस महत् उद्देश्य के लिए प्राण देने को प्रस्तुत है। पृथ्वी और आकाश से विदा लेकर इफ़िजीनिया सैनिकों के साथ प्रस्थान करती है। कोरस-युवतियाँ उसके लिए प्रार्थना करती हैं। ट्रॉय का विनाश होगा और इफ़िजीनिया का नाम अमर हो जाएगा।

एक दूत प्रवेश करता है। क्लाइटीमनेस्ट्रा बाहर आती है। वह बताता है कि इफ़िजीनिया की बलि के समय आर्टेमिस की वेदी पर एक अद्भुत घटना घटी। दैवी तेज और अपूर्व साहस से दीप्त मुख वाली इफ़िजीनिया बलि के लिए वेदी पर खड़ी हुई। उसने ट्रॉय के विध्वंस और ग्रीस की विजय की प्रार्थना की। कैलकस ने कटार हाथ में ली, सभी उपस्थित सैनिकों और सेनापतियों के सिर झुक गए। वार हुआ–हम सबने आवाज़ सुनी, चौंक कर देखा–इफ़िजीनिया अदृश्य हो चुकी थी और उसके स्थान पर एक लहूलुहान हिरण पड़ा था। देवी ने बलि स्वीकार की किन्तु इफ़िजीनिया पर कृपा की और उसे जीवन दान दिया और अपने चरणों में स्थान। ग्रीक सैनिकों की मनोकामना पूर्ण हुई। हवाएँ बहीं और कूच के बिगुल बजने लगे। क्लाइटीमनेस्ट्रा को विश्वास नहीं। शायद उसे बहलाने के लिए यह कहानी गढ़ी गई है। तभी एगमेम्नन आता है और इस समाचार की पुष्टि करता है। इफ़िजीनिया भाग्यशाली है जो देवताओं की शरण में है। क्लाइटीमनेस्ट्रा ऑरेस्टीज़ के साथ आरगू लौट जाए। वह पत्नी और बेटे से विदा लेता है। सेनाएँ प्रयाण को तैयार हैं। अब न जाने कब भेंट हो।

कोरस-युवतियाँ एगमेम्नन को शुभ कामनाएँ देती हैं और स्वदेश लौटने को उद्यत हैं।

इलेक्ट्रा

ग्रामीण परिवेश में एक झोंपड़े के सामने खड़ा एक कृषक दर्शकों को नाटक की पृष्ठभूमि से परिचित कराता है। वह बताता है कि ट्रॉय का विजेता महा शूरवीर एगमेम्नन जब दस वर्ष के बाद स्वदेश लौट कर आया तो उसकी बेवफ़ा पत्नी क्लाइटीमनेस्ट्रा ने अपने प्रेमी ईजिस्थस के साथ मिलकर निर्ममता से उसकी हत्या कर दी। अब ईजिस्थस आरगू का राजा है और क्लाइटीमनेस्ट्रा उसकी पत्नी। एगमेम्नन का बेटा ऑरेस्टीज़ भी ईजिस्थस के हाथों मारा जाता किन्तु एक वफ़ादार नौकर उसे फ़ॉकिस ले गया जहाँ स्ट्रोफ़ियस ने उसका पालन-पोषण किया। एगमेम्नन की बेटी इलेक्ट्रा जब विवाह योग्य हुई तो सुदूर देशों के राजकुमारों के सन्देश आने लगे किन्तु ईजिस्थस को भय था कि सत्ता सम्पन्न इलेक्ट्रा की सन्तान कहीं उससे एगमेम्नन-वध का प्रतिशोध न ले। अतः उसने इलेक्ट्रा को कुमारी रखने का निश्चय किया। वह उसे मार ही डालता किन्तु क्लाइटीमनेस्ट्रा ने उसे ऐसा नहीं करने दिया। तब ईजिस्थस ने इलेक्ट्रा का विवाह मुझ गरीब, साधनहीन कृषक से कर दिया। वह यह भी स्पष्ट करता है कि यद्यपि वह इलेक्ट्रा का पति है किन्तु उसने आज तक इलेक्ट्रा को छुआ नहीं। यह बता कर वह प्रस्थान करता है और इलेक्ट्रा झोंपड़ी से बाहर आती है। उसके सिर पर कलश है जिसमें वह पानी भरने नदी की ओर जा रही है। अभी सूर्योदय नहीं हुआ है किन्तु उसने अपनी स्थिति के अनुकूल दिनचर्या आरम्भ कर दी है। उसके मन में अपनी माँ और उसके प्रेमी के लिए अथाह घृणा है। अपने कृषक पति के प्रति वह कृतज्ञ है और घर चलाने में उसे पूरा योग देती है। इलेक्ट्रा और कृषक युवक के जाने के बाद ऑरेस्टीज़ और उसका मित्र पायलेडीज़ प्रवेश करते हैं। ऑरेस्टीज़ सीधा नगर की ओर न जाकर यहाँ ग्रामीण क्षेत्र में आया है ताकि कोई उसे कोई पहचान न सके। दूसरे वह अपनी बहन इलेक्ट्रा को ढूँढ़ रहा है जो अब विवाहित है और सम्भवतः यहीं कहीं रहती है। इलेक्ट्रा उसे राजमहल की वस्तुस्थिति के बारे में सही जानकारी देकर पिता के वध का प्रतिशोध लेने में उसकी सहायता कर सकती है। तभी दूर से पानी का घड़ा लेकर आती एक युवती को देख वे छिप जाते हैं। इलेक्ट्रा मंच पर आती है और

रो-रोकर अपने परिवार के दुर्भाग्य की कहानी कहती है। आरगू की राजकुमारी को लोग आज 'बेचारी इलेक्ट्रा' कहते हैं और उसका भाई न जाने कहाँ है। पता नहीं वह कब आएगा और अपने पिता का प्रतिशोध लेगा। तभी ग्रामीण महिलाओं का कोरस प्रवेश करता है और इलेक्ट्रा को सूचित करता है कि आरगू में परसों उत्सव मनाया जाएगा और सभी कुमारियाँ देवी हेरा की शोभा-यात्रा में सम्मिलित होने की तैयारी कर रही हैं। इलेक्ट्रा कहती है कि वह चीथड़ों में नगरोत्सव में जाकर ऐगमेम्नन के वंश का अपमान नहीं करेगी। ऑरिस्टीज़ और पायलेडीज़ को अब और प्रतीक्षा की आवश्यकता नहीं। वे बाहर निकल जाते हैं। इलेक्ट्रा इन अजनबियों को देखकर डर जाती है। ऑरिस्टीज़ उसे आश्वस्त करता है। वह शत्रु नहीं, मित्र है और ऑरिस्टीज़ का समाचार लेकर आया है। वह इलेक्ट्रा से उसके साथ राजपरिवार के दुर्व्यवहार और एक कृषक के साथ उसके विवाह का कारण पूछता है। इलेक्ट्रा अपने पति की प्रशंसा करती है और इस गठबन्धन का सच उसे बताती है। उसके मन में अपनी माँ और ईजिस्थस के लिए घृणा और हिंसा की ज्वाला धधक रही है। अगर उसका बस चले तो वह खुद ही उनसे प्रतिशोध ले ले। मगर वह ऐसी स्थिति में नहीं। न जाने ऑरिस्टीज़ कब आएगा। ऑरिस्टीज़ अभी भी नहीं बताता कि वही उसका भाई है। इलेक्ट्रा वह सारे दुःख एक-एक कर गिनवाती है जो वर्षों से उसे खाये जा रहे हैं। उसके पिता की हत्या हुई, उसके शव को राजसी सम्मान नहीं दिया गया। जाओ, जाकर ऑरिस्टीज़ को बताना कि राजकुमारी इलेक्ट्रा चीथड़े पहने, छोटे-छोटे कटे बालों में, घर के कामकाज करती, एक गन्दे झोंपड़े में जानवरों-सी ज़िन्दगी गुज़ार रही है। जीवन के किसी सुख पर उसका अधिकार नहीं जबकि उसकी माँ क्लाइटीमनेस्ट्रा धन सम्पदा में लोट रही है। ऐगमेम्नन द्वारा ट्रॉय से लायी गई सेविकाएँ दिन-रात उसके इशारे पर नाचती हैं। और वह अधम ईजिस्थस–वह मेरे पिता के रथ पर सवारी करता है और उसके रक्तरंजित हाथ में एगमेम्नन का राजदंड है। तभी इलेक्ट्रा का कृषक पति आ जाता है। वह अजनबियों के साथ इस तरह आत्मीयता से बात करने के लिए इलेक्ट्रा पर रोष प्रकट करता है। किन्तु यह जानने पर कि वे ऑरिस्टीज़ का समाचार लाए हैं, उन्हें अपने झोंपड़े में आतिथ्य स्वीकार करने का निवेदन करता है। ऑरिस्टीज़ उस निर्धन कृषक के सभ्य आचरण से प्रभावित है। वह अपने मित्र के साथ झोंपड़े में प्रवेश करता है। इलेक्ट्रा परेशान है। घर में खाने को नहीं, वह कैसे अतिथि सत्कार करेगी। वह अपने पति से कहती है कि वह जाकर एगमेम्नन के पुराने सेवक को बुला लाये। यह वही सेवक है जिसने बाल ऑरिस्टीज़ को गुप्त रूप से फ़ॉकिस भेज कर उसके प्राण बचाए थे। वह शायद कुछ मदद कर सके। कृषक सन्देश लेकर जाता है। इलेक्ट्रा भी प्रस्थान करती है।

महिला-कोरस ट्रॉय के युद्ध, एकिलीज़ के शौर्य और शत्रु को भयभीत कर देने वाले उसके कवच का बखान करती हैं और खेद प्रकट करती हैं कि कैसे-कैसे वीर योद्धा हेलेन की बेवफ़ाई के कारण मारे गये। तभी वह वृद्ध खाने-पीने का सामान लेकर आता है। इलेक्ट्रा भी वापस आती है। वृद्ध सेवक इलेक्ट्रा को बताता है कि उसके घर की ओर आते हुए रास्ते में वह ऐगमेम्नन की समाधि पर रुका। वहाँ उसने भूरे बालों की एक लट और काली पशम वाली भेड़ की बलि दी हुई देखी। ऑरेस्टीज़ के अतिरिक्त यह कोई और नहीं कर सकता। उन बालों का रंग, उन पैरों के निशान निश्चय ही इलेक्ट्रा जैसे हैं। इलेक्ट्रा मानने को तैयार नहीं। तभी ऑरेस्टीज़ और पायलेडीज़ बाहर आते हैं। वृद्ध सेवक ध्यान से ऑरेस्टीज़ को देखता है और झट पहचान जाता है। भवों पर यह चोट का निशान एक हरिण शावक के पीछे भागते लगा था। यही है ऑरेस्टीज़—एगमेम्नन का बेटा, इलेक्ट्रा का भाई। भाई-बहन का मिलन होता है। किन्तु अभी खुशी मनाने का समय नहीं। ऑरेस्टीज़ जानना चाहता है राजमहल में क्या घट रहा है। क्या वहाँ कोई उसका साथ देगा? वद्ध सेवक कहता है कि भाग्य और बाहुबल के अतिरिक्त कोई तुम्हारा नहीं। ईजिस्थस और अपनी माँ से प्रतिशोध लेना तुम्हारा धर्म है। वह यह भी बताता है कि ईजिस्थस इस समय यहाँ से कुछ ही दूर खुले चारागाह में धार्मिक अनुष्ठान करने के लिए आया हुआ है। उसके साथ कोई सैनिक नहीं, केवल कुछ दास हैं और दास हमेशा जीतने वाले के साथ होते हैं। तुम वहाँ जाओ। वह तुम्हें दावत में आमंत्रित करेगा। अवसर पाते ही उसका काम तमाम कर दो। क्लाइटीमनेस्ट्रा वहाँ कुछ समय बाद पहुँचेगी। लोकापवाद के भय से वह महल से ईजिस्थस के साथ नहीं निकलती। उसे यहाँ बुलाने के लिए इलेक्ट्रा एक योजना बनाती है। वह वृद्ध सेवक को कहती है कि वह क्लाइटीमनेस्ट्रा को जाकर यह सन्देश दे कि दस दिन पूर्व इलेक्ट्रा ने एक बालक को जन्म दिया है। यह सुन कर नीच कुल में जन्मे अपने नाती के दुर्भाग्य पर शोक प्रकट करने वह अवश्य आएगी। इससे पहले वह ऑरेस्टीज़ को ईजिस्थस तक पहुँचने का मार्ग दिखा दे। प्रस्थान से पूर्व वे सभी हाथ उठाकर देवताओं से सफलता की प्रार्थना करते हैं।

कोरस-गीत का विषय इस बार सुनहरे मेमने को हासिल करने के लिए थेसटीज़ द्वारा किया गया कुकर्म और ज़ीयस द्वारा प्रकृति के विधान के विपरीत जाकर उसे दिया जाने वाला दंड है। काश कि क्लाइटीमनेस्ट्रा दैवी प्रकोप की ऐसी कथाओं को याद रखती और अपने पति की हत्या न करती। तभी एक भयावह चीख सुनाई देती है। इलेक्ट्रा भी दौड़ कर बाहर आती है। एक सन्देशवाहक प्रवेश करता है और यह शुभ समाचार देता है कि ऑरेस्टीज़ अपने लक्ष्य को प्राप्त करने में सफल हुआ। ईजिस्थस का वध हुआ। पूछे जाने पर वह विस्तार से बताता है कि ईजिस्थस

धार्मिक अनुष्ठान में एक साँड की बलि की तैयारी कर रहा था जब उसने ऑरेस्टीज़ और उसके मित्र को देखा। उसने उन्हें अनुष्ठान और भोज में भाग लेने के लिये आमंत्रित किया जिसे ऑरेस्टीज़ ने स्वीकार किया। ईजिस्थस ने पर्वत की देवियों को साँड की बलि दी और ऑरेस्टीज़ को उसकी खाल खींचने को कहा। ऑरेस्टीज़ ने बिना किसी दुविधा के बड़ी कुशलता के साथ यह काम कर दिया। लेकिन जब साँड के शरीर का आंतरिक हिस्सा खुला तो उससे अशुभ का संकेत मिला। ईजिस्थस का चेहरा काला पड़ गया। फिर भी वह बलि-पशु के टुकड़े करने के लिए झुका और तभी ऑरेस्टीज़ ने पूरी शक्ति से उसकी गर्दन पर वार किया। पल भर में ही वह ढेर हो गया। ईजिस्थस के दास उस पर झपटते इससे पहले ही ऑरेस्टीज़ ने उन्हें अपना परिचय दिया और बताया कि उनके राजा और अपने पिता एगमेम्नन की हत्या का यही उचित प्रतिशोध था। इलेक्ट्रा का उल्लास देखने योग्य है। यही है उसके जीवन का सबसे बड़ा उत्सव। वह भीतर से दो मालाएँ लेकर आती है। तभी ऑरेस्टीज़ और पायलेडीज़ प्रवेश करते हैं। उनके पीछे-पीछे सेवक ईजिस्थस का शव लेकर आते हैं। ऑरेस्टीज़ ईजिस्थस का कटा सिर इलेक्ट्रा को दिखाता है। ईजिस्थस के अपराध अक्षम्य थे। न्याय की माँग थी कि उसे ऐसा ही दंड मिले। क्लाइटीमनेस्ट्रा को आते देख वे ईजिस्थस के शव को वहाँ से हटा देते हैं। बहुमूल्य वस्त्राभूषणों में सजी-धजी क्लाइटीमनेस्ट्रा दास-दासियों के साथ रथ में आती दिखायी देती है। ऑरेस्टीज़ माँ को देखकर कमज़ोर पड़ जाता है। क्या उसे मातृ-हत्या का भयावह पाप करना पड़ेगा? कितना क्रूर है अपोलो का आदेश! क्या सचमुच वह देव-पुजारिन ही थी या कोई मायाविनी जिसने उसे अपनी जननी को मारने की आज्ञा दी! इलेक्ट्रा इस दुर्बलता के लिए ऑरेस्टीज़ की भर्त्सना करती है। यह ठीक है कि उसे मातृ-हत्या का दंड मिलेगा लेकिन उसकी हत्या के बिना पिता का प्रतिशोध पूरा नहीं होगा। ऑरेस्टीज़ के सामने कोई विकल्प नहीं। वह मित्र के साथ झोंपड़े में जाता है। क्लाइटीमनेस्ट्रा का रथ आता है। ट्रॉय से आए दास-दासियाँ साथ हैं। इलेक्ट्रा के मन में घृणा है और वाणी में व्यंग्य। क्लाइटीमनेस्ट्रा यह सिद्ध करने का प्रयास करती है कि उसके द्वारा अपने पति एगमेम्नन की हत्या न्यायोचित थी। उसने अपनी प्रजा के हित के लिए नहीं, हेलेन जैसी बेवफ़ा औरत को वापस लाने के लिए उनकी बेटी इफ़िजीनिया की हत्या की। इतना ही नहीं, वहाँ से लौटते समय उसकी सौत उस पागल कसान्द्रा को भी राजमहल में साथ ले आया। यदि कोई स्त्री अपने पति के साथ ऐसा व्यवहार करे तो क्या समाज और परिवार उसे क्षमा करेगा? इसके जवाब में इलेक्ट्रा कहती है कि यह सब बहानेबाज़ी है। वह अपनी माँ के चंचल स्वभाव से भली-भाँति परिचित है। वह अपनी बहन हेलेन का ही दूसरा रूप है। दूसरे, इफ़िजीनिया की बलि एगमेम्नन ने चढ़ाई थी, लेकिन ऑरेस्टीज़ और

इलेक्ट्रा ने क्या किया था जिसका दंड उन्हें दिया? क्यों उन दोनों के साथ ऐसा दुर्व्यवहार किया? क्यों उन निरपराधियों को जीते जी मौत दे दी? यह सुन कर क्लाइटीमनेस्ट्रा लज्जित होती है। उससे उत्तर देते नहीं बनता। जो हो चुका उसे लौटाया तो नहीं जा सकता। अब इलेक्ट्रा उसे कहती है कि वह उसके बेटे के जन्म के दसवें दिन के संस्कार सम्पन्न करे। क्लाइटीमनेस्ट्रा झोंपड़े के भीतर जाती है और उसके पीछे इलेक्ट्रा भी। कोरस-महिलाएँ एक बार फिर एगमेम्नन की हत्या का प्रसंग दोहराती हैं। आज पापों के प्रायश्चित का समय आ गया है। भीतर से क्लाइटीमनेस्ट्रा की चीखें सुनाई देती हैं। वह अपने बच्चों से अपने जीवन की भीख माँग रही है। कुछ क्षण बाद ऑरेस्टीज़ और इलेक्ट्रा बाहर आते हैं। उनके हाथ अपनी माँ के खून से रंगे हैं और आँखें अपने कुकृत्य की वीभत्सता से फटी जा रही हैं। सेवक क्लाइटीमनेस्ट्रा का शव बाहर लाते हैं। महिला-कोरस इस अनहोनी से त्रस्त हैं, ऑरेस्टीज़ और इलेक्ट्रा अपराध-बोध से ग्रस्त। ऑरेस्टीज़ बताता है कि कैसे उसकी माँ ने अपना वक्ष खोल कर उसे अपने दूध की दुहाई दी, कैसे इलेक्ट्रा से दया की भीख माँगी और कैसे उसने अपनी आँखों पर कपड़ा डालकर अपनी माँ की हत्या की। कुछ भी हो, वह उनकी माँ थी, स्नेह और घृणा का एक असामान्य सम्बन्ध था उनके बीच।

आकाश में दो देवता स्वरूप व्यक्ति दिखायी देते हैं। ये ज़ीयस के पुत्र क्लाइटीमनेस्ट्रा के भाई कैस्टर और पॉलिइयूसेज़ हैं। कैस्टर ऑरेस्टीज़ को सम्बोधित कर कहता है कि क्लाइटीमनेस्ट्रा को तो अपने किये का न्यायोचित दंड मिला किन्तु ऑरेस्टीज़ को भी मातृ-हत्या के भयानक अपराध का प्रायश्चित करना होगा। वह आदेश देता है कि इलेक्ट्रा को पत्नी रूप में पायलेडीज़ को सौंप कर ऑरेस्टीज़ फ़ौरन एथेन्स चला जाए। वहाँ एथीना के मन्दिर में देवी की प्रतिमा के चरण पकड़ ले। वही उसे श्वानमुखी, सर्प के बालों वाली फ़्यूरीज़ नामक प्रतिशोध की देवियों से बचा सकेगी। इसके मुकदमे की सुनवाई एरीज़ की पहाड़ी पर होगी। यदि उसके पक्ष और विपक्ष में बराबर के मत पड़े तो भी वह मातृ-हत्या के अपराध से मुक्त माना जाएगा। उसके बाद वह आर्केडिया जाएगा, एल्फ़ियस नदी के पास, जहाँ वह एक नगर का निर्माण करेगा और वहीं बस जाएगा। यह है उसकी नियति और उसका भविष्य। क्लाइटीमनेस्ट्रा का अन्तिम संस्कार उसकी बहन हेलेन और उसका पति मेनेलॉस करेंगे। हेलेन अभी प्रोटियस के महल से लौटी है। वस्तुतः वह कभी ट्रॉय गई ही नहीं। वह हेलेन की प्रेत-छाया थी जिसे ज़ीयस ने इस युद्ध की भूमिका बनाकर ट्रॉय भेजा था।

कोरस की महिलाएँ यह जानना चाहती हैं कि भाई होने के नाते उन्होंने अपनी बहन की रक्षा क्यों नहीं की। कैस्टर के अनुसार उसका वध एक अनिवार्यता थी,

इसे होना ही था। इसमें देवता अपोलो की मन्त्रणा का भी हाथ था। ऑरेस्टीज़ अपने भविष्य से हतोत्साहित है। इलेक्ट्रा को भी शेष जीवन आरगू से बाहर एक निष्कासित के रूप में जीना होगा। भाई-बहन को बिछुड़ना होगा। इसके बाद वे कभी न मिल सकेंगे। दोनों भारी मन से विदा लेकर अलग-अलग रास्तों पर चल पड़ते हैं। कोरस के अनुसार दुर्भाग्य के विषाद और नैराश्य से बच पाना ही जीवन का सबसे बड़ा सुख है।

ऑरेस्टीज़

ऐसा प्रतीत होता है कि बिस्तर पर ऑरेस्टीज़ गहरी नींद में सो रहा है। उसकी बहन इलेक्ट्रा उसके पास बैठी है। विदग्धमना इलेक्ट्रा अपने पूर्वज टैन्टलस के अभिशप्त अन्त और उसके वंशजों के परस्पर द्वेष तथा दुर्भाग्य की व्यथा कहती है। टैन्टलस की चौथी पीढ़ी में एगमेम्नन का जन्म हुआ जिसका विवाह टिन्डेरियस की पुत्री, क्लाइटीमनेस्ट्रा से हुआ। टिन्डेरियस की दूसरी पुत्री हेलेन का पाणिग्रहण स्पार्टा के राजा, एगमेम्नन के भाई मेनेलॉस से हुआ। हेलेन के अपहरण का बदला लेने और उसे ग्रीस वापस लाने के लिए ग्रीक सेनाएँ इकट्ठी हुईं। एगमेम्नन ने भाई के अनुरोध पर सेनाध्यक्ष का पद भार सँभाला और इतना ही नहीं अपनी बेटी इफ़िजीनिया की बलि भी दी। दस वर्ष तक चले ट्रॉय के युद्ध की समाप्ति पर जब विजयी एगमेम्नन स्वदेश लौटा तो उसकी पत्नी क्लाइटीमनेस्ट्रा ने ईजिस्थस के साथ मिलकर उसकी हत्या कर दी। इस अनहोनी के कई वर्ष बाद इलेक्ट्रा के भाई ऑरेस्टीज़ ने अपने पिता एगमेम्नन की हत्या का प्रतिशोध लिया और सूर्य देवता अपोलो के आदेश से अपनी माँ क्लाइटीमनेस्ट्रा का वध कर दिया। इस तरह एक अपराध का प्रतिशोध लेकर ऑरेस्टीज़ स्वयं मातृ-हत्या का जघन्य अपराध कर बैठा। आज क्लाइटीमनेस्ट्रा के अन्तिम संस्कार का छठा दिन है और इन छः दिनों में ऑरेस्टीज़ के मुँह में अन्न का एक दाना भी नहीं गया। उसका शरीर ज्वर में तप रहा है और वह रह-रहकर अनर्गल प्रलाप करने लगता है। वह आत्म-प्रतारणा से ग्रस्त है, उसकी आत्मा इस पाप का बोझ उठाने में असमर्थ है, प्रतिशोध की देवियाँ फ़्यूरीज़ उसे पश्चाताप की आग में झुलसा रही हैं। कभी-कभी उसकी चेतना लौटती है और वह बच्चों की भाँति रोने लगता है।

उधर आरगू के नागरिकों ने ऑरेस्टीज़ और इलेक्ट्रा का सामाजिक बहिष्कार कर दिया है। आज एक सार्वजनिक सभा में उनके दंड का निर्धारण होने वाला है। इलेक्ट्रा निराश है। उनके पक्ष में बोलने वाला कोई नहीं है। उनकी एकमात्र आशा मेनेलॉस है जो सुना है नौपलिया पहुँच गया है और शीघ्र ही उसका जलयान आरगू तट पर लंगर डालनेवाला है। हेलेन को उसने पहले ही गुप्त रूप से भेज दिया था ताकि ट्रॉय

के युद्ध में मारे जाने वालों के निकट सम्बन्धी कहीं आक्रोश में उसकी हत्या न कर दें। हेलेन इस समय क्लाइटीमनेस्ट्रा द्वारा पाली-पोसी गई अपनी बेटी हर्मीयोनि के साथ महल में है। इलेक्ट्रा को मेनेलॉस की प्रतीक्षा है।

हेलेन महल से बाहर आती है। उसे ऑरेस्टीज़ और इलेक्ट्रा से सहानुभूति है किन्तु वह अपनी बहन को खो देने से दुखी है। वह क्लाइटीमनेस्ट्रा की समाधि पर तर्पण के लिए जाना चाहती है किन्तु आरगू वासियों से डरती है। इलेक्ट्रा उसे स्वयं न जाकर हर्मीयोनि को भेजने का सुझाव देती है। हेलेन हर्मीयोनि को तर्पण के लिए दूध, मधु और मदिरा के साथ समाधि पर भेंट करने के लिए अपने बालों की एक लट देती है। उन दोनों के प्रस्थान के बाद इलेक्ट्रा हेलेन की कुटिलता और सौन्दर्याभिमान पर कटाक्ष करती है। आत्मकेन्द्रित हेलेन ने बहन की समाधि के लिए अपने बालों के छोटे-छोटे निचले टुकड़े ही काटे हैं। इलेक्ट्रा हेलेन से घृणा करती है। वही इस सारे विनाश का मूल है।

आरगू की महिलाओं का कोरस प्रवेश करता है। इलेक्ट्रा उन्हें धीरे बोलने को कहती है। ऑरेस्टीज़ सो रहा है। कुछ देर को ही सही वह भयावह मानसिक यन्त्रणा से मुक्त है। कोरस-महिलाएँ इस गहरी सोच में हैं कि देवता अपोलो ने आख़िर ऑरेस्टीज़ को मातृ हत्या का आदेश क्यों दिया! वह तो मरी साथ ही ऑरेस्टीज़ और इलेक्ट्रा को भी मार गई। तभी ऑरेस्टीज़ आँखें खोलता है। उसका मुँह सूख रहा है, बाल जटा से हो रहे हैं, शरीर में उठने की शक्ति नहीं और आँखों के आगे अँधेरा छा रहा है। इलेक्ट्रा उसकी परिचर्या करती है और उसे मेनेलॉस के आगमन का समाचार देकर ढाँढ़स बँधाती है। ऑरेस्टीज़ को फिर से रक्तरंजित मुखवाली सर्पों से आविष्ट आकृतियाँ दिखाई देने लगती हैं और वह पागलों-सा चीखने लगता है। इलेक्ट्रा अपोलो प्रदत्त धनुष-बाण लाकर उसके पास रखती है तो वह शान्त होता है। बहन को सान्त्वना देता है। परीक्षा की इस घड़ी में वे दोनों ही एक दूसरे का सहारा हैं। इलेक्ट्रा भीतर जाती है। कोरस-महिलाएँ ऑरेस्टीज़ की मुक्ति की प्रार्थना करती हैं।

विक्षुब्ध मेनेलॉस प्रवेश करता है। वह अपनी अनुपस्थिति में घटी सारी घटनाओं के विषय में सुन कर आया है। ऑरेस्टीज़ की दुर्दशा देखकर वह स्तब्ध रह जाता है। फ़्यूरीज़ से त्रस्त ऑरेस्टीज़ की हालत देखी नहीं जाती। चाचा मेनेलॉस को देखकर उसके मन में कहीं फिर एक आशा की किरण स्फुरित होती है। वह मेनेलॉस को बताता है कि आज आरगू में उसके भाग्य का निर्णय करने के उद्देश्य से एक सार्वजनिक सभा होने जा रही है। उसे भय है कि उसके लिए मृत्यु-दंड का प्रस्ताव पारित होनेवाला है। ऑरेस्टीज़ मेनेलॉस से करबद्ध प्रार्थना करता है कि अपने भाई के परिवार का बीजनाश होने से बचाए, अपने स्वर्गीय भाई के प्रति अपने कर्तव्य

का पालन करे और उसकी प्राण-रक्षा करे। इसी समय क्लाइटीमनेस्ट्रा और हेलेन का पिता, ऑरेस्टीज़ का नाना टिन्डेरियस वहाँ आता है। कभी टिन्डेरियस ने ऑरेस्टीज़ को गोद में खिलाया था, कन्धों पर उठाकर घुमाया था, ऊँगली पकड़ कर चलना सिखाया था, किन्तु आज उसके मन में अपने नाती के प्रति केवल आक्रोश और घृणा है। मेनेलॉस अपने श्वसुर का अभिवादन करता है। टिन्डेरियस सन्तुष्ट है कि उसका दामाद ट्रॉय के युद्ध से सकुशल लौट आया है किन्तु साथ ही वह आशंकित भी है कि कहीं मेनेलॉस ऑरेस्टीज़ का पक्ष न ले। वह अपनी बेटी के हत्यारे, मातृ-हन्ता, जघन्य पापी ऑरेस्टीज़ का मुँह भी नहीं देखना चाहता। मेनेलॉस उसे याद दिलाता है कि वह ऑरेस्टीज़ का चाचा है और रक्त-सम्बन्धों का सम्मान देवताओं का सम्मान करने जैसा है। किन्तु टिन्डेरियस ऑरेस्टीज़ को क्षमा नहीं कर सकता। उसने अपनी माँ की हत्या कर नैतिक मूल्यों और वैधानिक संहिता का हनन किया है। वह क्लाटीमनेस्ट्रा को निष्कासित कर न्यायोचित व्यवहार के लिए सुयश अर्जित कर सकता था। पिता होने के नाते वह अपनी बेटियों के दुराचरण और आपकीर्ति से लज्जित है किन्तु हत्या के बदले हत्या समस्या का समाधान नहीं। ऑरेस्टीज़ को नाना की आयु और भावनाओं का लिहाज़ है मगर वह अपने लिए बोलने को अब विवश है। यह उसके जीवन-मरण का प्रश्न है। वह तर्क देता है कि पुत्र का पहला कर्तव्य अपने पिता के प्रति है जो उसका जनक है। माँ केवल धरती है जो ग्रहण करती है, बीज पिता है। अतः पिता का प्रतिशोध लेना पुत्र का प्रथम और परम धर्म है, अपराधी कोई भी हो। फिर क्लाटीमनेस्ट्रा तो पतिव्रता भी नहीं थी। उसने न केवल एगमेम्नन की हत्या की, वह कई वर्षों से ईजिस्थस के साथ एक विवाहिता की तरह रह रही थी। ऐसी व्यभिचारिणी को मार कर उसने सारे ग्रीस की स्त्रियों को चेतावनी दी है ताकि युद्ध भूमि में जान हथेली पर रखकर देश के लिए लड़ने वाले वीर सैनिकों की पत्नियाँ उनकी अनुपस्थिति में अनैतिक आचरण का दुस्साहस न करें। आत्मरक्षा में ऑरेस्टीज़ का सबसे सुदृढ़ तर्क तो यह है कि क्लाइटीमनेस्ट्रा की हत्या उसने सूर्य देवता अपोलो के आदेश से की। यदि कोई प्रदूषित है तो ऑरेस्टीज़ नहीं स्वयं सत्य का देवता अपोलो है। यदि कोई पापी है तो अपोलो! दोष देना है तो उसे दो!

टिन्डेरियस पर इस सम्भाषण का कोई प्रभाव नहीं। वह ऑरेस्टीज़ और इलेक्ट्रा दोनों को दोषी मानता है और उनको प्राणदंड देने के पक्ष में है। जाते-जाते टिन्डेरियस मेनेलॉस को भी धमका जाता है। उसके प्रस्थान के बाद मेनेलॉस कुछ गुमसुम-सा हो जाता है। ऑरेस्टीज़ इस परिवर्तन को लक्ष्य कर उसे अपने पक्ष में करने का एक और प्रयास करता है। वह मेनेलॉस से माँग करता है कि एगमेम्नन के उपकारों का प्रतिदान उसके बेटे को दे! उसकी मृत्यु का मूल्य चुकाए! इफ़िजिनिया के बलिदान की कीमत दे। वह घुटनों पर झुक कर प्राण-रक्षा की प्रार्थना करता है। कोरस भी

विनती करता है कि ऑरेस्टीज़ को बचा ले। मेनेलॉस डावाँडोल है। वह कहता है कि वह ऑरेस्टीज़ के पक्ष में है किन्तु आरगू के नागरिकों के सामूहिक मत के विरुद्ध नहीं जा सकता। वह ट्रॉय से गिने-चुने सैनिक लेकर लौटा है, उन्हें फिर से युद्ध की विभीषिका में नहीं झोंक सकता। किन्तु वह यह आश्वासन भी देता है कि सही अवसर देखकर वह आरगू वासियों और टिन्डेरियस को समझाने का प्रयास करेगा। मेनेलॉस के प्रस्थान के बाद ऑरेस्टीज़ का मन कड़वाहट से भर जाता है। वह उसे धूर्त, मक्कार और कायर कह कर कोसता है। वह समझ गया है कि मेनेलॉस उसका साथ नहीं देगा।

मेनेलॉस के प्रस्थान के बाद ऑरेस्टीज़ का परम मित्र पायलेडीज़ प्रवेश करता है। ऑरेस्टीज़ उसे वस्तुस्थिति के विषय में विस्तार से बताता है। उसका अन्त तो अब निश्चित है। वह बहन और पायलेडीज़ की मंगेतर इलेक्ट्रा के लिए विशेष रूप से चिन्तित है जिसे भाई का साथ देने के अपराध में मृत्युदंड मिलने की सम्भावना है। महल से भाग निकलने का भी कोई उपाय नहीं। सभी द्वारों पर कड़े सुरक्षा प्रबन्ध किये गए हैं। पायलेडीज़ रोच में पड़ जाता है। कैसे ऑरेस्टीज़ और इलेक्ट्रा की प्राण रक्षा करे। जीवन या मृत्यु—वह हर स्थिति में अपने मित्र का साथ देने को दृढ़ प्रतिज्ञ है। वह उन्हें बचाने के हर सम्भव उपाय पर विचार करता है और ऑरेस्टीज़ को सलाह देता है कि वह उसके कन्धे का सहारा लेकर स्वयं सार्वजनिक सभा में चले और अपना पक्ष जनता जनार्दन के समक्ष रखे। सम्भव है फ़्यूरीज़ से त्रस्त्र अपने दीन-हीन, कृशकाय राजकुमार को देखकर उनका मन पसीज जाए। न होगा तो वे दोनों प्रजा के हाथों मृत्यु-दंड अंगीकार कर लेंगे। पायलेडीज़ के परामर्श से उसकी सदिच्छा और मित्र के लिए प्रतिबद्धता साफ़ दिखाई दे रही है। ऑरेस्टीज़ उसका कहा मानकर पहले सफलता की प्रार्थना के लिए एगमेम्नन की समाधि पर और फिर सभा स्थल को जाने के लिए प्रस्थान करता है। कोरस अपने राजकुमार की समाप्त न होने वाली अग्नि परीक्षा से विचलित है।

तभी इलेक्ट्रा आती है। ऑरेस्टीज़ को वहाँ न देखकर वह घबरा जाती है। कोरस महिलाएँ उसे बताती हैं कि वह अपने मित्र के साथ सभा-स्थल की ओर गया है। तभी सभा-स्थल से एक सन्देश वाहक आता है। वह सभा की सारी कार्यवाही विस्तार से इलेक्ट्रा को सुनाता है। सबसे पहले एगमेम्नन के मित्र टेल्थीबियस ने सभा को सम्बोधित किया। मातृ-हत्या के लिए प्राण-दंड के मुद्दे पर उसने कुछ गोल-मोल बात की। फिर डायमेडीज़ उठा और उसने स्पष्ट शब्दों में दोनों के लिए मृत्यु-दंड के स्थान पर देश से निष्कासन का प्रस्ताव रखा। फिर एक अन्य व्यक्ति उठा। वह बड़ा प्रभावी वक्ता था। उसने तुम दोनों के लिए संगरेजी का प्रस्ताव रखा। ऐसा लगता है कि वह तुम्हारे नाना टिन्डेरियस का आदमी था। उसके जवाब में एक अत्यन्त साधारण

किन्तु अत्यधिक चतुर और समझदार, मजदूर से दिखने वाले व्यक्ति ने उठ कर कहा कि ऑरेस्टीज़ ने जो किया, उसके बदले उसे दंड नहीं, आरगू के सिंहासन से सम्मानित किया जाना चाहिए। अगर औरतों को बेवफ़ाई की सजा नहीं मिलेगी तो कोई भी सैनिक देश की रक्षा के लिए घर-बार छोड़कर युद्धभूमि में नहीं जाएगा। अपने पक्ष में इसी तर्क को ऑरेस्टीज़ ने भी दोहराया। किन्तु कुछ लाभ नहीं हुआ। तुम दोनों के लिए बहुमत से मृत्यु दंड का प्रस्ताव पारित हुआ है। हाँ, ऑरेस्टीज़ के अनुरोध पर तुम्हें अपनी मृत्यु के माध्यम का चुनाव करने की अनुमति है। लगता है फ़ीबस अपोलो ने भी तुम्हारा परित्याग कर दिया है।

यह सुन कर इलेक्ट्रा बुझ जाती है। असहाय और हताश वह एक बार फिर वर्तमान से पीछे की ओर लौट जाती है और टैन्टलस के परिवार में पीढ़ियों से चले आए दुर्भाग्य की गाथा दोहराती है। आज इस वंश के बीजनाश का समय आ पहुँचा है। एक बार फिर खून की नदी बहेगी, इतिहास अपने आपको दोहराएगा और फिर सब कुछ सदा के लिए समाप्त हो जाएगा। ऑरेस्टीज़ और पायलेडीज़ को आया देख इलेक्ट्रा के संयम का बाँध टूट जाता है और वह फूट-फूट कर रोने लगती है। ऑरेस्टीज़ उसे दिलासा देने की कोशिश करता है यद्यपि वह जानता है कि अब सब कुछ हाथ से निकल चुका है। एक मेनेलॉस से कुछ उम्मीद थी मगर वह धूर्त सभा में आया ही नहीं। पता चला कि वह खुद कहीं आरगू का राजा बनने की जुगत लगा रहा है। सारी सोचें समाप्त हो गईं। अब तो सिर्फ़ यह सोचना शेष है कि इस जीवन का अन्त कैसे करें। पायलेडीज़ को ऑरेस्टीज़ और इलेक्ट्रा के बिना जीवन असह्य है। उसने हमेशा उनका साथ दिया है। आज भी देगा। उनके बिना जी कर क्या करेगा? हाँ, मगर एक अन्तिम इच्छा, एक आक्रोश रह-रहकर सीने में सुलग रहा है। मरने से पहले यदि मेनेलॉस को उसके किए की सजा दे पाते तो चैन से इस दुनिया से जाते! बात सबके मन को लगती है। क्या करना चाहिए जिससे मृत्यु व्यर्थ न जाए? पायलेडीज़ सुझाव देता है कि मेनेलॉस की प्रिय पत्नी, हेलेन की, जो इस समय महल में है, हत्या कर दी जाए। मेनेलॉस के लिए यह बड़ा व्यक्तिगत आघात होगा और साथ ही ट्रॉय की विजय का सम्पूर्ण निष्फलन! कार्यान्वयन के लिए समय कम है। हेलेन के फ्रीजिया से आए सेवकों और अंगरक्षकों को रास्ते से हटाना होगा। यह तय होता है कि ऑरेस्टीज़ और पायलेडीज़ अपने दुर्भाग्य का रोना रोने और दया की भीख माँगने के बहाने हेलेन के पास जाएँ, उसके घुटने पकड़ लें और मौका लगते ही उसे तलवार के घाट उतार दें। आरगू में हेलेन की हत्या के समाचार का स्वागत होगा, यह निश्चित है। जिनके पति और बेटे ट्रॉय के युद्ध में मारे गए उनके लिए हर्षोल्लास का पर्व होगा। किन्तु यदि—यदि हेलेन के वध में सफल न हुए तो? तो आरगू के राजमहल में आग लगा देंगे। ऑरेस्टीज़ तत्क्षण तैयार हो जाता है। इलेक्ट्रा

एक और तरकीब सुझाती है। क्लाइटीमनेस्ट्रा की समाधि से लौटती हुई हर्मीयोनि का अपहरण कर उसे बन्धक बना लें और अवसर अनुकूल होने पर मेनेलॉस से उसके जीवन के बदले अपने जीवन का सौदा करें। यह एक अच्छा सुझाव है। तीनों मिलकर एगमेम्नन की आत्मा से राफलता की प्रार्थना करते हैं। तत्पश्चात् ऑरेस्टीज़ और पायलेडीज़ महल के भीतर जाते हैं। इलेक्ट्रा कोरस महिलाओं से रास्ते पर नज़र रखने का अनुरोध करती है। वे सहयोग को तत्पर है। महल के अन्तःकक्ष से हेलेन के चीखने-पुकारने की आवाज़ सुनाई देती है। यह सफलता का संकेत है। इलेक्ट्रा उत्तेजित है। इतने में हर्मीयोनि भी आ पहुँचती है। इलेक्ट्रा उसे भीतर लेकर जाती है जहाँ ऑरेस्टीज़ और पायलेडीज़ उसे बन्धक बना लेते हैं। कोरस हेलेन की हत्या से आनन्दित है। जिस हेलेन के कारण ग्रीस के अनेकानेक नगर शोक के सागर में डूब गए उस हेलेन का यही अन्त होना चाहिए था। तभी हेलेन का एक प्रमुख फ्रीजियावासी सेवक जान बचा कर भागा-भागा बाहर आता है और वह कोरस को विश्व-सुन्दरी हेलेन के अन्तिम क्षणों का वृतान्त कह सुनाता है। ऑरेस्टीज़ और पायलेडीज़ अन्तःकक्ष में गए और घुटनों पर झुक कर हेलेन से दया की प्रार्थना की। कौतुहलवश सारे दास-दासियाँ भी वहीं एकत्रित हो गए। फिर वे कुछ व्यक्तिगत बात करने के बहाने हेलेन को पीलॉक्स की हवन-वेदी पर ले गए और अचानक उस पर तलवार से वार किया। हेलेन चीखी। इसी बीच हर्मीयोनि भी वहाँ आ पहुँची। वे दोनों हर्मीयोनि पर झपटे और उसे बन्दी बना लिया। किन्तु जब पलट कर वेदी की ओर देखा तो हेलेन अदृश्य हो चुकी थी। यह चमत्कार जैसा था। न मालूम कब कैसे हुआ, कुछ समझ में नहीं आया। बेचारे मेनेलॉस का इतना लम्बा युद्ध, रक्तपात, नरसंहार और ट्रॉय जैसे सुन्दर नगर का विध्वंस–सब व्यर्थ गया! तभी उस सेवक को ढूँढ़ता ऑरेस्टीज़ हाथ में तलवार लिए बाहर आता है। दास उसके पैरों पर गिर कर अपने प्राणों की भीख माँगता है। ऑरेस्टीज़ उसे स्वतन्त्र कर देता है।

अब ऑरेस्टीज़ को मेनेलॉस की प्रतीक्षा है ताकि वह उससे हर्मीयोनि के बदले अपने, अपनी बहन और मित्र के प्राणों का सौदा कर सके। यह कह कर वह भीतर जाता है। कुछ ही देर में राजमहल से धुआँ उठता दिखार्द देता है। तभी मेनेलॉस आ पहुँचता है। उसने सुना है कि हेलेन अदृश्य हो गई है किन्तु उसे इस कपोलकथा पर विश्वास नहीं। अवश्य ही उसकी हत्या हुई है और वह हेलेन के हत्यारों को क्षमा नहीं करेगा। तभी महल की छत पर ऑरेस्टीज़ और पायलेडीज़ हर्मीयोनि के साथ खड़े दिखाई देते हैं। ऑरेस्टीज़ की तलवार हर्मीयोनि की गरदन पर है। वह मेनेलॉस को धमकाता है। हर्मीयोनि की जान भी खतरे में देखकर मेनेलॉस हड़बड़ा जाता है। वह सहायता के लिए सैनिकों को पुकारता है। इसी संभ्रम के बीच सूर्य देवता अपोलो आकाश में प्रकट होता है। हेलेन उसके साथ है। वह दोनों को शान्त होने का आदेश

देता है। ज़ीयस की बेटी हेलेन मरी नहीं, उसे देवत्व का वरदान मिला है। ट्रॉय के युद्ध में मरने वाले सैनिकों की हत्या का दोष भी उस पर नहीं क्योंकि वह तो दैवी इच्छा थी। हेलेन तो पृथ्वी पर नश्वरता के बोझ को कम करने का एक साधन मात्र थी। यह स्पष्ट करने के बाद अपोलो मेनेलॉस को स्पार्टा लौट जाने का आदेश देता है। हेलेन अब उसके साथ नहीं जाएगी। वह अमर है और ओलिम्पस पर अब ज़ीयस के सिंहासन के पास अपना स्थान ग्रहण करेगी। मेनेलॉस दूसरा विवाह कर ले। ऑरेस्टीज़ पर पश्चाताप और प्रतिशोध की देवियों का प्रकोप है जो सहज ही शान्त होने वाला नहीं। एरीज़ की पहाड़ी पर मातृ-हत्या का मुकदमा लड़ा जाएगा जहाँ एथीनी की कृपा से वह दोषमुक्त होगा। लौटने पर वह आरगू का शासक होगा और हर्मीयोनि से उसका विवाह होगा। इलेक्ट्रा का पाणिग्रहण पायलेडीज़ से होगा और वे सुख से जीवन व्यतीत करेंगे। अपोलो स्वयं ऑरेस्टीज़ की ओर आरगू के नागरिकों का मन निर्मल करेगा। ऑरेस्टीज़ चैन की साँस लेता है। आख़िर अपोलो और उसके शकुन स्थल डेल्फ़ी की भविष्यवाणी सत्य सिद्ध हुई। देवता ने उसका परित्याग नहीं किया। मेनेलॉस सहर्ष हर्मीयोनि को आरेस्टीज़ को सौंपता है। देव अपोलो की आज्ञानुसार सभी अपने लिए निर्देशित दिशा की ओर प्रस्थान करते हैं। हेलेन को लेकर अपोलो ओलिम्पस लौट जाता है।

इफ़िजीनिया इन टॉरिस

टॉरिस के समुद्र-तट पर स्थापित आर्टेमिस के विशाल मन्दिर के अहाते से देवी की हवन-वेदी देखी जा सकती है। इफ़िजीनिया मन्दिर से बाहर आती है और अपना परिचय देती है। वह टैन्टलस की वंशज है और आरगू के राजा एगमेम्नन तथा टिन्टेरियस-पुत्री क्लाइटीमनेस्ट्रा की बेटी। मेनेलॉस की पत्नी विश्व सुन्दरी हेलेन को ट्रॉय से वापस लाने के लिए एगमेम्नन के सेनाधिपतित्व में वर्षों पूर्व ग्रीक सेनाएँ ऑलिस के तट पर जमा हुई थीं किन्तु अनुकूल वायु के अभाव में सैनिक अभियान आरम्भ करने में विलम्ब हो रहा था। भविष्यद्रष्टा कैलकस ने बताया कि यदि एगमेम्नन अपनी कन्या इफ़िजीनिया की बलि दे तो अनुकूल वायु प्राप्त हो सकती है और ट्रॉय पर विजय भी। एगमेम्नन ने अपनी पत्नी क्लाटीमनेस्ट्रा को सन्देश भेजा कि इफ़िजीनिया का विवाह विख्यात योद्धा, अभिजात एवं सुदर्शन युवक एकीलीज़ से होना निश्चित हुआ है अतः वह उसे लेकर ऑलिस आ जाए। इस तरह उसे धोखे से ऑलिस बुलाया गया और देवी आर्टेमिस की बलि वेदी पर ले जाया गया। किन्तु जैसे ही तलवार उसकी गर्दन पर गिरी, देवी ने उसे अपनी शरण में ले लिया और उसके स्थान पर एक हिरण की बलि स्वीकार की। वहाँ इफ़िजीनिया अदृश्य हो गई और देवी ने उसे यहाँ टॉरिस में स्थापित अपने भव्य मन्दिर की प्रधान पुजारिन के रूप में नियुक्त कर दिया। टॉरिस एक असभ्य देश है और यहाँ का राजा थोआस है। यहाँ देवी के महाभोज के अवसर पर भूले-भटके ग्रीक मुसाफिरों की बलि देने का विधान है। यद्यपि बलि का क्रूर कर्म उसे नहीं करना होता किन्तु उसकी तैयारी और अनुष्ठान उसी को सम्पन्न करने होते हैं। क्या सचमुच देवी आर्टेमिस को मानव बलि स्वीकार करने में आनन्द आता है? या यह कोई प्राच्य बर्बर परम्परा है जिसे टॉरिस-निवासी निभाए जा रहे हैं?

अपने अतीत और वर्तमान स्थिति पर टिप्पणी करने के बाद इफ़िजीनिया बताती है कि कल रात उसने एक अजीब-सा सपना देखा। उसने देखा कि वह आरगू के महल में अपने शयन कक्ष में है। रात गए अचानक भूकम्प आया और महल की दीवारें भरभरा कर गिरने लगीं। सब कुछ धराशायी हो गया। केवल एक स्तम्भ बचा।

देखते ही देखते उस स्तम्भ के शिखर से भूरे बाल निकल आए—उसके भाई ऑरेस्टीज़ जैसे। रोती हुई इफ़िजीनिया ने उस पर उसी तरह पवित्र जल छिड़का जैसे वह किसी को बलि के लिए तैयार कर रही हो। लगता है ऑरेस्टीज़ नहीं रहा। आरगू से हज़ारों मील दूर यहाँ टॉरिस में बैठी वह अपने भाई का तर्पण ही कर सकती है। थोआस ने उसकी सहायता के लिए जिन ग्रीक सेविकाओं को नियुक्त किया है, यह कार्य उनकी सहायता से ही हो सकेगा। यह कह कर इफ़िजीनिया ग्रीक सेविकाओं के कोरस को खोजती मन्दिर के भीतर जाती है।

समुद्र तट की ओर से ऑरेस्टीज़ और उसका परम मित्र पायलेडीज़ प्रवेश करते हैं। वे एक चट्टान के पीछे अपना जलयान छिपा कर छिपते-छिपाते यहाँ पहुँचे हैं। मन्दिर की वेदी पर खून के निशान हैं और साथ ही ग्रीक अस्त्र-शस्त्र, कवच और शिरस्त्राण जो सम्भवतः उन व्यक्तियों के हैं जिनको यहाँ बलि चढ़ाया गया। ऑरेस्टीज़ इस बर्बर देश में सूर्य देवता फ़ीबस अपोलो के आदेश से आया है। माँ की हत्या के अपराध में प्रतिशोध की देवियाँ फ़्यूरीज़ उसके पीछे लगी हैं और उसे कहीं शान्ति नहीं मिल रही। मानसिक यातना और अपराध-बोध से त्रस्त वह कई बार पागलपन के दौरे का शिकार हो जाता है। सारे ग्रीस में भटकने और देवी एथीना के अनुग्रह से मातृ हत्या का मुकदमा जीतने पर भी उसे मुक्ति नहीं मिली। अन्ततः अपोलो ने उसे टॉरिस में स्थापित अपनी जुड़वाँ बहन आर्टेमिस के मन्दिर से देवी की प्रतिमा लाकर उसे एथेन्स में स्थापित करने की आज्ञा दी। यह उसकी अन्तिम परीक्षा है। यदि वह आकाश से गिरी आर्टेमिस की प्रतिमा यहाँ से ले जाने में सफल हुआ तो उसे मानसिक पीड़ा से मुक्ति मिल जाएगी। लेकिन यह कैसे सम्भव होगा? दोनों मित्र इसी ऊहापोह में समुद्र तट की ओर जाते हैं।

मन्दिर के एक ओर से ग्रीक कन्याओं का कोरस प्रवेश करता है। मध्य द्वार से इफ़िजीनिया आती है। वह रोते-राते उन्हें बताती है कि उसके पिता एगमेम्नन के परिवार का अन्त हो गया है, उसका भाई ऑरेस्टीज़ नहीं रहा। वे मिलकर एटरियस के अभागे परिवार के रक्तरंजित इतिहास को दोहराती है और ऑरेस्टीज़ की स्मृति को आँसुओं की भेंट चढ़ाती है। तभी सागर तट की ओर से एक चरवाहा आता है और इफ़िजीनिया को यह समाचार देता है कि उन्होंने चोरी-छिपे टॉरिस में आए दो ग्रीक युवकों बन्दी बनाया है। यद्यपि यह काफी कठिन काम था क्योंकि दोनों ही शस्त्रों के प्रयोग में कुशल थे। पर लड़ाई के दौरान उनमें से एक को पागलपन का दौरा पड़ा और वह बेहोश होकर गिर गया। दूसरा उसे सँभालने में लग गया और हम उन पर हावी हो गए। उनमें से एक का नाम पायलेडीज़ है। देवी आर्टेमिस की वेदी पर उनकी बलि चढ़ा कर इफ़िजीनिया ऑलिस में अपने साथ हुए अत्याचार का बदला ले सकती है। इफ़िजीनिया उसे डाँट कर कहती है कि बस करे और जाकर

उन बन्दी युवकों को ले आए। उनका क्या करना है यह निर्णय बाद में लिया जाएगा। चरवाहे के जाने के बाद इफ़िजीनिया एक बार फिर अतीत की दुःखद स्मृतियों में खो जाती है। वह आहें भर-भर कर उस दिन को याद करती है जब वह अपने विवाह के सपने सजाती, शरमाती, सकुचाती ऑलिस आई थी—इस तथ्य से बिलकुल अनजान कि उसका विवाह एकीलीज़ से नहीं, मृत्यु से होना निश्चित हुआ है। कैसे रो-रोकर उसने अपने पिता एगमेम्नन से अपने प्राणों की भीख माँगी थी। कई वर्ष बीत गए सभी कुछ बदल गया। ऑरेस्टीज़ भी नहीं रहा। और वह तो अपने परिवार के लिए जीते जी ही मर चुकी है। अतीत से वर्तमान की ओर लौटते हुए वह एक बार फिर इस असभ्य देश में प्रचलित मानव-बलि की परम्परा और देवी आर्टेमिस से उसके सम्बन्ध पर आश्चर्य प्रकट करती है। सच कुछ भी हो, ये युवक तो मारे जाएँगे। यह कहकर इफ़िजीनिया मन्दिर के भीतर जाती है।

कोरस कन्याएँ सोचती हैं आख़िर क्यों लोग इतनी खतरनाक समुद्री यात्राएँ करते हैं? क्यों ऐसे जोखिम उठाते हैं? क्या धन के लिए? यश के लिए? जीवन से बढ़कर तो नहीं ये उपलब्धियाँ! काश कि लीडा की बेटी हेलेन यहाँ भूले-भटके आ जाती और इफ़िजीनिया उसकी बलि देती आर्टेमिस को! काश ग्रीस से कोई जलयान यहाँ आ जाता और हमें वापस अपने देश, अपने घर ले जाता! तभी सेवक बन्दी ऑरेस्टीज़ और पायलेडीज़ को लेकर आते हैं। इफ़िजीनिया भी मन्दिर से बाहर आती है। वह सेवकों को आज्ञा देती है कि बंदियों के हाथ खोल दें और मन्दिर में जाकर अनुष्ठान की आवश्यक सामग्री तैयार करें। फिर वह उन अजनबियों से पूछती है कि वे कौन हैं? किसके पुत्र हैं? शायद उनकी कोई बहन भी होगी? किस देश से आए हैं वे? क्या नाम है उनका? ऑरेस्टीज़ को ये सारे प्रश्न अनर्गल लगते हैं। क्या फ़र्क़ पड़ने वाला है इन बातों से! उनकी बलि देनी है, उनके नाम की तो नहीं। एक का नाम पायलेडीज़ है, इतना तो इफ़िजीनिया जानती है। दूसरा कौन है? कहाँ से आया है? और दोनों का क्या सम्बन्ध है? आख़िर ऑरेस्टीज़ उसे बता है कि वह मायसीनी से आया है। फिर इफ़िजीनिया ट्रॉय और हेलेन, ओडीसियस और एकीलीज़ के बारे में पूछती है। ऑरेस्टीज़ बताता है कि हेलेन अपने पति के साथ स्पार्टा में है, ओडीसियस अभी तक इथाका वापस नहीं पहुँचा और एकीलीज़ ट्रॉय के युद्ध में ही वीरगति को प्राप्त हुआ। ऑरेस्टीज़ हैरान है, वह क्यों इतने सवाल कर रही है? क्या सम्बन्ध है उसका इन घटनाओं से! एगमेम्नन की मृत्यु का पता चलने पर वह रोने लगती है। कैसे मृत्यु हुई उसकी? ऑरेस्टीज़ विक्षुब्ध है मगर बताता है कि उसकी हत्या उसकी पत्नी क्लाइटीमनेस्ट्रा ने की और क्लाइटीमनेस्ट्रा को मार कर उसके अपने पुत्र ने पिता का प्रतिशोध लिया। तो क्या उनका पुत्र जीवित है? हाँ, जीवित है। यह सुनकर, इफ़िजीनिया का चेहरा चमक उठता है। उसका भाई जीवित है। इसका मतलब वह

केवल एक दुःस्वप्न था। ऑरेस्टीज़ कुछ समझ नहीं पा रहा। इस पुजारिन का व्यवहार अजीब है। तभी कुछ सोच कर इफ़िजीनिया कहती है कि यदि वे उसका एक पत्र आरगू में उसके स्वजनों तक पहुँचाने का वचन दें तो वह उन दो में से एक के प्राण बचा सकती है। यह सुनकर ऑरेस्टीज़ कहता है कि वह अपने मित्र की जीवनरक्षा करना चाहेगा। पायलेडीज़ उसका पत्र लेकर आरगू जाएगा। इफ़िजीनिया उसके मैत्री भाव की प्रशंसा करती है और पत्र लेने के लिए भीतर जाती है। पायलेडीज़ अपने मित्र से बिछुड़ने के विचार से दुःखी है, यह मुक्ति नहीं, मृत्यु से भी भयावह जीवन दान है। वह अकेला स्वेदश लौटने की अपेक्षा अपने मित्र के साथ मृत्यु का वरण करेगा। ऑरेस्टीज़ उसे समझाता है कि जान-बूझ कर जान देना कोई बुद्धिमत्ता नहीं। आरगू जाकर अपना उत्तरदायित्व पूरा करे और उसकी बहन इलेक्ट्रा का ध्यान रखे। न जाने क्यों अपोलो ने उसके साथ न्याय नहीं किया। उसी के शकुन स्थल पर हुई भविष्यवाणी और देवाज्ञा का पालन करते हुए वह मुक्ति की खोज में यहाँ आया था किन्तु यहाँ तो मृत्यु उसकी प्रतीक्षा कर रही थी। तभी इफ़िजीनिया बाहर आती है। सेवकों को बलि की तैयारी के लिए भीतर भेजने के बाद वह पायलेडीज़ को सौगंध दिलाती है कि वह अपना वचन निभाएगा। किन्तु यदि किसी तूफान में उसका जहाज़ नष्ट हो जाए और वह पत्र भी खो जाए लेकिन उसके अपने प्राण बच जाएँ तो पत्र में लिखा सन्देश वह याद कर ले और उसे गन्तव्य तक पहुँचा दे। इफ़िजीनिया पत्र पढ़ती है और पायलेडीज़ उसके शब्दों को दोहराता है। पत्र उसके भाई ऑरेस्टीज़ के नाम है। उसकी बहन इफ़िजीनिया, जिसे वह मृत समझ रहा है, जीवित है और टॉरिस के आर्टेमिस मन्दिर की प्रधान पुजारिन है। ऑरेस्टीज़ से अनुनय है कि वह अपनी बहन को यहाँ से मुक्त करा के अपने देश वापस ले जाए। उसकी यही एकमात्र इच्छा है कि उसे मृत्यु अपनी धरती पर आए।

ऑरेस्टीज़ यह सुनकर स्तब्ध रह जाता है। वह अपने कानों पर विश्वास नहीं कर पाता। क्या यह स्त्री उसकी अपनी खोई हुई बहन इफ़िजीनिया है? हे प्रभु! यह कैसा चमत्कार है! पायलेडीज़ पत्र ऑरेस्टीज़ के हाथ में देकर कहता है—लो, मैंने अपना वचन पूरा किया और पत्र को सही पते पर पहुँचा दिया। ऑरेस्टीज़ की खुशी का ठिकाना नहीं। वह इफ़िजीनिया को अपने वक्ष से लगाने के लिए आगे बढ़ता है। वही है उसका अभागा भाई ऑरेस्टीज़। किन्तु इफ़िजीनिया उसका विश्वास नहीं करती। वह उसके पुरखों का इतिहास पूछती है, परिवार में हुई अनेक महत्वपूर्ण और गुप्त घटनाओं के बारे में पूछती है, अपने कमरे में रखे एक भाले के बारे में सवाल करती है। ऑरेस्टीज़ सब सही बताता है तब कहीं जाकर इफ़िजीनिया सन्तुष्ट होती है और हर्ष के आँसू बहाती अपने भाई से लिपट जाती है। कैसे पहचानती उसे? उस समय गोद में खेलता था जब इफ़िजीनिया उससे जुदा हुई। कोरस कन्याएँ भी उसकी

खुशी में शामिल है। अब अगली गम्भीर समस्या है कि ऑरेस्टीज़ के प्राण कैसे बचाए जाएँ। एक बहुत बड़ा अनर्थ सौभाग्यवश टल गया। किन्तु अब उसे कैसे सकुशल आरगू वापस भेजा जाए? इफ़िजीनिया अपने प्राणों की आहुति देकर भी उसे बचाने को तैयार है लेकिन ऑरेस्टीज़ दूसरी बार अपनी बहन की बलि नहीं चढ़ाएगा। पायलेडीज़ भी उन्हें दिल से ज़्यादा दिमाग से काम लेने की सलाह देता है। इफ़िजीनिया अपनी बहन इलेक्ट्रा के विषय में पूछती है। ऑरेस्टीज़ उसे बताता है कि वह पायलेडीज़ की पत्नी है और सकुशल है। वह अपने टॉरिस आने का उद्देश्य भी बताता है। मातृ-हत्या की यन्त्रणा से मुक्ति पाने के लिए वह देवता अपोलो के आदेश से इस मन्दिर में स्थापित आर्टेमिस की प्रतिमा चुराने आया है। इफ़िजीनिया के सहयोग से वह फ़्यूरीज़ के श्राप से मुक्त हो सकता है। इफ़िजीनिया सोच में पड़ जाती है। कैसे सम्भव होगा उन सब का सकुशल यहाँ से बच निकलना? यदि ऑरेस्टीज़ मूर्ति लेकर अपने जलपोत से प्रयाण करे तो राजा थोआस निश्चय ही उसे मार डालेगा। वैसे भी क्या देवी के मन्दिर से उसकी मूर्ति चुराना उचित होगा? ऑरेस्टीज़ कहता है कि औचित्य का विचार उसका अधिकार नहीं क्योंकि यह अपोलो का आदेश है। और अब जब दैवी शक्तियों ने भाई-बहन को मिलाया है तो बिछुड़ने का प्रश्न ही नहीं। टॉरिस से बच निकलने की कई युक्तियों पर विचार किया जाता है किन्तु कोई भी शत-प्रतिशत प्रभावी नहीं लगती। अन्ततः इफ़िजीनिया को एक उपाय सूझता है। वह थोआस से कहेगी कि ये दोनों युवक मातृ-हत्या के अपराधी हैं, प्रदूषित हैं और इनके स्पर्श से देवी की प्रतिमा भी प्रदूषित हो गई है। अतः प्रतिमा के साथ इन दोनों युवकों को शुद्धिकरण के लिए समुद्र के मध्य में जाकर विधि के अनुसार स्नान कराना आवश्यक है। उधर चट्टान के पीछे छिपा ऑरेस्टीज़ का जहाज़ तैयार खड़ा होगा। मौका मिलते ही वे अपने जहाज़ पर चढ़ कर वहाँ से भाग निकलेंगे। यह सारी योजना कोरस-कन्याओं की उपस्थिति में बनती है। अतः इफ़िजीनिया उनसे आग्रह करती है कि वे उसे गुप्त रखें और उसकी सफलता की प्रार्थना करें। कोरस चुप रहने का वचन देता है। कोरस के अतिरिक्त सभी प्रस्थान करते हैं।

कोरस-कन्याओं का मन अपने देश, घर-परिवार, वहाँ मनाए जानेवाले उत्सव, शादी-ब्याह, और नृत्य-संगीत आयोजनों की स्मृति से अवसाद से भर आता है। वे इफ़िजीनिया और उसके भाई की सकुशल स्वदेश यात्रा की प्रार्थना करती हैं। अंगरक्षकों के साथ टॉरिस का राजा थोआस प्रवेश करता है। उधर देवी आर्टेमिस की प्रतिमा हाथ में लिए इफ़िजीनिया मन्दिर से बाहर आती है। थोआस स्तंभित है। मूर्ति को बाहर लाने का कारण? इफ़िजीनिया प्रधान पुजारिन के अधिकार का प्रयोग करते हुए थोआस को दूर रहने का आदेश देती है। वह बताती है कि उन दोनों युवकों के

भीतर जाते ही देवी की प्रतिमा काँप उठी और उसने अपनी आँखें बन्द कर लीं। ये युवक निश्चय ही बलि के अनुपयुक्त हैं। पूछने पर उन्होंने स्वीकार किया कि वे मातृ-हत्या के अपराधी हैं और ग्रीस से निष्कासित हैं। थोआस कहता है कि ऐसा कुकर्म तो कोई जंगली भी नहीं करता। अब इनका क्या करना है? इफ़िजीनिया कहती है कि मूर्ति और दोनों युवकों को लेकर वह समुद्र में जाएगी। वहाँ एकान्त में रहस्यपूर्ण गुप्त विधान के अनुसार धार्मिक अनुष्ठान से उनकी शुद्धि कर मन्दिर में लौटेगी और तब उन युवकों की बलि दी जा सकेगी। कुछ सैनिक उनके साथ जाएँगे। नगर में यह घोषणा कर दी जाए कि कोई भी घर से बाहर न निकले अन्यथा उस पर भी प्रदूषण का प्रभाव पड़ सकता है। जब तक इफ़िजीनिया शुद्धिकरण की प्रक्रिया सम्पन्न करे थोआस मन्दिर की सफाई करवा दे और पवित्र अग्नि से वातावरण शुद्ध करवा दे। यद्यपि थोआस काफी सजग और सतर्क शासक है फिर भी वह इफ़िजीनिया के बुने जाल में फँस जाता है और उसके जाने का प्रबन्ध करता है। प्रतिमा को ऊँचा उठाए इफ़िजीनिया आगे-आगे चलती है। पीछे दोनों बन्दी और आवश्यक सामग्री लिए सेवक एक छोटे से जुलूस की शक्ल में समुद्र की ओर बढ़ते हैं। थोआस और अनुचर मन्दिर में जाते हैं।

कोरस कन्याएँ ज़ीयस तथा लीटो के जुड़वाँ बच्चों अपोलो और आर्टेमिस के जन्म की गाथा दोहराती हैं। वे विस्तार से बालक अपोलो द्वारा पायथन दैत्य की हत्या और पृथ्वी माँ के डेल्फ़ी मन्दिर के अधिकरण की घटना का वर्णन करती हैं। उस दिन से अपोलो सत्य और प्रकाश के देवता के रूप में प्रतिष्ठित हुआ और दूर-दूर से लोग देवता द्वारा अभिप्रेरित पुजारिन की आकाशवाणी सुनने के लिए आने लगे।

तभी एक दूत दौड़ता हुआ आता है और सीधा मन्दिर के द्वार पर पहुँच कर राजा थोआस को पुकारता है। कोरस कन्याएँ पूछती हैं कि क्या हुआ। दूत उन्हें बताता है कि वे दोनों युवक भाग निकले। इफ़िजीनिया और देवी की प्रतिमा भी अब ग्रीक जहाज़ पर हैं। कोरस-कन्याएँ कहती हैं कि राजा तो मन्दिर में नहीं है। वह अभी ही जल्दी में कहीं गया है। दूत दुविधा में है लेकिन शीघ्र ही वह अनिश्चय की स्थिति से निकल आता है और राजा को पुकारता हुआ ज़ोर-ज़ोर से मन्दिर का दरवाज़ा पीटता है। राजा थोआस बाहर आता है। कोरस तो कह रहा था कि राजा मन्दिर में नहीं है। ऐसा क्यों? खैर उनसे तो बााद में निपटा जाएगा। पहले यह समाचार देना आवश्यक है कि राजा के साथ विश्वासघात हुआ। वे तीनों देवी आर्टेमिस की प्रतिमा लेकर भाग जाए। इफ़िजीनिया उन्हें समुद्र तट के पास उस चट्टान तक ले गई जिसके पीछे ग्रीक जहाज़ छिपा था। उसने सैनिकों को वहाँ से हट जाने का आदेश दिया, अग्नि प्रज्वलित की और शुद्धि आरम्भ की। फिर वह ज़ोर से चीख-चीख कर रहस्यमय मन्त्रों का उच्चारण करने लगी। काफी देर तक जब वे दिखाई न दिए तो

हमें सन्देह हुआ और हम आदेश का उल्लंघन कर उन्हें खोजने के लिए आगे बढ़े। देखा तो वहाँ एक ग्रीक जहाज़ पानी में उतरने को तैयार खड़ा था। हमने हल्ला बोल दिया, जहाज़ को रोकने और इफ़िजीनिया को पकड़ने का भरसक प्रयास किया मगर जहाज़ से होने वाली तीरों की वर्षा के सामने हमारी एक न चली। हमने पत्थर मार-मार कर भी उन्हें घायल करने का प्रयास किया लेकिन अपने कप्तान के निर्देश पर नाविकों की पतवारें बिजली की तरह चमकीं और समुद्र सफेद झाग से भर गया। वह युवक जो उनका नेता था जाते-जाते बता गया कि वह ऑरेस्टीज़ है—इफ़िजीनिया का भाई जो वर्षों पूर्व बिछुड़ी अपनी बहन को स्वदेश ले जा रहा है।

यह सुन कर थोआस का खून खौल उठा। उसने तत्काल सैनिकों को आज्ञा दी कि जहाज़ का पीछा करें और किसी भी हालत में उन्हें टॉरिस से ज़िन्दा न जाने दें। उन्होंने हमारी देवी आर्टेमिस का अपमान किया है, उपहास किया है टॉरिस के विश्वास का। उन्हें दंड मिलना ही चाहिए। सैनिक आदेश पाते ही विभिन्न दिशाओं में दौड़ पड़ते हैं। किन्तु तभी आकाश में देवी एथीना प्रकट होती हैं और थोआस को अपने सैनिक वापस बुलाने का आदेश देती है। ऑरेस्टीज़ का पीछा करने का कोई औचित्य नहीं। यह सब देवता अपोलो के आदेश से हुआ। ऑरेस्टीज़ के लिए आज्ञा है कि वह आर्टेमिस की प्रतिमा की स्थापना एट्टिका की धरती पर करे और वहाँ एक मन्दिर का निर्माण करवाए। इसको टॉरियन मन्दिर के नाम से जाना जाएगा। वहाँ का पुजारी देवी के सम्मान में किसी भी व्यक्ति की गरदन से रक्त की केवल एक बून्द रागर्पित करेगा। इफ़िजीनिया अपना शेष जीवन देवी की प्रधान पुजारिन के रूप में ही व्यतीत करेगी। इन ग्रीक कन्याओं को वापस ग्रीस भेज दिया जाय। थोआस नतमस्तक हो देवी की आज्ञा को शिरोधार्य करता है। देवताओं की इच्छा के विरुद्ध जाना पागलपन है। कोरस कन्याएँ देवी की अभ्यर्थना करती हैं। आज का दिन उनके जीवन का सबसे अच्छा दिन है।

एलसेस्टीस

एडमेटस के महल के सामने सूर्य-देवता फ़ीबस अपोलो प्रवेश करता है और प्रस्तावना के रूप में नाटक की पृष्ठभूमि पर एक विहंगम दृष्टि डालता है। साथ ही यह भी स्पष्ट करता है कि एडमेट्स के जीवन में शीघ्र ही घटने वाली एक अनहोनी से उसका क्या सम्बन्ध है। देव सम्राट ज़ीयस ने अपोलो के मृतकों को जिलाने वाले पुत्र एस्केलेपियस की हत्या कर दी जिसका प्रतिशोध अपोलो ने ज़ीयस के वज्र-निर्माता साइकलॉप्स को मार कर लिया। इस अपराध के लिए ज़ीयस ने अपोलो को ओलिम्पस से एक वर्ष का निष्कासन और इस अवधि के लिए पृथ्वी के किसी मर्त्य प्राणी का दासत्व स्वीकारने की आज्ञा दी। अपोलो एक वर्ष तक राजा एडमेटस का दास रहा। आज एक वर्ष की अवधि समाप्त होने पर वह वापस जा रहा है। एडमेटस के सद्व्यवहार से प्रसन्न होकर अपोलो ने नियति की देवियों को बहला फुसला कर एडमेटस को यह अद्भुत अवसर दिलवाया कि मृत्यु के दिन यदि कोई अन्य उसके स्थान पर जीवन देने को तैयार हो जाए तो वह आने वाले कई वर्षों के लिए मृत्यु से बच सकता है। एडमेटस ने अपने वृद्ध माता-पिता, सगे-सम्बन्धियों से पूछा कि क्या उनमें से कोई उसके स्थान पर मरना स्वीकार करेगा किन्तु सभी ने इनकार कर दिया। केवल उसकी पत्नी उसकी जगह प्राण देने को तैयार हुई। आज एडमेटस की मृत्यु निश्चित थी किन्तु अब उसके स्थान पर एलसेस्टीस मृत्यु का वरण करेगी। मृत्यु का देवता एडमेटस के महल की ओर आ रहा है। आज एलसेस्टीस को जाना ही होगा। फिर भी अपोलो एक बार एलसेस्टीस को बचाने का प्रयास करता है। किन्तु मृत्यु का विधान अपरिवर्तनीय है। मृत्यु-देवता एलसेस्टीस को प्राणदान नहीं दे सकता। तब प्रकाश और भविष्य ज्ञान का अधिष्ठाता अपोलो मृत्यु-देवता को बताता है कि वह शूरवीर जो मृत्यु के हाथों से एलसेस्टीस को छुड़ा ले जाएगा एडमेटस के महल की ओर चल पड़ा है।

अपोलो और मृत्यु देवता के प्रस्थान के बाद कोरस सदस्य प्रवेश करते हैं। वे निश्चित नहीं कर पा रहे कि एडमेटस की समर्पित और वफ़ादार पत्नी एलसेस्टीस की मृत्यु हो गई है या वह अभी जीवित है। महल में सन्नाटा है, कहीं से रोने की कोई आवाज़ नहीं आ रही, न ही कोई अन्तिम यात्रा की तैयारी के लक्षण हैं। तभी

एलसेस्टीस की एक परिचारिका आती है और यह सूचना देती है कि उसकी स्वामिनी एलसेस्टीस की स्थिति चिन्ताजनक है। ऐसी कोई युक्ति नहीं जिससे उसके प्राण बचाए जा सकें। उसे पता था कि आज ही वह दिन है जब वह अपने पति का जीवन बचाने के लिए स्वेच्छा से अपने प्राण देने की प्रतीक्षा में जी रही थी। सुबह उठकर उसने स्नान किया, वस्त्राभूषणों से एक रानी की भाँति श्रृंगार किया और देवी हेरा से अपने बच्चों के सुन्दर एवं सुखी भविष्य के लिए प्रार्थना की। देवी देवताओं को फल-फूल अर्पित करते समय वह एकदम शान्त थी। इसके बाद वह अपने शयनकक्ष में गई और अपने विवाह की सेज पर गिर कर रोने लगी। इसी शैय्या पर उसने अपना कौमार्य एडमेटस को भेंट किया था और आज उसी के लिए अपने जीवन की बलि देने जा रही है। एक अकेली वह ही एडमेटस के लिए अपना धर्म निभा रही है। वह बहुत देर तक रोती रही, बच्चे और दास-दासियाँ भी उसके लिए आँसू बहाते रहे। एलसेस्टीस तो चली जाएगी। किन्तु उसके बलिदान की स्मृति एडमेटस को जीवन पर्यन्त सालती रहेगी। एडमेटस की आँखों से निरन्तर आँसू बह रहे हैं, वह उसे अपनी बाँहों में समेटे है और एलसेस्टीस हर पल जैसे समाप्त होती जा रही है। परिचारिका के जाने के बाद कोरस सदस्य देवता अपोलो से प्रार्थना करते हैं कि वह एलसेस्टीस की जीवन रक्षा करे। तभी एलसेस्टीस को सहारा दिये एडमेटस आता दिखाई देता है। बच्चे भी साथ हैं। एलसेस्टीस मरने से पहले एक बार दिन का प्रकाश देखना चाहती है इसलिए वे उसे महल से बाहर लेकर आ रहे हैं। उसकी आँखों के आगे अँधेरा छाता जा रहा है, ऐसा लगता है जैसे वह मृत्यु के देवता को आता हुआ देख रही है। एडमेटस विह्वल है। उसकी प्रिय पत्नी सदा के लिए उसे रोता छोड़ कर जा रही है। एलसेस्टीस बच्चों से विदा लेती है फिर एडमेटस से। वह चाहती तो जी सकती थी लेकिन उसने अपना यौवन और जीवन का हर सुख एडमेटस पर कुर्बान कर दिया। उसके वृद्ध पिता या माँ भी उसकी जगह प्राण दे सकते थे किन्तु उन्होंने ऐसा नहीं किया। जाने से पहले एलसेस्टीस एडमेटस से यह वचन माँगती है कि वह उसकी मृत्यु के बाद दूसरा विवाह करके बच्चों को सौतेली माँ नहीं देगा। वह अपने बच्चों को फलता-फूलता नहीं देख सकेगी, न ही उनकी खुशियों में शामिल हो सकेगी, यही दुःख उसके लिए बहुत है। वह चाहती है कि उसका पति उसे एक अच्छी पत्नी और बच्चे एक ममता भरी माँ के रूप में याद करें। एडमेटस उसे वचन देता है कि वह दूसरी पत्नी नहीं लाएगा। इतना ही नहीं वह जीवन भर उसका शोक मनाएगा। उसके महल में अब कभी कोई उत्सव नहीं होगा, न ही नृत्य-संगीत की सभाएँ सजेंगी। एलसेस्टीस का स्वर क्षीण होता जाता है, शरीर एकदम शिथिल। कुछ ही पलों में वह संसार से विदा लेती है। कोरस-सदस्य एडमेटस सान्त्वना देते हैं। राजकीय शोक का आदेश दे एडमेटस एलसेस्टीस के शव को लेकर भीतर जाता है।

कोरस-सदस्य पेलियस की बेटी के बलिदान को नमन करते हैं। ऐसा जीवन साथी मिलना किसी भी पुरुष के लिए परम सौभाग्य की बात है।

तभी एक अप्रत्याशित अतिथि हेराक्लीज़ प्रवेश करता है। कोरस-सदस्य उसे शेर की खाल के अधोवस्त्र और हाथ के दंड से पहचान लेते हैं। हेराक्लीज़ अपने मित्र एडमेटस के बारे में पूछता है। वह अपने स्वामी यूरीसथियस की आज्ञा से डायोमेडीज़ का अश्व लाने थ्रेस जा रहा था। इधर से निकल रहा था सो थिसली के फेराय नगर में एडमेटस से भेंट करने चला आया। कोरस-सदस्य जानते हैं कि यह महत् उद्यम है लेकिन ज़ीयस और एल्कमीनी के पुत्र हेराक्लीज़ के लिए संसार में क्या दुष्कर है। तभी एडमेटस बाहर आता है। उसके बाल छोटे-छोटे कटे हैं। यह महल में किसी निकट सम्बन्धी की मृत्यु का संकेत है। एडमेटस हेराक्लीज़ का स्वागत करता है। हेराक्लीज़ जानना चाहता है कि उसके परिवार में किसकी मृत्यु हुई है किन्तु एडमेटस उसे केवल इतना ही बताता है कि एक आत्मीय स्त्री की मृत्यु हो गई है और आज उसका अन्तिम संस्कार होना है। आतिथ्य को श्रेष्ठ धर्म मानने वाला एडमेटस अपने मित्र को दुःख नहीं पहुँचाना चाहता। हेराक्लीज़ समझता है कि मृत्यु वाले घर में एक अतिथि की उपस्थिति परिवार पर अनावश्यक दबाव है। वह जानने को उद्यत होता है लेकिन एडमेटस आग्रह से उसे रोक लेता है। अतिथि कक्ष वैसे भी महल से अलग है। उसे कोई असुविधा न होगी। एडमेटस अपने सेवक को आज्ञा देता है कि वह हेराक्लीज़ को अतिथि-गृह में ले जाए और उसका समुचित सत्कार करे। सेवक हेराक्लीज़ का मार्गदर्शन करता है। कोरस एडमेटस की मित्रता और 'अतिथि देवो भव' के आदर्श से प्रभावित और विचलित है। उसकी इसी प्रवृत्ति ने अपोलो जैसे देवता का मन मोह लिया था। आज फिर उसके घर एक अतिथि आया है और अपने गहनतम दुःख को छिपा कर एडमेटस उसका सत्कार कर रहा है। देवताओं और दैवी मूल्यों का आदर करने वाले का कभी अहित नहीं होता।

एडमेटस और उसके सेवक एलसेस्टीस के पार्थिव शरीर को लेकर बाहर आते हैं। विदा का समय आ पहुँचा है। वह अपनी अन्तिम यात्रा पर जा रही है। तभी एडमेटस का वृद्ध पिता फेरीज़ सेवकों के साथ प्रवेश करता है। वह शव के साथ दफनाने के लिए भेंट लाया है। फेरीज़ एडमेटस के दुःख में शामिल है और एलसेसटीस के प्रति कृतज्ञ क्योंकि उसी के कारण वे पिता और पुत्र दोनों जीवित हैं। एलसेस्टीस जैसी स्वयं को पति के लिए बलिदान कर देने वाली स्त्री मिले तभी विवाह का कुछ लाभ है अन्यथा तो यह घाटे का सौदा है। एडमेटस को यह दुस्साहस और दिखावे की सहानुभूति सहन नहीं। यदि सचमुच अपने पुत्र और पुत्र-वधू के प्रति स्नेह था तो वह अपना जीवन देकर उन्हें बचा सकता था। लेकिन वह अपनी वृद्धावस्था के कुछ गर्हित बचे-खुचे वर्ष भी खोने को तैयार नहीं हुआ। सब कुछ तो देख चुका था वह, सारे सुख

भोग चुका था फिर भी अपने बेटे के लिए जीवन का मोह न छोड़ पाया। नहीं चाहिए उसे कोई भेंट उपहार। न ही अब वह अपने माता-पिता के प्रति किसी कर्तव्य भावना से बाध्य है। आज वह जीवित है तो एलसेस्टीस के कारण, उनके कारण नहीं। एड्मेटस आवेश में है। कोरस उसे रोकने की कोशिश करता है। किन्तु फेरीज़ अब उत्तर दिये बिना नहीं जाएगा। वह एडमेटस को याद दिलाता है कि वह किसी दास से नहीं, एक कुलीन, स्वतन्त्र थिसली-वासी और उसके भूतपूर्व राजा से बात कर रहा है जो उसका पिता है और जिसने पिता का हर धर्म निभाया है। थिसली का सिंहासन उसी का दिया हुआ उत्तराधिकार है। बेटे के लिए मरना पिता के कर्तव्य में शामिल नहीं। सारे ग्रीस में ऐसी कोई परम्परा नहीं। अच्छा या बुरा–तुम्हारा जीवन तुम्हारा है। उसे अपने जीवन के शेष वर्ष प्रिय है। एडमेटस को कोई अधिकार नहीं कि वह उसे कायर कह कर धिक्कारे। कायर तो वह खुद है जिसने अपने जीवन के लिए अपनी सुशील और कर्तव्यपरायण पत्नी की बलि दे दी। एलसेस्टीस के परिवार में यदि जरा भी साहस है तो वह इस अन्याय का बदला लेगा। यह कहकर फेरीज़ प्रस्थान करता है। एडमेटस को अपने आप को संयमित करने में कुछ समय लगता है। कोरस एलसेस्टीस की आत्मा की शान्ति और मृत्युलोक में उसके सम्मान के लिए प्रार्थना करता है। एलसेस्टीस की अन्तिम यात्रा के लिए सभी प्रस्थान करते हैं।

हेराक्लीज़ की सेवा में नियुक्त सेवक प्रवेश करता है। वह अपने अतिथि के व्यवहार से खिन्न है। महल में शोक मनाया जा रहा है और यह डट कर खा-पी रहा है। बात-बात पर चिल्लाता है, शोर मचाता है और मदिरा पी कर बेसिर-पैर की बक रहा है। सेवक के लिए यह कठिन परीक्षा है। वह अपनी स्वामिनी को अन्तिम विदा देने भी नहीं आ पाया और अपने आँसू छिपा कर इस बेवक्त में आए मेहमान की खातिरदारी में लगा है। तभी हेराक्लीज़ आता है। वह मदमस्त है। वह सेवक की खिंचाई करता है जो अपने स्वामी के आदेश की अवहेलना कर यहाँ चला आया है। क्या हुआ यदि किसी स्त्री की मृत्यु हो गई तो? मरना तो एक दिन सभी को है। जीना-मरना तो विधि के हाथ है। सब संयोग है। बस आज हमारा है। आओ सारे दुःख मदिरा के पात्र में डुबो दो और मेरे साथ नाचो-गाओ। सेवक से अब सहन नहीं होता और वह हेराक्लीज़ को सूचित करता है कि मरने वाली कोई अजनबी स्त्री नहीं उसकी स्वामिनी, एडमेटस की पत्नी, थिसली की रानी एलसेस्टीस थी। एडमेटस का अतिथि प्रेम निःस्सीम है। हेराक्लीज़ को धक्का लगता है। यह वह क्या कर रहा है। उसका मन आत्मग्लानि से भर जाता है। वह एडमेटस की मित्रता का ऋण कैसे चुका पाएगा? एक ही तरीका है। एलसेस्टीस को बचाना होगा। अभी उसे दफनाया ही होगा। उसकी समाधि पर बलि दिए गए पशुओं का रक्त पीने के लिए मृत्यु देवता आता ही होगा। वह वहीं कहीं छिप जाएगा और उसे आते ही घर दबोचेगा और तब

तक नहीं छोड़ेगा जब तक कि वह एलसेस्टीस को न लौटा दे। यदि वह पाताल लोक चली गई है तो भी वह हेडीज़ और पर्सीफ़नी से प्रार्थना कर उसे वापस धरती पर लौटा लाएगा। यह योजना बनाकर हेराक्लीज़ प्रस्थान करता है।

एलसेस्टीस को दफ़ना कर एडमेटस दास-दासियाँ और कोरस-सदस्य वापस आते हैं। एडमेटस शोक विह्वल है। एलसेस्टीस के बिना सूना घर उसे जैसे काट रहा है। कोरस उसे सान्त्वना देता है। साहस से दुख का सामना करने के अतिरिक्त कोई चारा नहीं। एडमेटस अब समझ रहा है कि एलसेस्टीस जैसी पत्नी खो कर अकेले जीना मर जाने से बदतर है। वह तो मान-सम्मान के साथ गई। एक सुनहरी समृति पीछे छोड़ गई। मगर उसे क्या मिला? जीवन का आनन्द तो चला गया, उसका सौन्दर्य तो मिट गया, शेष तो केवल खालीपन है। क्या होगा घर का? बच्चों का? क्या कहेंगे लोग? उसके मित्र? अपने जीवन के लिए पत्नी के प्राण लेना क्या पौरुष है? कैसा स्वार्थी और कायर है वह! कोरस उसे समझाता है कि यह अनिवार्यता का नियम है। इसका उल्लंघन कोई नहीं कर पाया। इसे स्वीकार करो। एलसेस्टीस का जीवन एक महान उद्देश्य की आहुति हुआ। उसका स्मारक बनवाओ जहाँ पति के लिए प्राण देने वाली वीरांगना की अभ्यर्थना की जा सके।

तभी हेराक्लीज़ आता दिखायी देता है। वह सन्तुष्ट किन्तु क्लान्त है। घूँघट ओढ़े एक स्त्री उसके पीछे आ रही है। वह पहले तो एडमेटस से शिकायत करता है कि उसे सच नहीं बताया। वह अपने व्यवहार के लिए लज्जित है और अपनी यात्रा पर थ्रेस जा रहा है। इस स्त्री को उसने बड़े पराक्रम से एक प्रतियोगिता में जीता है। एडमेटस इसे अपने पास रख ले। एडमेटस उस स्त्री को महल में रखने के पक्ष में नहीं। उसे लोकापवाद का भय है और वह अपनी पत्नी को दिये वचन का पालन करने को बाध्य है। इस युवती के हाथ पैर और देह यष्टि बिलकुल एलसेस्टीस जैसी है। इसकी उपस्थिति में वह अपनी पत्नी को कभी नहीं भूल पाएगा। वह हेराक्लीज़ से अनुरोध करता है कि उसे ले जाए। वह पुनर्विवाह के बारे में सोच भी नहीं सकता। लेकिन हेराक्लीज़ ज़िद करता है कि वह इस युवती को स्वीकार करे, अन्यथा उसे बाद में पछताना पड़ेगा। एडमेटस विवश होकर उसे स्वीकार करता है और हेराक्लीज़ के आदेश पर उसका हाथ पकड़ता है। यह स्पर्श तो एलसेस्टीस का है। यह स्त्री तो एलसेस्टीस ही है। एडमेटस को अपनी आँखों पर विश्वास नहीं। हेराक्लीज़ उसे आश्वस्त करता है और एलसेस्टीस को मृत्यु देवता से छुड़ा कर लाने की घटना बताता है। ज़ीयस का पुत्र मित्रता और आतिथ्य का मूल्य जानता है। एलसेस्टीज एटमेटस को सौंप कर हेराक्लीज़ प्रस्थान करता है। एडमेटस सारे राज्य में उत्सव की घोषणा करता है। कोरस सदस्य भी प्रसन्न हैं। कभी-कभी जीवन में ऐसा विचित्र संयोग भी होता है।

मेडिआ

कॉरिन्थ के राज्य में जेसन के भवन के सामने खड़ी परिचारिका निराशा और अवसाद में डूबी, जेसन और मेडिआ के प्रेम विवाह की गाथा दोहराती है। काश कि सुनहरे पशम को हासिल करने के लिए पीलियन पर्वत के चीड़ के दरख्तों की लकड़ी से बना आगू नाम का वह विशाल जहाज़ जेसन और उसके साथियों को लेकर कभी कॉलकिस न गया होता! न ही मेडिआ जेसन के प्रेम में अन्धी होकर अपने पिता के साथ विश्वासघात करती और स्वदेश छोड़कर इऑलकस आती। और न ही पीलियस की हत्या के षड्यन्त्र के लिए जेसन, मेडिआ और उनके दोनों बच्चों को इऑलकस से निष्कासित होकर कॉरिन्थ में शरण लेनी पड़ती। लेकिन कुछ भी कहो मेडिआ हर संकट की घड़ी में जेसन के प्रति सदैव समर्पित रही। अन्याय तो जेसन ने किया है। ऐसी वफ़ादार और आज्ञाकारिणी पत्नी के साथ विश्वासघात किया है, उसके प्रेम और समर्पण का तिरस्कार किया है। उसने कॉरिन्थ के राजा क्रियों की बेटी राजकुमारी ग्लॉसी से विवाह करके वे सारे वचन तोड़ दिए जो कभी देवताओं को साक्षी मान कर मेडिआ को दिए थे। मेडिआ पत्थर-सी हो गई है। न खाती है न पीती है, न किसी से बात करती है। आँसुओं से मुख भीगा है और रह-रहकर मर्मभेदी चीत्कार कर उठती है। आज अपने पिता, परिवार और देश की स्मृति से उसका हृदय विदीर्ण है। न जाने उसके भीतर कैसी आँधी चल रही है। अपने बच्चों तक को देखना नहीं चाहती। पता नहीं क्या होने वाला है। परिचारिका चिंतित है क्योंकि वह जानती है कि मेडिआ चुप रह कर अन्याय सहने वाली स्त्री नहीं। वह कुछ भी कर सकती है। उससे दुश्मनी मोल लेना आसान नहीं।

तभी मेडिआ के दोनों बच्चों को लेकर उनका शिक्षक आता है। वह एक और बुरी खबर लाया है। वह वृद्धा परिचारिका को बताता है कि ग्लॉसी के पिता, कॉरिन्थ के राजा क्रियों ने मेडिआ और उसके बेटों को कॉरिन्थ से तत्काल निष्कासन की आज्ञा दी है। परिचारिका विश्वास नहीं कर पाती। क्या जेसन अपनी नव विवाहिता पर इतना आसक्त हो गया है कि उसे अपने बच्चों के भविष्य की भी चिन्ता नहीं रही? कैसे सहेगी मेडिआ यह नया आघात? क्या करेगी? कहाँ जाएगी? रह-रहकर

भीतर से आता मेडिआ का सन्तप्त स्वर हृदय को बेध रहा है। वृद्धा भयभीत है। वह बच्चों को माँ से दूर रहने का आदेश देती है। यह मर्मभेदी चीत्कार शीघ्र ही क्रोध की लपटों में बदलने वाला है। यह दुःख जो मेडिआ को साल रहा है न जाने क्या कुछ भस्म कर डालेगा। मेडिआ बार-बार जेसन, उसकी सन्तान और वंश को श्राप दे रही है। एक आहत स्त्री की वेदना दुर्भाय के गहन अन्धकार-सी जेसन के घर को जैसे लील जाना चाहती है। महिलाओं का कोरस प्रवेश करता है। वे वृद्धा परिचारिका से जेसन के घर का हाल पूछती हैं। घर? घर अब कहाँ रहा? उसे तो जेसन ने ध्वस्त कर दिया। कोरस का विचार है कि मेडिआ का अपने पति और उसके वंश को इस तरह श्राप देना उचित नहीं। ऐसी घटनाएँ तो राज-परिवारों में होती रहती हैं। वे परिचारिका से मेडिआ को बाहर बुला लाने को कहती हैं। शायद वे उसे समझा सकें। कुछ क्षणों बाद मेडिआ आती है। अब वह शान्त और संयमित लग रही है। वह इसलिए बाहर आई है ताकि अपना पक्ष कॉरिन्थ की महिलाओं के सामने रख सके और लोग उसे ग़लत न समझें। जेसन ने उसके साथ अन्याय किया है। विश्वासघात किया है। क्या यह औरत होने की सज़ा है? संसार के सभी जीवों में स्त्री ही सबसे अधिक दीन-हीन और विवश क्यों है? कितना भी दहेज लेकर क्यों न आए पुरुष की अधीनता उसे स्वीकार करनी ही पड़ती है। पति अच्छा हो या बुरा, उसका सर्वस्व है। उसे चुनाव का अधिकार नहीं। पति की हर आज्ञा का पालन उसका धर्म है और तलाक सामाजिक रूप से निन्दनीय। पति और उसके परिवार को प्रसन्न रखना और घर की चारदीवारी के भीतर अपने कर्तव्य का पालन करना ही उसके जीवन का चरम लक्ष्य है। उसके लिए जीवन में कोई अन्य आकर्षण नहीं, कोई विविधता नहीं और न ही मनोरंजन का कोई साधन। यह ठीक है कि पुरुष जान हथेली पर लेकर युद्ध-भूमि में जाता है लेकिन क्या वह संकट शिशु को जन्म देने के संकट से बड़ा है? प्रसव की पीड़ा से अधिक पीड़क है? मेडिआ एक बच्चे को जन्म देने की अपेक्षा तीन बार युद्ध-भूमि में प्राणों की बाज़ी लगाना पसन्द करेगी। वह जेसन के लिए अपना देश, घर-परिवार, माता-पिता सब छोड़ आई। इस सब के बदले क्या दिया जेसन ने उसे? अब कहाँ जाए वह? किसके पास? कौन है दुनिया में उसका अपना? पत्नी कुछ भी सह सकती है, सौत नहीं। कोई उसकी गृहस्थी में आग लगाए वह यह बरदाश्त नहीं कर सकती। उस पर दुःखों का पहाड़ टूट पड़ा है। यदि वह जेसन से इस विश्वासघात और अपमान का प्रतिशोध ले तो कॉरिन्थ को आलोचना का अधिकार नहीं। कोरस महिलाओं के मन में मेडिआ के प्रति सहानुभूति उमड़ आती है। वे उसकी पीड़ा को पहचानती हैं।

तभी राजा क्रियों प्रवेश करता है। वह आते ही मेडिआ को तत्काल अपने बच्चों के साथ कॉरिन्थ छोड़ने का आदेश देता है। मेडिआ जानना चाहती है कि उसका अपराध

क्या है? इस पर क्रियों स्पष्ट रूप से स्वीकार करता है कि वह मेडिआ से डरता है। मेडिआ चतुर है, मायाविनी है। उसे भय है, कहीं क्रोध के आवेग में वह उसकी बेटी और उसके पति का अहित न कर दे। मेडिआ सामान्य रूप से स्त्री सुलभ मानी जाने वाली चतुराई की परम्परागत सोच का खंडन करती है। वह क्रियों से आग्रह करती है कि उसे निष्कासित न करे। वह जेसन का अन्याय चुपचाप सह लेगी। लेकिन क्रियों को अपनी बेटी के दाम्पत्य सुख और उसके भविष्य की चिन्ता है। वह किसी भी स्थिति में मेडिआ को कॉरिन्थ में बने रहने की अनुमति नहीं दे सकता। मेडिआ हताश है। दो छोटे-छोटे बच्चों को लेकर वह कहाँ जाएगी? क्रियों भी एक पिता है। वह समझ सकता है उसकी चिन्ता। दया करके उसे निष्कासन की तैयारी के लिए एक दिन का समय तो दे दे। क्रियों नरम पड़ जाता है और मेडिआ को एक दिन का समय देकर प्रस्थान करता है। बस। यही मेडिआ के लिए काम शुरू करने का संकेत है। इस एक दिन में उसे अपने तीन शत्रुओं–क्रियों, ग्लॉसी और जेसन से प्रतिशोध लेना है। परीक्षा की घड़ी है। सरल नहीं है चौबीस घंटों में यह सब कुछ कर पाना। उसे कई निर्णय लेने हैं। कैसे होगा प्रतिशोध का कार्यान्वयन? कैसे सम्भव होगा उसके बाद कॉरिन्थ से सुरक्षित निकल पाना? और फिर जाएगी कहाँ? कौन सा देश उसे शरण देगा? सूर्य देवता हीलियस की पौत्री मेडिआ घोर दुविधा में है। किन्तु इतना निश्चित है कि वह जेसन और उसके नये सम्बन्धियों के उपहास का पात्र नहीं बनेगी।

महिला कोरस की सहानुभूति मेडिआ के साथ है। घोर अन्याय किया है जेसन ने। देवताओं को साक्षी मान कर मेडिआ को दिए हुए वचनों का पालन नहीं किया। लगता है दुनिया से सच्चाई मिट गई, ग्रीक परम्पराओं का विघटन हो गया। पुरुष कवि सदा धोखेबाज़ औरतों पर कविता करते रहे, स्त्री व्यथा का महाकाव्य किसी ने नहीं लिखा।

तभी जेसन प्रवेश करता है। वह मेडिआ के आग्नेय स्वभाव और आचरण को उसके निष्कासन के लिए दोषी मानता है। अपने आवेश पर अंकुश लगाती तो कॉरिन्थ में बनी रह सकती थी। किन्तु अब तो जो हो गया सो हो गया। एक अच्छे मित्र के नाते वह उसकी आर्थिक सहायता को प्रस्तुत है। नागिन-सी फुँफकारती हुई मेडिआ उसे वे दिन याद दिलाती है जब सुनहरे पशम की खोज में वह कॉलकिस आया था और उसके उपक्रम को सफल बनाने के लिए मेडिआ ने क्या नहीं किया था। अपने पिता के साथ विश्वासघात किया, अपने देश को धोखा दिया और उसको इऑलकस का राज्य दिलाने के लिए पीलियस की हत्या का षड्यन्त्र किया। और इस सबके बदले जेसन ने उसे क्या दिया? वह मेडिआ का ही नहीं, देवताओं का भी अपराधी है। जेसन बड़े संयत स्वर में कहता है कि मेडिआ ने उसके लिए जो भी किया प्रेम के वशीभूत होकर किया। उसे यह न भूलना चाहिए कि वह उसे कॉलकिस

की बर्बर धरती से सभ्य, सुसंस्कृत देश ग्रीस में लेकर आया। क्रियों की बेटी से विवाह का निर्णय उसने किसी दैहिक आसक्ति के कारण नहीं, अपने परिवार के सुरक्षित भविष्य के लिए लिया। काश कि स्त्रियाँ इन सब बातों को समझ पातीं। लेकिन मेडिआ सहमत नहीं। यह जेसन की वाक्पटुता है। उसे सत्ता चाहिए और अब उसे पत्नी के रूप में एक ग्रीक स्त्री चाहिए, एशियाई नहीं।

जेसन बहस नहीं करना चाहता। वह प्रस्थान करता है। महिला-कोरस प्रेम की देवी एफ़्रॉडायटी की अद्भुत शक्ति का बखान करता है। निष्पाप और निस्वार्थ प्रेम ही गृहस्थ जीवन में सुख और समन्वय का आधार है। अफ़सोस कि वे चाह कर भी मेडिआ के लिए कुछ नहीं कर सकतीं। निष्कासन की आपदा से तो मृत्यु श्रेयस्कर है। कोरस महिलाएँ मेडिआ के भविष्य को लेकर अपनी चिन्ता अभिव्यक्त कर रही हैं, तभी संयोगवश एथेन्स का राजा ईजियस वहाँ पहुँच जाता है। वह डेल्फ़ी के विश्व विख्यात शकुन स्थल से लौट रहा है। विवाह के कई वर्षों के बाद भी उसकी कोई सन्तान नहीं। उसके भाग्य में बच्चे का सुख है या नहीं, यही जानने के लिए वह डेल्फ़ी गया था। लेकिन शकुन स्थल पर हुई भविष्यवाणी की व्याख्या में वह असमर्थ है और इसीलिए ट्रोज़ीन के राजा पीथियस के पास जा रहा है। शायद मेडिआ उसकी कुछ सहायता कर सके। लेकिन वह देख रहा है कि मेडिआ का रंग उड़ा हुआ है और वह बहुत परेशान दिख रही है। जेसन के दुर्व्यवहार की कहानी सुन कर ईजियस को आश्चर्य होता है। क्या वह मेडिआ के लिए कुछ कर सकता है? मेडिआ उसे सन्तान प्राप्ति के लिए कुछ विशेष औषधियाँ देने का वचन देती है और उसके बदले में एथेन्स में शरण माँगती है। कॉरिन्थ मित्र-देश है। ईजियस उसे शत्रु नहीं बनाना चाहेगा। वह मेडिआ को साथ तो नहीं ले जा सकता किन्तु यदि वह स्वयं एथेन्स पहुँच गई तो अवश्य ही प्राणपण से उसकी रक्षा करेगा। ईजियस के प्रस्थान के बाद मेडिआ आश्वस्त दिखती है। दैवी कृपा से उसकी दूसरी समस्या भी सुलझ गई। अब उसका पूरा ध्यान प्रतिशोध की योजना पर केन्द्रित है। इसी बीच उसकी वृद्धा परिचारिका भी आ जाती है। मेडिआ अब जेसन के सामने पश्चात्ताप का नाटक करेगी। उसकी नव विवाहिता के लिए एक अत्यन्त सुन्दर एवं मूल्यवान परिधान और आभूषण उपहार के तौर पर भेजेगी। इन वस्त्रों और आभूषणों में एक ऐसा घातक विष है कि इन्हें धारण करने वाला कुछ ही क्षण में जल कर राख हो जाएगा। उनसे ऐसी विषैली लपटें निकलेंगी कि जो उसे छुएगा भस्म हो जाएगा। ये उपहार उसके अपने बच्चे लेकर जाएँगे। किन्तु उस योजना का सबसे दुखद अंश यह है कि ग्लॉसी की हत्या के बाद वह अपने दोनों बच्चों को भी मौत के घाट उतार कर जेसन का वंश निर्मूल कर देगी। मेडिआ अपराध का दंश तो सह सकती है अपने शत्रुओं की हँसी नहीं सह सकती। सारी दुनिया देखेगी कि वह न तो अकर्मण्य है न ही कमज़ोर। वह

दोस्तों की दोस्त है और दुश्मनों की दुश्मन। कोरस की सदस्याएँ उसे बच्चों की हत्या से रोकती हैं। यह अमानवीय है। लेकिन मेडिआ के भीतर घृणा और क्रोध की आग धधक रही है। वह जेसन को ऐसा घाव देना चाहती है जो कभी न भरे। समय कम है। वह धाय को जेसन को बुला लाने भेजती है। कोरस एक बार फिर ममता की दुहाई देता है। कैसे वार कर सकेगी उन निर्दोष नन्हें बच्चों पर? और कौन-सा ऐसा देश है जो अपने बच्चों की हत्यारन को शरण देगा?

जेसन आता है। मेडिआ सारे प्रसंग में अपनी ग़लती मान कर जेसन से क्षमा प्रार्थना करती है। जेसन ने जो भी किया अपने परिवार के हित में किया है। किन्तु वह मूर्ख समझ नहीं पाई और कॉरिन्थ के राजा से भी दुश्मनी मोल ले ली। वह पश्चात्ताप करना चाहती है, क्षमा चाहती है। उसके मन में अब कोई मैल नहीं। वह अपनी सदिच्छा के प्रतीक स्वरूप कुछ उपहार ग्लॉसी के लिए भिजवाना चाहती है। जेसन उसकी बातों में आ जाता है। मेडिआ बच्चों को बुलाती है। उन्हें देखते ही मेडिआ पिघलने लगती है। उसकी आँखों से आँसू बहने लगते हैं। वह रोते-रोते जेसन से अनुनय करती है कि अपनी नवविवाहिता से आग्रह कर बच्चों को अपने पास रख ले। जेसन वादा करता है कि वह ग्लॉसी की सहमति पाने की कोशिश करेगा। जेसन के साथ मेडिआ के उपहार लेकर दोनों बच्चे अपने शिक्षक के साथ प्रस्थान करते हैं। कोरस का हृदय दग्ध है। बच्चों की मृत्यु निश्चित है अब। ग्लॉसी ऐसे सुन्दर वस्त्राभूषण पहनने का लोभ संवरण नहीं कर पाएगी और जेसन का वैवाहिक जीवन आरम्भ होने से पहले ही समाप्त हो जाएगा। और यह अभागी माँ! अपने मासूम बच्चों से अपने पति का प्रतिशोध लेकर सुखी रह पाएगी?

कोरस की इस ऊहापोह के बीच ही बच्चों के साथ उनका शिक्षक आता है और यह सूचना देता है कि बच्चों को निष्कासन के दंड से मुक्त कर दिया गया है। सुन कर मेडिआ चुप है। कोई प्रतिक्रिया नहीं। फिर सहसा रोने लगती है और बच्चों को सीने से लगा लेती है। अन्त निकट आ रहा है। कितने सपने सजाए थे उनके भविष्य के। बड़े होंगे, वीर योद्धा बनेंगे, समृद्ध और सुखी घर-परिवार बसाएँगे, वृद्धावस्था में माता-पिता का सहारा बनेंगे, उनकी अन्तिम यात्रा में उन्हें कन्धा देंगे। लेकिन सब कुछ समाप्त हो गया। मेडिआ कमज़ोर पड़ रही है। जेसन से प्रतिशोध लेने के लिए बच्चों को क्यों दंड दे? अपने आप को क्यों मातृत्व के सुख से वंचित करे? क्यों न उन्हें अपने साथ ले जाए? लेकिन मेडिआ कायर नहीं। और अब तो बचने का कोई रास्ता भी नहीं। जो होना था, वह हो चुका। बस, समाचार आने भर की देर है। बच्चों को भीतर भेज कर मेडिआ पत्थर की मूरत-सी किसी प्रतीक्षा में खड़ी है।

कोरस महिलाएँ दुविधा में हैं। क्या सन्तान होने से सन्तान का न होना ज़्यादा अच्छा नहीं? क्या मिलता है जन्म देने वालों को? जीवन भर की चिन्ता और

ज़िम्मेदारी। पहले जन्म देने की पीड़ा, फिर पालने-पोसने की चिन्ता, कभी स्वास्थ्य की चिन्ता, तो कभी उचित शिक्षा-दीक्षा और अच्छे भविष्य की चिन्ता। हर पल, हर दिन असुरक्षा और भय। वे अभी इसी ऊहापोह में हैं कि जेसन का एक सेवक दौड़ता हुआ आता है। वह चीख रहा है—मेडिआ! भाग जा! जैसे भी हो, कॉरिन्थ से निकल जा! ग्लॉसी और क्रियों दोनों तेरे ज़हर से मारे गए। मेडिआ विचलित नहीं, आश्वस्त है। वह उनकी मृत्यु का सारा वृत्तान्त सुनना चाहती है। सेवक उसकी प्रतिक्रिया से हैरान है मगर बताता है कि ग्लॉसी ने जेसन के अनुरोध पर उसके बच्चों से भेंट स्वीकार की। जेसन और बच्चों के वहाँ से निकलते ही वह अपने प्रसाधन कक्ष में गई और वे वस्त्र एवं आभूषण धारण किए। वह अपने आप को दर्पण में निहार रही थी कि अचानक जैसे कोई दैवी आघात हुआ—उसका रंग उड़ गया, शरीर पत्ते-सा काँपने लगा और मुँह से झाग निकलने लगा। ग्लॉसी की धाय घबरा कर बाहर दौड़ी। उसकी चीखें सुनकर पल भर में दास-दासियाँ इकट्ठे हो गए। उनकी आँखों के सामने देखते ही देखते राजकुमारी के वस्त्रों और आभूषणों से आग की लपटें निकलने लगीं। वह असह्य पीड़ा से चीत्कार कर रही थी। कपड़ों को नोच-नोच कर अपने से अलग करने की कोशिश कर रही थी मगर वे उसके शरीर से चिपकते जा रहे थे, मानो उसकी त्वचा बन गए थे। कुछ ही क्षणों में उसका चेहरा, उसके बाल, हाथ-पैर चीड़ वृक्ष से पिघलती गोंद की तरह रिसने और टपकने लगे। उसे पहचानना नामुमकिन हो गया। तभी क्रियों आया और बेतहाशा बेटी को बाँहों में ले लिया। उसे भी जैसे किसी अमानवी शक्ति ने अपने शिकंजे में कस लिया। दर्द से चीखते और माँस के लोथड़ों को खींच-खींच कर शरीर से अलग करने के प्रयास में क्रियों ने जान दे दी। इस तरह पिता और पुत्री दोनों के जीवन का ऐसा नृशंस अन्त हुआ।

दूत चला जाता है। योजना का अगला चरण कार्यान्वित करने का समय आ गया है। मेडिआ के भीतर एक बार फिर माँ की ममता और अन्याय का प्रतिशोध लेने को कृत संकल्प स्त्री के बीच संघर्ष छिड़ जाता है। निर्णय का क्षण अब टाला नहीं जा सकता। कोमलता अब कायरता है, माँ की ममता हार का कारण बन सकती है। मेडिआ भीतर जाती है। कोरस महिलाएँ देवता अपोलो से प्रार्थना करती हैं कि वह इस अनर्थ को रोके, नृशंस प्रतिशोध की ज्वाला को शान्त करे, कॉरिन्थ की धरती को इस अमानुषी प्रदूषण से बचाए। भीतर से बच्चों के रोने का आर्त स्वर सुनाई देता है। तभी दौड़ता, हाँफता जेसन वहाँ आ पहुँचता है। राजा क्रियों एवं राजकुमारी ग्लॉसी की हत्या कर कहीं वह मायाविनी भाग तो नहीं गई। राजपरिवार की क्रोधाग्नि से बच्चों को बचाना होगा। लेकिन बच्चे हैं कहाँ? कोरस बताता है कि अब वे इस दुनिया में नहीं। उनकी माँ ने उन्हें मार डाला। जेसन पर मानो बिजली गिरती है। ज़मीन उसके पैरों के नीचे धँस जाती है। पागलों की तरह चीखता हुआ वह भवन

का मुख्य दरवाज़ा पीट रहा है। दरवाज़ा तो नहीं खुलता मगर ऊपर आकाश में 7पितामह हीलियस द्वारा भेजे गए रथ में बैठी मेडिआ दिखाई देती है। रथ में अजगर जुते हैं। दोनों बच्चों के शव मेडिआ के पास हैं मगर अब वह जेसन की पहुँच से बाहर है। जेसन आपे से बाहर है लेकिन असहाय। वह मेडिआ को राक्षसी कहता है, कटुतम शब्दों में उसे धिक्कारता है लेकिन मेडिआ विचलित नहीं। जेसन को वह ऐसा ही घाव देना चाहती थी जो कभी न भर सके। बच्चों की मृत्यु के लिए वह स्वयं को नहीं, जेसन को उत्तरदायी मानती है। उसी की बेवफ़ाई का नतीजा है यह। कृतघ्न है वह, विश्वासघाती है। जेसन बच्चों के शव के लिए प्रार्थना करता है मगर मेडिआ को वह भी स्वीकार नहीं। मेडिआ उनके शव देवी हेरा एकराया के मन्दिर की पवित्र परिधि में दफनाएगी। उनकी स्मृति में एक वार्षिक अनुष्ठान और बलि का आयोजन करेगी ताकि कॉरिन्थ वासी इस हत्या का पश्चाताप कर सकें। वह यहाँ से एथेन्स जा रही है। लेकिन जाने से पहले यह भविष्यवाणी करती है कि जेसन को एक निकृष्ट और गुमनाम मौत मिलेगी। उसके गौरव की गाथा कोई नहीं गाएगा। जेसन न्याय की देवियों का आवाहन करता है। मेडिआ उसे झूठा, मक्कार, धोखेबाज और देवताओं का अपराधी कहती है। जेसन बच्चों के स्पर्श के लिए आकुल है, उसका हृदय विदीर्ण है। मेडिआ पर कोई असर नहीं। कड़वाहट से भरे संवाद प्रतिसंवाद के बीच सन्तानहीन, वंशहीन, निपट अकेले, आँधियों में घिरे जेसन को तड़पता छोड़ मेडिआ का रथ दृष्टि से ओझल हो जाता है। कोरस दैवी शक्ति के रागने नतमस्तक हैं। नियति का खेल है यह। जो हम चाहते हैं वह नहीं होता और जो नहीं चाहते वह हो जाता है।

द ट्रोजन वीमेन

ट्रॉय के विध्वंस के दो दिन बाद भोर से पहले समुद्र का देवता पॉसायडन प्रकट होता है। इस नगर के प्राचीर और मीनारें ओलिम्पस से एक वर्ष के निष्कासन की अवधि के दौरान उसने और प्रकाश के देवता अपोलो ने बनाए थे। आज एकिया के योद्धाओं के हाथों ट्रॉय का पतन हो चुका है, पवित्र स्थानों पर खून की नदियाँ बह रही हैं, ज़ीयस की हवन वेदी पर प्रायम का शव पड़ा है, उसके सारे महापराक्रमी पुत्र मारे जा चुके हैं, अथाह स्वर्ण, लूट का सामान और बन्दी स्त्रियों को लेकर ग्रीक जलपोत अपने देश की ओर लौट रहे हैं। यह सब हुआ साम्राज्ञी हेरा और देवी एथीना के द्वेष के कारण, स्पार्टा की हेलेन के कारण। यहाँ इन टूटी-फूटी झोंपड़ियों में वे स्त्रियाँ रह गई हैं जिनका भाग्य अभी निश्चित नहीं हुआ। हेकूबा जो कल तक ट्रॉय की रानी थी सब कुछ गँवा कर धूल में अचेत सी पड़ी है। उसे नहीं पता अभी उसके दुर्भाग्य का चक्र रुका नहीं है। तभी देवी एथीना प्रवेश करती है। वह ग्रीस से अप्रसन्न लग रही है और ट्रॉय की सहायता करना चाहती है। पॉसायडन इस हृदय-परिवर्तन का कारण जानना चाहता है। एथीना बताती है कि उसके मन्दिर की पवित्र परिधि में एजैक्स ने कसान्द्रा के साथ जो दुर्व्यवहार किया इससे वह खिन्न है और ग्रीक सेनाधिपतियों और सैनिकों को दंड देना चाहती है। उसे इस उद्देश्य को पूरा करने के लिए अपने पिता के भाई, समुद्र के देवता पॉसायडन की सहायता चाहिए। वे समुद्र मार्ग से ही स्वदेश लौटेंगे। पॉसायडन ऐसे समुद्री तूफान उठाए कि उनके जहाज़ टुकड़े-टुकड़े हो जाएँ। इस युद्ध में उन्होंने देवताओं और देवस्थलों का जो अपमान किया है वह अक्षम्य है। पॉसायडन उसकी सहायता को तत्पर है। दोनों प्रस्थान करते हैं।

हेकूबा धीरे-धीरे आँखें खोलती है। ट्रॉय के मीनार धराशायी हुए, उसका संसार उजड़ गया, पति, पुत्र, मान-मर्यादा, वैभव–सब धूल में मिल गया। पत्थरों के बिछौने पर पड़ी है प्रायम की पत्नी, ट्रॉय की महारानी। धूल भरी है सफेद बालों में, वृद्ध शरीर में हिलने-डुलने की शक्ति नहीं और दुख से हृदय फटा जाता है। यह सर्वनाश हुआ मेनेलॉस की निर्लज्ज पत्नी हेलेन के कारण। ट्रॉय के योद्धाओं की विधवाओं और

भयभीत कुमारियों का कोरस प्रवेश करता है। वे अपने भविष्य की सोच कर डर से काँप रही हैं। न जाने उन्हें किस देश में, किसकी दासी बन कर, कैसा गर्हित जीवन जीना होगा। न जाने कौन-सा घृणित ग्रीक हेकूबा का स्वामी होगा। पता नहीं कौन किसके हिस्से आएगी।

ग्रीक दूत टेल्थीबियस आता है। कोरस-स्त्रियाँ जानना चाहती हैं कि उनका भविष्य क्या है। हेकूबा अपनी बेटी कसान्द्रा को लेकर चिन्तित है। टेल्थीबियस बताता है कि वह ग्रीक सेनाधिपति, आरगू के राजा एगमेम्मन की उपपत्नी होगी। हेकूबा स्तब्ध है। कसान्द्रा तो देवता अपोलो की पुजारिन है, उसे समर्पित है और आजीवन कुमारी रहने को कृतसंकल्प है। दूत कहता है एगमेम्नन ने उसे ही चुना है। पोलिक्सेना, जिसे ग्रीक सैनिक कल ले गये थे, एकीलीज़ की समाधि पर परिचारिका नियुक्त की गई है। और महापराक्रमी हेक्टर की विधवा एन्ड्रोमेकी? वह एकीलीज़-पुत्र नियोपटोलेमस के हिस्से आयी है। और स्वयं हेकूबा? वह ओडीसियस के साथ इथाका जाएगी। ओडीसियस का नाम सुनकर हेकूबा का मन घृणा से भर उठता है। वह ओडीसियस जिसके लिये ईश्वरीय विधान और मनुष्य के बनाए नियम-दोनों का कोई मूल्य नहीं, जो शब्दों से खिलवाड़ करता है, सच को झूठ और झूठ को सच बना देता है। वह अवसरवादी, कृतघ्न ओडीसियस होगा हेकूबा का स्वामी। इससे बड़ा दुर्भाग्य और क्या होगा! टेल्थीबियस सैनिकों को आज्ञा देता है कि वे भीतर से कसान्द्रा को ले आएँ किन्तु तभी उसे झोंपड़ों से आग निकलती दिखाई देती है। दोनों हाथों में जलती मशालें लिए कसान्द्रा बाहर आती है। वह इस समय पूरी तरह से त्रिकालदर्शी अपोलो के प्रभाव में है और विवाह गीत गा रही है। वह एगमेम्नन की दुल्हन बनने जा रही है। कसान्द्रा कहती है कि यह गठबन्धन एगमेम्नन के लिए घातक सिद्ध होगा। वह अपने भाइयों और पिता की हत्या का बदला लेगी। प्रतिशोध की कड़ियाँ जुड़ती जाएँगी। बेटा माँ की हत्या करेगा। कोरस स्त्रियाँ सोचती हैं कि वह अनर्गल प्रलाप कर ही है। कसान्द्रा इस बात पर जोर देती है कि युद्ध में मारे जाने वाले ट्रॉय के सैनिक भाग्यशाली थे। वे अपने नगर की सुरक्षा करते हुए वीर-गति को प्राप्त हुए और उनके अपनों ने स्नेह और सम्मानपूर्वक, विलाप करते हुए, विधि के अनुसार अपनी धरती पर उनका अन्तिम संस्कार किया जबकि ग्रीक सैनिक विदेश की धरती पर मरे और बिना स्वजनों के दफनाए गए। टेल्थीबियस को लगता है वह दुख से पागल हो गई है। वह उसे पीछे आने का आदेश देता है और हेकूबा से कहता है कि ओडीसियस के सेवक आएँ तो निर्विरोध उनके साथ चली जाए। अब पेनीलोप की नौकरानी बन कर ही उसे जीवन के शेष वर्ष बिताने हैं। कसान्द्रा नौकरानी शब्द पर आपत्ति करती है। वह साफ़ देख रही है कि हेकूबा की मत्यु यहीं होगी और ओडीसियस को अभी दस वर्ष और लगेंगे इथाका पहुँचने में।

यह भविष्यवाणी कर वह उन्माद और विवशता के विक्षोभ में अपोलो की पूजा के लिए पहने पवित्र वस्त्र अपने शरीर से खींच कर फाड़ देती है और दूत के पीछे चल पड़ती है। हेकूबा एक-एक कर अपने बच्चों का विलाप करती है। उसके जीवन में अब अन्धकार के अतिरिक्त कुछ नहीं, कोई आशा की किरण नहीं। कोरस ट्रॉय के पतन के अन्तिम चरण, लकड़ी के घोड़े और ग्रीक सेनाधिपतियों की धूर्तता की कहानी दोहराता है। उस रात विजयोत्सव मना कर मदमस्त सो रहे थे ट्रॉय के नागरिक जब ग्रीक सैनिकों ने उन्हें नींद में ही पशुओं की तरह काट डाला। माँओं के वक्ष से चिपटे अबोध शिशु, हवन वेदियों पर भेंट अर्पित करते हुए वृद्ध, नींद में अलसाए, नृत्य-संगीत से थके युवक ग्रीस के विश्वासघात और नृशंसता का शिकार हो गए। तभी वीर हेक्टर की विधवा एन्ड्रोमकी अपने बेटे एस्टॉयनेक्स को गोद में लिए छाती-पीटती ग्रीक सैनिकों के साथ एक रथ में प्रवेश करती है। उसके जाने का समय आ गया है। कल्पनातीत वैभव से सम्पन्न ट्रॉय के मीनार धू-धू जल रहे हैं, आकाश में गिद्ध और चीलें मँडरा रही हैं, वीरों की चिताओं से धुआँ उठ रहा है और बेबस कुमारियाँ जानवरों की तरह हाँक कर शत्रु के जलपोतों में भरी जा रही हैं। श्रेष्ठ और महान, दीन-हीन हो गये हैं, राजा दास हो गए हैं, विश्व की व्यवस्था चरमरा गई है। अभी कसान्द्रा को यहाँ से बलात् घसीट कर ले गए हैं। हेकूबा के लिए एक और शोक समाचार है। एन्ड्रोमकी ने रास्ते में एकीलीज़ की समाधि पर बलि चढ़ाई गई पॉलिक्सेना का शव देखा। वह उसकी देह को अपने उत्तरीय में लपेट कर आँसुओं का अर्घ्य चढ़ा कर आ रही है। एन्ड्रोमकी हेकूबा को सान्त्वना देती है। पोलिक्सेना भाग्यशाली थी। उसके दुखों का अन्त हो गया। मृत होना तो ऐसा ही है जैसे कोई अजन्मा हो। वह, वीर हेक्टर की पत्नी, ट्रॉय की होनेवाली महारानी, स्त्रियों में श्रेष्ठ और सर्वगुण सम्पन्न मानी जानेवाली अपने पति के शत्रु की दासी, उसकी अंकशायिनी होने को विवश है। हेकूबा अपने को संयमित कर अपने बहू को सांत्वना देती है। जब तक जीवन है, अच्छे दिनों की आस है। हेक्टर को भूल कर अपने नये पति की सेवा करे। अपने पुत्र को अच्छी शिक्षा दे। क्या पता किसी दिन एस्टायनेक्स एक नये ट्रॉय की नींव रखे। तभी टेल्थीबियस फिर प्रवेश करता है। वह अपने आप से लज्जित लग रहा है। उसकी समझ में नहीं आ रहा कि वह किन शब्दों में कहे। लेकिन वह दूत है। स्वामी का आदेश है, बताना तो होगा। भरी सभा में ओडीसियस ने यह प्रस्ताव रखा कि—हेक्टर के पुत्र एस्टानेक्स को जीवित न छोड़ा जाए। उसे ट्रॉय के प्राचीर से नीचे फेंक कर मार डालने की आज्ञा है। एन्ड्रोमकी और हेकूबा दर्द से चीख उठती हैं। अभिशप्त था वह दिन जब वह हेक्टर की पत्नी बन कर ट्रॉय आई थी, छलावा थीं वो सारी खुशियाँ। महापराक्रमी हेक्टर का पुत्र होने का यह पुरस्कार एस्टायनेक्स के लिए! अपनी कब्र से उठकर नहीं आएगा हेक्टर अपने बेटे को

बचाने। ट्रॉय की महान सेना का एक भी सिपाही तलवार नहीं उठाएगा उसकी रक्षा के लिए। एन्ड्रोमकी अपने घुटनों से चिपटे एस्टायनेक्स को खींच कर अलग करती है। ले जाओ इसे, मार डालो, फेंक दो ट्रॉय के प्राचीर से नीचे गहरी खाई में और अमानुषता और वीरता का एक नया मानदंड स्थापित करो। एन्ड्रोमकी हेलेन को श्राप देती है। कोरस भी उसे दस हज़ार सैनिकों की मृत्यु और हज़ारों स्त्रियों के दुर्भाग्य के लिए उत्तरदायी मानता है। सैनिक एस्टायनेक्स को ले जाते हैं। एन्ड्रोमकी रोती हुई प्रस्थान करती है। हेकूबा किंकर्व्यविमूढ़ स्तब्ध खड़ी है।

कोरस ट्रॉय का इतिहास दोहराता है। सैनिकों के साथ मेनेलॉस प्रवेश करता है। वह कहता है कि ग्रीक सेनाओं को लेकर वह वहाँ बेवफ़ा हेलेन के लिए नहीं आया था, वह तो उस व्यक्ति से प्रतिशोध लेने आया था जिसने उसकी पत्नी का अपहरण किया। उसे हेलेन के नाम से घृणा है, वह उसे स्पार्टा ले जाकर उसके दुष्कर्मों का दंड देगा। वह अपने सैनिकों को उस हत्यारन को घसीट कर बाहर लाने की आज्ञा देता है। हेकूबा मेनेलॉस को सम्बोधित कर कहती है कि यदि वह हेलेन की हत्या यहीं, अभी कर दे तो वह उसके पुरुषार्थ का लोहा मानेगी। वह मेनेलॉस को सलाह देती है कि हेलेन से न मिले। उसका रूप सम्मोहक है। वह पुरुषों को वश में कर लेती है और नगरों का सर्वनाश कर देती है। उसे देखते ही वह कमज़ोर पड़ जाएगा। तभी सैनिकों के साथ हेलेन आती है। वह जानना चाहती है कि उसके साथ इतनी सख्ती क्यों की जा रही है और उसके लिए मनेलॉस ने क्या निश्चित किया है। मेनेलॉस अपना निर्णय दोहराता है। वह मृत्यु दंड के ही योग्य है। हेलेन अपने पक्ष में कुछ कहना चाहती है। मेनेलॉस सुनने को तैयार नहीं। तब हेकूबा मेनेलॉस से कहती है कि उसे बोलने दे। उसे अपना पक्ष रखने की अनुमति दी जानी चाहिए। हेलेन हेकूबा पर ही दोषारोपण से आरम्भ करती है। यदि उसने पेरिस को जन्म ही न दिया होता तो यह सब न होता। फिर प्रायम ने दैवी आदेश का पालन न करके पेरिस को जीवित छोड़ दिया। वह दूसरी भूल थी। देवियों की सौन्दर्य प्रतियोगिता में पेरिस निर्णायक नियुक्त हुआ और उसने एफ्रॉडायटी को सर्वश्रेष्ठ सुन्दरी घोषित किया। उसके बदले में एफ्रॉडायटी ने उसे विश्व सुन्दरी हेलेन देने का वचन दिया। सो जो कुछ भी हुआ वह एफ्रॉडायटी की इच्छा और योजना के अनुसार हुआ। इसमें मेनेलॉस का भी दोष था कि वह एक विदेशी अतिथि के साथ उसे अकेला छोड़ कर क्रीट चला गया। यहाँ ट्रॉय के युद्ध के दौरान पेरिस की मृत्यु के बाद उसने कई बार नगर प्राचीर से रस्सी के सहारे उतर कर ग्रीक शिविर पहुँचने का प्रयास किया मगर हर बार पकड़ी गई और ट्रॉय के सेनापति डीफ़ोबस ने उसे जबरदस्ती अपनी पत्नी बनाकर रखा। वह एक अकेली अबला असहाय स्त्री क्या कर सकती थी? हेकूबा उत्तर में कहती है कि ये मनगढ़न्त कहानियाँ हैं। देवियों की सौन्दर्य प्रतियोगिता

कपोल कल्पना है। अखंड रूप एवं अनन्त यौवन की स्वामिनी देवियों से ऐसे मिथ्याभिमान की अपेक्षा नहीं की जाती। एफ़्रॉडायटी को क्या आवश्यकता थी ऐसा नाटक खेलने की? सच तो यह है कि हेलेन पेरिस के रूप और उसकी धनसम्पदा से प्रभावित होकर उस पर आसक्त हो गई। ट्रॉय का वैभव और ऐश्वर्य भोगने के लिए अपनी इच्छा से पति की अनुपस्थिति का लाभ उठाकर उसके साथ चली आई। वह एक अवसरवादी और महत्वाकांक्षी स्त्री है जिसके कोई जीवन-मूल्य नहीं। यदि वह अपने पति के प्रति वास्तव में समर्पित होती तो आत्महत्या भी कर सकती थी। और वह ट्रॉय से भागने की बात? सरासर झूठ। उसने कभी कोई ऐसी कोशिश नहीं की। हेकूबा ने स्वयं उसे अपने पति के पास लौट जाने को प्रेरित किया मगर दास-दासियों में घिरी, हीरे-जवाहरातों से लदी हेलेन मेनेलॉस के पास जाने को तैयार नहीं हुई। उसमें जरा भी शर्म होती तो मेनेलॉस से आँख न मिला पाती, लेकिन यह निर्लज्ज देखो कैसे सज-धज कर, बाल बनाकर उसके सामने आयी है। कोरस भी हेलेन को दंडित करने के पक्ष में है। मेनेलॉस उनसे सहमत है। उसके पीछे-पीछे सैनिक हेलेन को लेकर जाते हैं। कोरस स्त्रियाँ अपने भविष्य की कल्पना से काँप उठी हैं। उनके जाने का समय निकट आ रहा है। वे हेलेन और मेनेलॉस को श्राप देती हैं कि वे कभी सकुशल स्वदेश न लौट सकें। उन्हें ट्रॉय की विधवाओं और अनाथ बच्चों की हाय लगे। तभी ग्रीक दूत टेल्थीबियस नन्हें एक्टॉयनेक्स का शव लेकर प्रवेश करता है। नियोपटोलेमस को समाचार मिला है कि उसके देश पर शत्रुओं ने आक्रमण कर दिया है। वह रुक नहीं सकता, उसका जहाज़ चलने वाला है। रोती-बिलखती एन्ड्रोमकी अपने बेटे की अन्तेयष्टि का उत्तरदायित्व उसकी दासी को देकर जा रही है। एक ग्रीक के लिए भी यह सब सहना कठिन है। लेकिन वह दूत का कर्तव्य निभा रहा है। बच्चे को नहला कर लाया है। एन्ड्रोमकी की इच्छा थी कि उसे उसके पिता हेक्टर के कवच में लिटा कर दफनाया जाए। हेकूबा उन्हें धिक्कारती है। अपने आपको शूरवीर कहने वाले ग्रीक एक नन्हें से बच्चे से डर गये। वह एस्ट्रॉयनेक्स के शव पर करुण विलाप करती है। ट्रॉय से सुन्दर नगर में प्रायम के वंश में हेक्टर जैसे पराक्रमी के घर में धन-वैभव की गोद में जन्मे एस्टॉयनेक्स का ऐसा निर्मम, असमय अन्त। तू तो कहता था–दादी जब तू मरेगी तो मैं तेरी समाधि पर अपने बालों की लट और बहुत-सी भेंट चढ़ाऊँगा। अपना वचन तोड़ गया। आज बेघर-बार, दीन-हीन विवश बूढ़ी दादी तुझे दफ़ना रही है। क्या लिखें तेरी समाधि पर? 'ग्रीक सेनापतियों ने मार डाला इस बच्चे को क्योंकि वे इससे डरते थे, हेकूबा के पास कुछ नहीं जो वह एस्टायनेक्स के साथ दफ़ना सके। कोरस-स्त्रियाँ उसे शव को लपेटने के लिए वस्त्र देती हैं। करुण-क्रन्दन और आँसूओं से भीगे एस्टायनेक्स के शव को वे हेक्टर के कवच में लिटा कर टेल्थीवियस और सैनिकों

को सौंप देती हैं। ट्रॉय का नन्हा राजकुमार धरती की गोद में अपनी अन्तिम यात्रा पर जाता है।

हाथ में मशालें लिए ग्रीक सैनिक ट्रॉय के अवशेष को राख करने निकल पड़े हैं। सेनाधिपतियों के शिविर में दुन्दुभि बज रही है। जहाज़ पानी में उतरने को तैयार हैं। हेकूबा को लेने के लिए ओडीसियस के सैनिक आए हैं। धू-धू कर जलते ट्रॉय को देख हेकूबा चीत्कार कर उठती है। वह देवताओं को पुकारती है। मगर देवताओं ने उसकी कब सुनी? वह आग में कूद कर जान देने की कोशिश करती है मगर सैनिक उसे पकड़ लेते हैं। हेकूबा और कोरस की स्त्रियाँ छाती पीट-पीटकर धरती पर गिर कर अपने मृतकों का विलाप करती हैं। भरभरा कर मीनार गिर रहे हैं, आकाश में धुँए का बादल है। धरती काँप रही है। वे ट्रॉय से अन्तिम विदा लेती हैं। उधर ग्रीक शिविर में दुन्दुभि बज रही है। दस वर्ष बाद स्वदेश लौटने का उल्लास है।

हेकूबा

थ्रेस पेनिनसुला के तट पर ग्रीक सेनानायक एगमेम्नन के शिविर के ऊपर पोलिडॉरस का प्रेत प्रकट होता है। ट्रॉय के राजा प्रायम और रानी हेकूबा के पुत्र पोलिडॉरस का प्रेत बताता है कि ट्रॉय के युद्ध के दौरान उसकी जान बचाने के लिए उसके पिता ने अकूत स्वर्ण भंडार के साथ उसे अपने विश्वसनीय मित्र, थ्रेस के राजा पोलिमेस्टर के पास गुप्त मार्ग से भेज दिया था। किन्तु ट्रॉय के विध्वंस की खबर सुनते ही पोलिमेस्टर ने स्वर्ण भंडार के लोभ में उसकी हत्या करके उसके शव को समुद्र में फेंक दिया। जबसे उसकी माँ हेकूबा को बन्दी बनाकर यहाँ लाया गया है, वह उसके आसपास ही मँडरा रहा है। इस बीच ग्रीक सेनाएँ थ्रेस तट पर ही रुकी हुई हैं क्योंकि जैसे ही उनके जलपोत स्वदेश लौटने को तैयार हुए पीलियस के वीर पुत्र एकीलीज़ का प्रेत अपनी समाधि से उठ कर आया और यह माँग की कि जाने से पहले वे हेकूबा की बेटी पोलिक्सेना की बलि उसके सम्मान में दें। बेचारी माँ! एक ही दिन में वह अपने शेष बचे दोनों बच्चों का अन्त देखेगी। कैसे देख पाएगी! कैसे सहेगी नियति की यह मार!

ट्रॉय की महारानी हेकूबा अब महारानी नहीं एक दासी है, अन्य दासियों की तरह। ट्रॉय का पतन हुआ, उसका पति प्रायम और उनके सभी वीर पुत्र इस युद्ध में मारे गये। वृद्ध, असहाय, विवश, शोकाकुल, फटेहाल हेकबूा दो अन्य स्त्रियों के साथ मंच पर आती है। दुःखों ने उसकी कमर तोड़ दी है। अब उसकी एकमात्र आशा उसका पुत्र पोलिडॉरस और बेटियाँ कसान्द्रा और पोलिक्सेना हैं। ज़ीयस उनकी प्राण रक्षा करे। पिछली रात उसने एक अशुभ-सा स्वप्न देखा। तब से वह बहुत चिन्तित है। ट्रॉय के युद्ध में दास बनायी गई महिलाओं का कोरस प्रवेश करता है। वे अपनी रानी की दुर्दशा से दुखी हैं किन्तु उनके पास हेकूबा के लिए कोई अच्छा समाचार नहीं। स्वदेश लौटने को तैयार खड़ी ग्रीक सेनाओं से एकीलीज़ के प्रेत ने पोलिक्सेना की बलि की माँग की है। ग्रीक सेनानायकों में एगमेम्नन ने इसका विरोध किया। किन्तु थीसियस के दोनों बेटों और वाकपटु ओडिसियस ने इस बात पर जोर दिया कि ग्रीस के लिए अपने प्राणों की आहुति देने वाले वीर नायक की माँग का सम्मान

किया जाना चाहिए। अन्त में यही निश्चित हुआ कि एक दासी के लिए मृतक की माँग को ठुकराना न तो उचित है न ही श्रेयस्कर। ग्रीक सेनानायक एगमेम्नन आता ही होगा। हेकूबा के लिए अब एक ही रास्ता है। उसके घुटने पकड़ कर उससे दया की भीख माँगे तो शायद पोलिक्सेना की जान बच जाए। हेकूबा के दुख की सीमा नहीं। क्या अब वे उसकी सुकुमार पोलिक्सेना को भी उससे छीन लेंगे। पहले ही क्या बचा है उसके पास? न नगर, न पति, न पुत्र, न ही घर-बार। है तो केवल एक दासी का गर्हित जीवन। घबरायी हुई वह पोलिक्सेना को पुकारती है। पोलिक्सेना प्रवेश करती है। हेकूबा उसे ग्रीक सेना के निर्णय के बारे में बताती है। पोलिक्सेना चिन्तित हो उठी हैं अपने लिए नहीं, अपनी माँ के लिए। एक दासी का जीवन जीने से मृत्यु का आलिंगन करना बहुत बेहतर है। उसे मरने का डर नहीं लेकिन उसके बाद उसकी अभागी माँ की देखभाल कौन करेगा। तभी ग्रीक सेनानायक ओडीसियस पोलिक्सेना को ले जाने आ पहुँचता है। हेकूबा उसे याद दिलाती है कि ट्रॉय के युद्ध के दौरान उसने एक बार ओडीसियस की जान बचाई थी। क्या उसके बदले में आज वह पोलिक्सेना की प्राण रक्षा नहीं करेगा? एकीलिज़ की आत्मा की तुष्टि के लिए मानव बलि ही क्यों? और यदि उसे एक सुन्दरी ही चाहिए तो हेलेन क्यों नहीं जिसके कारण ट्रॉय का युद्ध हुआ और एकीलीज़ की मृत्यु? पोलिक्सेना ने उसका क्या बिगाड़ा है? हेकूबा ओडीसियस से प्रार्थना करती है कि वह ग्रीक शिविर में वापस जाए और अपने वाक्-चातुर्य से पोलिक्सेना का जीवन बचाए। ओडीसियस यह नहीं कर सकता। वह सैन्य सभा में जो कह चुका है उसे वापस नहीं ले सकता। मृतक की माँग पूरी की जाएगी अन्यथा ग्रीस के हक में जान देने को कोई वीर कभी तैयार नहीं होगा। माँ की विवश पीड़ा को सहने में असमर्थ पोलिक्सेना ओडीसियस के साथ चलने को प्रस्तुत है। वह राजकुमारी है, प्राणों की भीख नहीं माँगेगी। एक दासी का जीवन जीने से मरना निश्चित ही बेहतर है। कोई साम्य नहीं उन वर्षों में जो उसने पिता के महल में गुज़ारे और उन आनेवाले सालों में जिनकी कल्पना भी असह्य है। हेकूबा बेटी की जगह अपनी जान देने को तैयार है लेकिन एकीलीज़ के प्रेत को पोलिक्सेना ही चाहिए। पोलिक्सेना माँ को समझाती है कि वह अपने आप को अपमानित न करे। उसके भाग्य में स्वतन्त्र जीवन का सुख नहीं, विवाह गीत नहीं पति का प्रेम नहीं, एक दासी की भाँति मरने का दुख मात्र है। ओडिसियस रोती-बिलखती हेकूबा को छोड़ पोलिक्सेना के साथ प्रस्थान करता है। हेकूबा धरती पर गिर कर विलाप करती है।

कोरस महिलाओं के गीत में भविष्य की अनिश्चितता और असुरक्षा का भय है। न जाने उनका भाग्य उन्हें कहाँ ले जाएगा! दूत टैल्थीबियस एक ओर से और ट्रॉय की एक वृद्धा दूसरी ओर से मंच पर प्रवेश करते हैं। मिट्टी में लोटती हेकूबा की दुर्दशा देखकर दूत भी विचलित हो जाता है। सचमुच कोई अन्धी शक्ति है इस विश्व

की नियन्ता। वह पोलिक्सेना की मृत्यु का समाचार लेकर आया है। एटरियस के दोनों पुत्र पोलिक्सेना के अन्तिम संस्कार के लिए हेकूबा को लेने आते होंगे। हेकूबा पूछती है कैसे बलि दी गई पोलिक्सेना की? मरने जैसा है सुनना मगर फिर भी वह जानना चाहती है। दूत बताता है कि पॉलिक्सेना ने एक वीरांगना की तरह मृत्यु का वरण किया। एकीलीज़ का बेटा उसे वध-स्थल की ओर ले गया और अपने पिता की आत्मा का आवाहन किया। फिर अपनी तलवार निकाली और दो युवकों को तुम्हारी बेटी को कस कर पकड़े रहने का आदेश दिया। इस पर पोलिक्सेना ने अनुरोध किया कि उसके हाथ छोड़ दें। वह एक स्वतन्त्र प्राणी की भाँति मरना चाहती है, एक दासी की तरह नहीं। उसका अभिजात उसकी वाणी में छलक रहा था और निर्भयता का तेज मुख पर दमक रहा था। राजसी स्वाभिमान के साथ उसने अपने आप को बलि के लिए प्रस्तुत किया और तलवार के वार के बाद भी बड़ी शालीनता से धराशायी हुई। इस अद्भुत दृश्य से सारे ग्रीक सैनिक विचलित हो गये और उसके सम्मान में भेंट अर्पित करने के लिए दौड़ पड़े। हेकूबा दूत को इस सन्देश के साथ वापिस भेजती है कि उसके आने तक पोलिक्सेना के शव को कोई न छुए। वृद्धा सेविका को वह समुद्र से जल लाने का आदेश देती है जिससे वह बेटी को अन्तिम स्नान करा सके। पोलिक्सेना को देने के लिए ट्रॉय की महारानी के पास आज कुछ भी नहीं।

हेकूबा के जाने के बाद कोरस-महिलाएँ उस अभागे दिन का स्मरण करती हैं जब पेरिस इडा पर्वत से ट्रॉय आया था। वृद्ध सेविका पानी लेकर आती हैं। पीछे कुछ सेवक एक शव को लिये आ रहे हैं। वे हेकूबा को पूछ रहे हैं। हेकूबा सोचती है कि यह पोलिक्सेना का शव है किन्तु यह पोलिक्सेना का नहीं, पोलिडॉरस का शव है जिसे समुद्र की लहरें तट पर फेंक गईं। पोलिमेस्टर ने स्वर्ण के लोभ में पोलिडॉरस की हत्या कर दी। तभी एगमेम्नन पोलिक्सेना के अन्तिम संस्कार के लिए हेकूबा को बुलाने आता है। यहाँ का दृश्य देखकर वह अचम्भित है और हेकूबा का आचरण समझने में असमर्थ। वह बार-बार उससे शरणागत की सहायता की प्रार्थना करती है। ग्रीक सेनाधिपति जानना चाहता है कि उसे कैसी सहायता की अपेक्षा है। तब हेकूबा उसे अपने बेटे पोलिडॉरस की हत्या के विषय में बताती है। परिस्थितियों को देखते हुए यह निर्विवाद है कि उसकी हत्या पोलिमेस्टर ने स्वर्ण के लालच में की। प्रायम के परिवार के साथ धन के लोभ में विश्वासघात किया पोलिमेस्टर ने। हेकूबा को अपने बेटे के हत्यारे से प्रतिशोध चाहिए। वह दासी है, आशक्त है, न उसका कोई स्वजन है न मित्र। एगमेम्नन को न्याय का पक्ष लेना होगा, एक विश्वासघाती हत्यारे को दंड देना होगा। हेकूबा एगमेम्नन को कसान्द्रा के नाम की दुहाई भी देती है किन्तु एगमेम्नन दुविधा में है। ग्रीक सैनिक पोलिमेस्टर को अपना मित्र और प्रायम-पुत्र पोलिडॉरस को शत्रु मानते हैं। हेकूबा की सहायता करने का अर्थ है अपने

साथियों की शुभेच्छा खोना। यदि एगमेम्नन उसकी सहायता नहीं कर सकता तो हेकूबा पोलिमेस्टर से स्वयं प्रतिशोध लेगी—अन्य दासियों की मदद से। एगमेम्नन आश्चर्यचकित है। दास स्त्रियाँ कैसे एक राजा को उसके किये का दंड दे पाएँगी। हेकूबा वृद्ध सेविका को पोलिमेस्टर और उसके दोनों पुत्रों को वहाँ बुला लाने को भेजती है और एगमेम्नन से आग्रह करती है कि पोलिक्सेना के अन्तिम संस्कार की प्रतीक्षा करे। एगमेम्नन अपने शिविर को लौट जाता है और हेकूबा भीतर जाती है।

कोरस महिलाएँ उस रात को याद करती हैं जब ग्रीक सैनिकों ने विजयोत्सव के बाद थक कर सोये ट्रॉय पर अकस्मात आक्रमण कर धोखे से उसका विनाश किया और उनके पतियों की हत्या कर उन्हें दासी बनने को विवश किया। भगवान करे कि उनके नगर और जीवन को नष्ट करने वाली हेलेन कभी सुरक्षित घर न पहुँचे। पोलिमेस्टर अपने दोनों बच्चों के साथ प्रवेश करता है। वह हेकूबा से पहले ना आ पाने के लिए क्षमा माँगता है और पोलिक्सेना की मृत्यु पर शोक प्रकट करता है। वह हेकूबा को यह आश्वासन भी देता है कि उसका पुत्र पोलिडॉरस और उसका स्वर्ण भंडार दोनों उसके पास सुरक्षित हैं। हेकूबा दृष्टि नीची किये उस धूर्त की बातें सुन रही है। पोलिमेस्टर के पूछने पर कि क्या हेकूबा ने उसे किसी विशेष कारण से बुलाया है, वह कहती है कि ट्रॉय में जहाँ एथीना का मन्दिर था, वहाँ एक काली चट्टान के पास अपार धन सम्पदा गड़ी है। पोलिमेस्टर एक विश्वस्त मित्र है अतः वह चाहती है कि वह सारा धन उसे मिले। उसके अतिरिकत हेकूबा के पास कुछ बहुमूल्य रत्न हैं जो दूसरे शिविर में अस्त्र-शस्त्रों के नीचे छिपा कर रखे हैं। पोलिमेस्टर और उसके पुत्र उन्हें भेंट स्वरूप स्वीकार करें। हेकूबा के साथ वे तीनों दूसरे खेमे में जाते हैं।

कोरस महिलाएँ आशावान हैं कि अपराधी को दंड मिलेगा और देवताओं को उनका देय। दुर्बल सबल से कहीं अधिक सबल सिद्ध होगा। भीतर से चीखने-चिल्लाने की आवाज़ें आती हैं। खेमे में प्रतीक्षा करती बीस दासियों ने पोलिमेस्टर को अंधा कर दिया और उसके दोनों बेटों को मौत के घाट उतार दिया है। पीड़ा से कराहता, रास्ता टटोलता, अपने दुश्मनों की आहट पर छटपटाता पोलिमेस्टर बाहर आता है। वह अपने सैनिकों को पुकारता है। अपने ग्रीक मित्रों को पुकारता है। आँखें खोकर वह कितना विवश और दयनीय हो गया है कि अपनी सहायता के लिए अब दूसरों पर निर्भर है। उसकी पुकार सुन एगमेम्नन प्रवेश करता है और निष्पक्ष होकर उनका निर्णय करने का आश्वासन देता है। पोलिमेस्टर अपने पक्ष को दृढ़ करने और एगमेम्नन की सहानुभूति प्राप्त करने के लिए यह झूठी कहानी गढ़ता है कि उसने पोलिडॉरस का वध इसलिए किया ताकि प्रायम के वंश का बीजनाश हो जाए और वह बड़ा होकर ट्रॉय का पुनर्निर्माण न कर सके। उसके बदले में हेकूबा ने उसके दोनों बेटों को मार डाला और उसे अन्धा कर दिया। हेकूबा पूछती है कि असभ्य थ्रेस का

राजा सभ्य ग्रीस का मित्र कब से बन गया? और यदि वह उनका सच्चा हितैषी था तो पोलिडॉरस को उस समय क्यों नहीं मारा जब ट्रॉय का युद्ध चल रहा था, जब प्रायम जीवित था और हेक्टर विजयी? क्यों नहीं उसे उस समय ग्रीक सेनाधिपति को सौंपा? उस समय उसकी हत्या क्यों की जब ट्रॉय जल रहा था और उसका पतन निश्चित? अब दैवी मूल्यों का उल्लंघन कर एक शरणागत की हत्या की–उस स्वर्ण को हथियाने के लिए जो पोलिडॉरस अपने साथ लाया था। अब तुम्हारे किस काम आएगा वह धन? एगमेम्नन पोलिमेस्टर की दुष्टता को समझ रहा है। घिनौना पाप किया उसने, न्यायोचित दंड मिला। पोलिमेस्टर सह नहीं पा रहा कि उसे यह दंड, एक स्त्री, एक दासी के हाथों मिला। उसका पौरुष तिलमिला रहा है। काश कि उसकी आँखें होतीं! मगर हेकूबा अपनी सफलता की खुशी देर तक नहीं मना सकेगी। थ्रेस के भविष्य द्रष्टा द्वारा दी गई जानकारी के आधार पर वह बताता है कि अपने बच्चों, पति और नगर के दुख से पागल हेकूबा को देवता एक श्वान का रूप देंगे और वह उसी रूप में एक जहाज़ के मस्तूल से सागर में गिर कर प्राण दे देगी। उसकी समाधि 'सिनोसेमा' अर्थात् एक श्वान की समाधि के नाम से जानी जाएगी और नाविकों के लिए एक संकेत का काम करेगी। एगमेम्नन की प्रेयसी, हेकूबा की बेटी कसान्द्रा भी मारी जाएगी–क्लाइटीमनेस्ट्रा के हाथों। इतना ही नहीं मौत एगमेम्नन की प्रतीक्षा कर रही है–उसके अपने ही घर में–उसकी अपनी ही पत्नी के हाथों। एगमेम्नन इन सारी बातों को पोलिमेस्टर का अनर्गल प्रलाप मान कर नज़र अन्दाज़ करता है और सेवकों को आदेश देता है कि उस पागल को किसी निर्जन द्वीप पर छोड़ आएँ। सेवक पोलिमेस्टर को ले जाते हैं। एगमेम्नन हेकूबा से विदा लेता है। अनुकूल वायु बह रही है। ईश्वर करे उनकी यात्रा सफल हो और शेष जीवन अपने घर में सुख और शान्ति के साथ व्यतीत कर सकें। कोरस महिलाएँ ग्रीक शिविर की ओर प्रस्थान करती हैं जहाँ दासता का जीवन उनकी प्रतीक्षा कर रहा है।

एन्ड्रोमकी

फथिया के राजा, पीलियस के पौत्र और एकीलीज़ के पुत्र नियोपटोलेमस के महल के सामने स्थित थेटिस के मन्दिर मे एन्ड्रोमकी शरण लेने आयी है। वह बताती है कि अपने पति हेक्टर की मृत्यु और ट्रॉय के पतन के बाद वह नियोपटेलोमस की उपपत्नी बनकर यहाँ आयी। उसने नियोपटोलेमस के एक पुत्र को भी जन्म दिया और दासता के जीवन को कलेजे पर पत्थर रखकर स्वीकार किया। फिर नियोपटोलेमस का विवाह मेनेलॉस और हेलेन की बेटी हर्मीयोनी से हो गया। हर्मीयोनी उससे घृणा करती है और सोचती है कि एन्ड्रोमकी ने उसे जादू-टोने से बाँझ कर दिया है और उसके पति को उससे छीन लेना चाहती है। इस द्वेषपूर्ण सोच का कोई आधार नहीं, किन्तु उसकी सौतिया डाह इतनी बढ़ गई है कि वह एन्ड्रोमकी को जान से मार डालने का षड्यन्त्र रच रही है। नियोपटोलेमस युद्ध में हुए रक्तपात का पश्चाताप करने और देवता अपोलो को प्रसन्न करने के लिए डेल्फ़ी मन्दिर गया हुआ है और वह अपनी जीवन-रक्षा के लिए मन्दिर की शरण में आयी है। यह पीलियस की पत्नी देवी थेटिस का मन्दिर है और राजा का परिवार पवित्र परिणय के प्रतीक इस पूजा स्थल का बहुत सम्मान करता है। अपने बेटे मोलोसस को उसने किसी गुप्त स्थान पर भेज दिया है। तभी ट्रॉय से एन्ड्रोमकी के साथ आयी एक दासी उसे सूचना देती है कि हर्मीयोनी और मेनेलॉस उनकी हत्या की योजना बना रहे हैं और मेनेलॉस स्वयं उसके बेटे को लाने गया है। उसकी जान खतरे में है। एन्ड्रोमकी भयभीत है। उसने कई दूत पीलियस के पास सहायता सन्देश के साथ भेजे हैं लेकिन अभी तक वह भी नहीं आया। सम्भवतः वे दूत गये ही नहीं। एक दासी की आज्ञा का पालन उन्होंने आवश्यक नहीं समझा। एन्ड्रोमकी अपनी सेविका से आग्रह करती है कि वह जाकर पीलियस को बुला लाये। इस समय यही उसकी एकमात्र आशा है। दासी के प्रस्थान के बाद–एन्ड्रोमेकी एक बार फिर अपने अतीत की दुख भरी कहानी दोहराती है। ग्रीक महिलाओं का कोरस प्रवेश करता है। उन्हें एन्ड्रोमकी पर दया आती है। वह विदेशी है, दासी है और थिसली में उसका कोई मित्र नहीं। हर्मीयोनी नियोपटोलेमस की विवाहिता है और एन्ड्रोमकी की स्वामिनी। एक पुरुष के लिए उनकी स्पर्धा का अन्त तो स्वतः सिद्ध है। तभी

हर्मीयोनी प्रवेश करती है। पहले तो वह उस स्वर्ण शृंगार-पट्टी और खूबसूरत कढ़ाई वाले अपने परिधान का प्रदर्शन करती है जो उसे पीलियस से नहीं अपने पिता मेनेलॉस से मिला। फिर अपने निःसन्तान होने का दोष एन्ड्रोमकी को देती है और उसे याद दिलाती है कि वह एक दासी है और दासी की तरह ही रहे। वह ट्रॉय की सभ्यता-संस्कृति पर भी चोट करती है और कहती है कि थिसली में बहु-विवाह की प्रथा नहीं। अपने पति के हत्यारे एकीलीज़ के पुत्र नियोपटोलेमस की रखैल बन कर रहने के लिए वह एन्ड्रोमकी को धिक्कारती है। एन्ड्रोमकी कहती है कि वह एक दासी है, हर्मीयोनी नियोपटोलेमस की पत्नी और गृहस्वामिनी। उसे एक दासी से भला क्या भय हो सकता है? यदि नियोपटोलेमस उसे अपनी पत्नी से अधिक सम्मान देता है तो उसका कारण उसका मधुर व्यवहार, उसकी शालीनता और विनम्रता है जो गुण हर्मीयोनी में नहीं। वह एक घमंडी औरत है जो आज भी अपने पति के सामने अपने पिता के परिवार के गीत गाती है। एन्ड्रोमकी सदा अपने पति हेक्टर के प्रति समर्पित रही और उसकी उपपत्नियों और अवैध बच्चों को भी अपनों की तरह गले से लगाया। वह परामर्श देती है कि हर्मीयोनी एक अच्छी समझदार और सहनशील पत्नी बन कर अपने पति का प्रेम पाने का प्रयास करे और अपनी माँ हेलेन का अनुकरण न करे। यह सुन कर हर्मीयोनी का क्रोध इतना भड़क उठता है कि वह एन्ड्रोमकी की जान लेने के लिए मन्दिर को भी जला कर भस्म कर देने की धमकी देती है और पैर पटकती वहाँ से प्रस्थान करती है। कोरस पेरिस के जन्म, देवियों की सौन्दर्य प्रतियोगिता, पेरिस की वापसी, हेलेन का अपहरण, ट्रॉय का युद्ध और उसके भयावह परिणामों की कहानी दोहराता है। मेनेलॉस मोलोसस और दो सैनिकों के साथ प्रवेश करता है। वह एन्ड्रोमकी को धमकी देता है कि यदि वह मन्दिर से बाहर न निकली तो वह मोलोसस को मार डालेगा। एन्ड्रोमकी मेनेलॉस को उसकी कायरता के लिए धिक्कारती है। अपनी बेटी का घर बसाने का यह तरीका नहीं। लगता है औरतों के लिए लड़ना उसकी आदत है। नियोपटोलेमस की रखैल बनना एन्ड्रोमकी का निर्णय नहीं ग्रीक योद्धाओं की बर्बरता और नियति की विडम्बना थी। वह स्वेच्छा से दासी नहीं बनी। अब यदि चुनाव उसके और मोलोसस के जीवन के बीच है तो वह अपने और नियोपटोलेमस के पुत्र को बचाने के लिए मन्दिर की परिधि से बाहर आने को तैयार है। निस्सन्तान होने से मर जाना अच्छा है। मेनेलॉस सैनिकों को आज्ञा देता है कि वे एन्ड्रोमकी के हाथ रस्सियों से बाँध दें। उसकी मृत्यु तो अब निश्चित है ही। मोलोसस के भाग्य का फैसला उसकी बेटी हर्मीयोनी करेगी। एन्ड्रोमकी उसे कायरता और विश्वासघात के लिए धिक्कारती है। झूठ, बेईमानी, छल-कपट, अन्याय और क्रूरता–यह पहचान है स्पार्टा-वासियों की। वह अपने प्राणों की भीख नहीं माँगेगी। एक स्त्री को धोखे से मारने का दंड देवता उसे अवश्य देंगे। मेनेलॉस अपने बंदियों के साथ प्रस्थान करता है।

कोरस स्त्रियाँ बहु-विवाह प्रथा की आलोचना करती हैं। सुहाग की सेज बाँटी नहीं जा सकती, उसी तरह जैसे राज्य का सिंहासन बाँटा नहीं जा सकता। अन्यथा परिणाम यही होता है। सैनिकों की निगरानी में एन्ड्रोमकी और मोलोसस प्रवेश करते हैं। पीछे-पीछे मेनेलॉस आता है। उन दोनों की मृत्यु निश्चित है। अबोध मोलोसस की कातर प्रार्थना से भी मेनेलॉस का मन नहीं पसीजता। वह यहाँ अपनी बेटी के हित की रक्षा करने के लिए आया है।

दल-बल सहित वृद्ध पीलियस प्रवेश करता है। किसमें इतना साहस है कि उसके पौत्र नियोपटोलेमस के राज्य में, उसकी अनुपस्थिति में, बिना किसी सुनवाई के, उसकी उपपत्नी और पुत्र के भाग्य का फैसला करे। वह अपने रक्षकों को आज्ञा देता है कि एन्ड्रोमकी के हाथ खोल दें। मेनेलॉस हस्तक्षेप करता है। पीलियस उसके पुरुषार्थ को ललकारता है और उसे एक औरत के लिए ट्रॉय का युद्ध लड़ने और हज़ारों सैनिकों की बलि चढ़ाने का आरोपी मानता है। स्पार्टा के रहने वाले अपनी स्त्रियों को हद से ज़्यादा छूट देते हैं तभी तो वे ऐसा अनैतिक आचरण करती हैं। स्पार्टा के पुरुषों में पौरुष का सर्वथा अभाव है अन्यथा मेनेलॉस एक बेवफ़ा औरत को वापस लाने के लिए सारे ग्रीस के श्रेष्ठतम योद्धाओं की जान की बाज़ी नहीं लगता और न ही अपने स्वार्थ के लिए अपने भाई की बेटी की बलि देता। अब वह निरपराध एन्ड्रोमकी और मोलोसस की जान लेने पर उतारू है। पीलियस ऐसा नहीं होने देगा। एक अच्छी पत्नी मिलना सचमुच परम सौभाग्य है। दासी होना या अवैध सन्तान होना कोई अपराध नहीं। वह मेनेलॉस से कहता है कि अपनी ईर्ष्यालु और बाँझ बेटी को स्पार्टा ले जाए। उसे ऐसे सम्बन्धियों की कोई आवश्यकता नहीं। मेनेलॉस विस्मित है कि पीलियस हेक्टर की विधवा, एक ऐसी विदेशी महिला का पक्ष ले रहा है जिसके पति के भाई पेरिस ने उसके बेटे एकीलीज़ का वध किया। यदि हर्मीयोनी की सन्तान नहीं हुई तो क्या नियोपटोलेमस की दासी का पुत्र ग्रीस के सुसंस्कृत नागरिकों पर शासन करेगा! पीलियस कहता है कि ऐसी नौबत नहीं आएगी। वह अपनी बेटी को ले जाए। नियोपटोलेमस के लिए सुशील कन्याओं की कमी नहीं। यह कह कर वह स्वयं एन्ड्रोमकी के हाथ खोलता है। तभी अकस्मात् ही मेनेलॉस को याद आता है कि स्पार्टा से कुछ ही दूर एक राज्य में विद्रोह हो गया है जिसे दबाने के लिए उसका शीघ्र ही वहाँ पहुँचना आवश्यक है। लेकिन वह फिर वापस आएगा और अपने दामाद के साथ बैठ कर इस समस्या का निदान करेगा। यह कह कर मेनेलॉस प्रस्थान करता है। एन्ड्रोमकी अपने श्वसुर के प्रति कृतज्ञ है।

स्त्री-कोरस का विचार है कि प्रतिष्ठित और धन-सम्पन्न परिवार में जन्म लेना बड़ा सौभाग्य है। किन्तु शक्ति का प्रयोग न्याय के पक्ष में ही होना उचित है। वे पीलियस के मनोबल की भी प्रशंसा करती हैं। तभी हर्मीयोनी की परिचारिका भागती

आती है और सूचना देती है कि उसकी स्वामिनी अपराध-बोध से इतनी बुरी तरह ग्रस्त है कि आत्महत्या करने की सोच रही है। वह भयभीत है कि नियोपटोलेमस उसे अपनी उप-पत्नी और बेटे के विरुद्ध षड्यन्त्र रचने के अपराध के लिए क्षमा नहीं करेगा। वह उसकी जान ले लेगा। हाथ में नंगी तलवार लिए हर्मीयोनी भागती हुई आती है। दास-दासियाँ उसे रोकने का प्रयास कर रहे हैं। परिचारिका उसके हाथ से तलवार छीन लेती है। हर्मीयोनी आतंकित है। वह नियोपटोलेमस का सामना नहीं कर सकती। अब तो उसकी रक्षा के लिए उसका पिता मेनेलॉस भी यहाँ नहीं है। वह भी उसे मँझधार में छोड़ कर चला गया। परिचारिका उसे शान्त करने का प्रयास करती है। भयाक्रान्त हर्मीयोनी की अतिवादी प्रकृति उसके विवेक और संयम पर हावी है। तभी कोरस स्त्रियाँ किसी विदेशी को आता देखती हैं। यह विदेशी एगमेम्नन का बेटा ऑरेस्टीज़ है जो ज़ीयस के डोडोना शकुन स्थल की ओर जा रहा था। वस्तुतः हर्मीयोनी का विवाह ऑरेस्टीज़ से होना नियत था किन्तु मातृ-वध के अपराध में जब वह फ़्यूरीज़ द्वारा आक्रान्त था और उसका भविष्य अनिश्चित दिखायी दे रहा था तो मेनेलॉस ने अपनी बेटी का विवाह नियोपटोलेमस से कर दिया। आज वह संयोगवश, इधर से निकल रहा था तो सोचा कि हर्मीयोनी को देखता चले। हर्मीयोनी उसके घुटने पकड़ कर रक्षा की प्रार्थना करती है। अब वही उसका सहारा है। ऑरेस्टीज़ के पूछने पर वह सारी बात उसे सच-सच बताती है। वह अपनी सहेलियों की बातों में आ गई और एन्ड्रोमकी को अपने रास्ते से हटाने के लिए उसकी हत्या का षड्यन्त्र रचा। किन्तु अब वह पश्चाताप की आग में जल रही है और नियोपटोलेमस के क्रोध का सामना करने में असमर्थ है। तब ऑरेस्टीज़ कहता है कि हर्मीयोनी के दाम्पत्य जीवन की असफलता की सूचना उसे मिलती रहती थी। प्रतिकूल परिस्थितियों के कारण वह उसे अपना नहीं सका। अन्यथा हर्मीयोनी उसी की वधू होती। अब वह उसे यहाँ से उसके पिता के घर ले जाएगा ताकि एक अनचाहे बन्धन से उसे सदा के लिए मुक्ति मिल जाए। हर्मीयोनी उससे अनुनय करती है कि उसे शीघ्राति-शीघ्र नियोपटोलेमस के आने से पहले वहाँ से ले चले। पीलियस को भी खबर न हो वरना वह उन्हें राज्य से निकलने नहीं देगा। ऑरेस्टीज़ को पीलियस का भय नहीं। और जहाँ तक नियोपटोलेमस का प्रश्न है उसका प्रबन्ध वह कर आया है। वह डेल्फ़ी में ही उसके और उसके साथियों के हाथों मारा जाएगा। यह कह कर ऑरेस्टीज़ हर्मीयोनी को लेकर प्रस्थान करता है।

कोरस गीत पर ट्रॉय के युद्ध की विभीषिका की छाया है जिसके दुष्परिणामों का सिलसिला चलता ही जा रहा है। यह खून की बारिश न जाने कब थमेगी! पीलियस प्रवेश करता है। उसे ऑरेस्टीज़ के साथ हर्मीयोनी के पलायन की सूचना मिल चुकी है। कोरस इसकी पुष्टि करता है और यह भी बताता है कि नियोपटोलेमस की जान

खतरे में है। पीलियस उसे सावधान करने के लिए तत्काल सेवक को प्रस्थान की आज्ञा देता है। किन्तु तभी दूत आकर नियोपटोलेमस की हत्या का समाचार देता है। पीलियस यह सह नहीं पाता और लड़खड़ा कर गिर पड़ता है। नियोपटोलेमस तीन दिन तक मन्दिर की परिक्रमा करता रहा, एक-एक दर्शनीय स्थल को ध्यान से देखता रहा। आरगू के ऑरिस्टीज़ ने डेल्फ़ी वासियों में यह अफवाह फैला दी कि वह अपोलो के मन्दिर में जमा, अकूत धन-सम्पत्ति को लूटने आया है। उसके विरुद्ध षड्यन्त्र रचे जाने लगे। नियोपटोलेमस इस सबसे अनभिज्ञ देवता की वेदी पर पशु बलि दे रहा था जब पेड़ों के झुंड में छिपे, शस्त्रों से लैस कुछ युवकों ने उस निहत्थे पर पीछे से आक्रमण कर दिया। नियोपटोलेमस चीते-सा उठा, मन्दिर की दीवार पर सजे शस्त्र झपटे और शत्रु पर टूट पड़ा। दुश्मन संख्या में बहुत अधिक थे फिर भी एक समय ऐसा आया जब वह उन सब पर भारी था। तभी मन्दिर के भीतर से डेल्फ़ी वासियों को प्रोत्साहित करती एक आवाज़ आयी जिसे सुनकर वे दुगनी शक्ति और उत्साह से फिर उस पर वार करने लगे। नियोपटोलेमस बहादुरी से लड़ा लेकिन मारा गया। डेल्फ़ी के लोगों ने उसके शव पर भी प्रहार किये और उसे क्षत-विक्षत कर डाला। सेवक नियोपटोलेमस के शव को लेकर आते दिखाई देते हैं। कोरस को अपने राजा से ऐसी वापसी की अपेक्षा नहीं थी। पीलियस का वंश निर्मूल हो गया। वह अकेला, असहाय, वृद्ध जीते जी मर गया। वह नियोपटोलेमस के शव पर करुण विलाप करता है। अभिशप्त था वह दिन जब हर्मीयोनी इस घर में बहू बन कर आयी। राज्य अैर घर-संसार दोनों अनाथ हो गए। सारे जीवन का परिश्रम, सारी उपलब्धियाँ धूल में मिल गईं। देख थेटिस अपने पति की दुर्दशा! अपने समुद्री महल से बाहर आकर देख उसका टूटा हृदय और झुका हुआ मस्तक।

आकाश में देवी थेटिस प्रकट होती है। वह पीलियस को सान्त्वना देती है। जो हो गया उसका अतिशय शोक न करे। एक देवी होकर उसने भी तो ट्रॉय के युद्ध में अपना बेटा एकीलीज़ खोया था। वह पीलियस को कहती है कि नियोपटोलेमस का अन्तिम संस्कार डेल्फ़ी में करे ताकि उसकी समाधि डेल्फ़ी वासियों को सदा एक निरपराध की निर्मम हत्या की याद दिलाती रहे और उनकी आत्मा को कचोटती रहे। एन्ड्रोमकी का विवाह मोलोसिया के हेलेनस से होना नियत है। मोलोसस से एक नये राजवंश का बीज पड़ेगा। पीलियस, उसका पति अमरत्व प्राप्त करेगा और अनंत काल तक उसके साथ मेरियस के महल में निवास करेगा। पीलियस आश्वासन देता है उसकी आज्ञा का पालन होगा। थेटिस अदृश्य हो जाती है। पीलियस अपने को सौभाग्यशाली मानता है कि उसे थेटिस जैसी पत्नी मिली। एक सुशील पत्नी पाना पुरुष का परम सौभाग्य है।

हेलेन

नाटक का आरम्भ मिस्र के राजा थियोक्लाईमेनस के महल के सामने समुद्र-तट से कुछ दूर एक स्मारक की परिधि में होता है जहाँ हेलेन ने शरण ली है। हेलेन बताती है कि यह राजा प्रोटियस की समाधि है। प्रोटियस ने एक जलपरी से विवाह किया और उसकी दो सन्तानें हुईं। एक तो थियोक्लाईमेनस–मिस्र का वर्तमान राजा और दूसरी एक पुत्री–थियोनोई, जिसे देवताओं ने वर्तमान और भविष्य में देखने की दिव्यदृष्टि दी है। फिर वह अपना परिचय देती है। वह है हेलेन-देव-सम्राट ज़ीयस और लीडा की पुत्री। ज़ीयस ने एक हँस के रूप में लीडा से संसर्ग किया और परिणामस्वरूप उसका जन्म एक अंडे से हुआ। प्रसव की प्राकृतिक प्रक्रिया से नहीं। जन्म से ही असामान्य हेलेन का जीवन वृत भी असाधारण रहा। देवी हेरा, एथीना और एफ्रॉडायटी के बीच हुई सौन्दर्य प्रतियोगिता का निर्णय ट्रॉय के परित्यक्त राजकुमार पेरिस ने किया और एफ्रॉडायटी को सर्वश्रेष्ठ सुन्दरी घोषित किया। बदले में एफ्रॉडायटी ने उसे विश्व सुन्दरी हेलेन देने का वचन दिया। किन्तु हेलेन का विवाह स्पार्टा के राजा मेनेलॉस से हो चुका था। पेरिस उसे हासिल करने के लिए स्पार्टा पहुँचा। देवी हेरा ने एफ्रॉडायटी को छकाने के लिए पेरिस को असली हेलेन न देकर व्योम से निर्मित हेलेन की प्रतिकृति दे दी जिसे वह ट्रॉय ले गया और जिसके कारण ट्रॉय का युद्ध आरम्भ हुआ। इस युद्ध में हज़ारों सैनिक मारे गये और उन सबका दोष हेलेन के सिर लगा। लेकिन कोई नहीं जानता कि जिस हेलेन के लिए वे लड़ रहे हैं वह हेलेन नहीं, उसकी प्रेत-छाया है। ज़ीयस ने कृपा करके हरमीज़ द्वारा वास्तविक हेलेन को यहाँ मिस्र के राजा प्रोटियस के संरक्षण में रख दिया ताकि वह अपने शील की रक्षा कर सके और युद्ध की समाप्ति पर उसका मिलन अपने पति मेनेलॉस से हो सके। अब स्थिति यह है कि प्रोटियस की मृत्यु हो चुकी है और उसका पुत्र थियोक्लाइमेनस उससे जबरदस्ती विवाह करना चाहता है। इसीलिए हेलेन उससे भाग कर यहाँ प्रोटियस की शरण में आयी है कि वह उसकी पवित्रता की रक्षा करे। तभी टेलेमॉन का पुत्र, सेलामिस वासी ट्यूसर अकस्मात् वहाँ पहुँच जाता है और हेलेन को देखकर उसका खून खौल उठता है। इसी स्त्री के कारण ही ट्रॉय का विध्वंस

हुआ। ग्रीस का विनाश, हज़ारों सैनिकों की मृत्यु और उसका अपना जीवन इसी के कारण नष्ट हुआ। लेकिन यह हेलेन कैसे हो सकती है? हेलेन को लेकर तो मेनेलॉस उसकी आँखों के सामने ट्रॉय से विदा हुआ था। हेलेन मन ही मन क्षुब्ध है। सारा ग्रीस उससे घृणा करता है। जबकि युद्ध का कारण वह नहीं उसकी प्रतिकृति है। ट्यूसर उसे अपना परिचय देता है। ट्रॉय के युद्ध में एकीलीज़ के शस्त्र न मिलने पर उसके भाई एजैक्स ने आत्महत्या कर ली। जब यह दुखद समाचार लेकर वह अपने वृद्ध पिता के पास पहुँचा तो उसने क्रोध में आकर उसे सेलामिस से निष्कासित कर दिया। ट्रॉय का युद्ध दस वर्ष बाद समाप्त हुआ और उसके बाद सात वर्ष हो गए उसे इसी तरह देश-विदेश भटकते हुए। हेलेन और जानकारी चाहती है। ट्यूसर बताता है कि मेनेलॉस सात वर्ष पूर्व अपनी बेवफ़ा पत्नी को लेकर ट्रॉय से निकला था लेकिन आज तक स्पार्टा नहीं पहुँचा। कहते हैं रास्ते में ही उसकी मृत्यु हो गई। अपनी बेटी का अपयश सहने में असमर्थ हेलेन की माँ लीडा ने आत्महत्या कर ली। सुना है उसके दोनों भाइयों को ज़ीयस ने देवत्व प्रदान किया। यहाँ मिस्र में वह थियोनाई से मिलने और अपना भविष्य जानने के लिए आया है। हेलेन उसे सावधान करती है कि वह थियोक्लाईमेनस के सामने न पड़े। मिस्र का राजा ग्रीस वासियों से घृणा करता है। ट्यूसर उसका आभार मान कर वहाँ से प्रस्थान करता है। हेलेन खुलकर अपने दुर्भाग्य पर रोती है। समुद्री लुटेरों द्वारा बन्दी बनायी गई ग्रीस की स्त्रियों का कोरस उसके दुख से द्रवित है। बेचारी हेलेन! माँ, भाई, पति, देश सब कुछ खोकर यहाँ विदेश की धरती पर थियोक्लाईमेनस की वासना से बचने को शरण ढूँढ़ रही है। क्या अपराध किया था उसने? क्यों अकारण ही इतना अपयश इतनी, लोकनिन्दा और घृणा की भागी बनी? भाग्य की मारी हेलेन के साथ जन्म से लेकर आज तक सभी कुछ असामान्य ही होता आया। किसलिए दिया विधाता ने ऐसा असाधारण रूप? आज निर्दोष होते हुए भी सारे ग्रीस में उसकी चरित्रहीनता के चर्चे हैं। मेनेलॉस भी नहीं रहा। कहाँ जाए अब वह? स्पार्टा के लोग क्या उसे स्वीकार करेंगे? कोरस स्त्रियाँ उसे परामर्श देती हैं कि वह थियोनोई के पास जाए और उससे पता लगाए कि मेनेलॉस जीवित है या सचमुच समुद्र यात्रा में मारा गया। दुख से आर्त हेलेन कोरस के साथ महल में जाती है।

मेनेलॉस प्रवेश करता है। वह अपने भाग्य को कोस रहा है। इतने रक्तपात के बाद ट्रॉय पर विजय प्राप्त की मगर एक दिन भी उसका आनन्द न उठा सका। सात वर्ष से द्वीप-द्वीप भटकता फिर रहा है। हर बार प्रतिकूल हवाएँ उसे स्पार्टा के विपरीत धकेल देती हैं। सारे जलयान नष्ट हो गए, अनेक साथी डूब गए, जो कुछ एक बचे थे उनके संरक्षण में हेलेन को एक निकट स्थित गुफा में छोड़ कर सहायता की आशा में यहाँ आया है। इस भवन का स्वामी धनी लगता है। शायद कुछ भोज सामग्री मिल

जाए। अपने फटे-पुराने कपड़ों से मेनेलॉस लज्जित है किन्तु परिस्थिति पर किसी का वश नहीं। वह द्वार खटखटाता है। एक वृद्धा बाहर आती है और उसे वहाँ से फौरन भाग जाने को कहती है। मिस्र का राजा थियोक्लाईमेनस स्पार्टा की हेलेन के कारण तमाम ग्रीस वासियों से घृणा करता है। अपनी जान प्यारी है तो तत्क्षण चला जाए। वृद्धा तो यह कहकर भीतर चली जाती है किन्तु मेनेलॉस सोच में पड़ जाता है। यह किस हेलेन की बात कर रही है जो पिछले सत्रह वर्ष से यहाँ है? एक नाम की दो स्त्रियाँ तो हो सकती हैं किन्तु एक ही देश और माता-पिता? यह कैसे सम्भव है! तभी कोरस स्त्रियाँ आती हैं। वे आपस में बात कर रही हैं कि थियोनोई के दिव्य ज्ञान के अनुसार मेनेलॉस जीवित है। इसी बीच हेलेन भी आ जाती है। वह प्रसन्न चित्त लग रही है। थियोनाई ने बताया है कि उसका पति जीवित है। यद्यपि उसका जहाज़ नष्ट हो गया है मगर वह शीघ्र ही मिस्र पहुँचने वाला है। वह बेचैनी से उसकी प्रतीक्षा कर रही है। तभी हेलेन को फटेहाल मेनेलॉस दिखायी देता है। वे दोनों ही एक दूसरे को देखकर हैरान-परेशान हैं। हेलेन तो उसे पहचान लेती है किन्तु मेनेलॉस यह मानने को तैयार नहीं कि वही असली हेलेन है। हेलेन उसे बताती है कि जिस हेलेन के लिए ट्रॉय का युद्ध हुआ और जिसे वह अपनी पत्नी मान कर साथ लिए समुद्री यात्रा कर रहा है वह वस्तुतः हेरा द्वारा व्योम से निर्मित हेलेन की प्रेत-छाया है। मेनेलॉस को लगता है उसे छलने के लिए भाग्य फिर कोई माया-जाल रच रहा है। वह जाने को उद्यत होता है तभी उसका एक साथी उसे खोजता हुआ वहाँ आता है और बताता है कि मेनेलॉस की अनुपस्थिति में एक अद्‌भुत घटना घटी। जिस हेलेन की रक्षा का भार वह अपने साथियों को सौंप कर आया था वह अचानक आकाश में उठी और अदृश्य हो गई। जाने से पहले उसने इतना अवश्य कहा कि वह केवल एक प्रेत-छाया थी जिसके लिए हज़ारों सैनिकों का रक्त बहा। वास्तविक हेलेन कोई और है और वह निर्दोष और पवित्र है। यह सुनकर मेनेलॉस का संशय मिट जाता है और पति-पत्नी आलिंगन बद्ध हो जाते हैं। धीरे-धीरे वे अतीत की ओर लौटने लगते हैं और बीती बातें दोहराते हैं। कई गुत्थियाँ सुलझाते हैं। मेनेलॉस उसे संक्षेप में पिछले सात वर्ष में यात्रा के दौरान झेली कठिनाइयों के विषय में बताता है। हेलेन उसे सावधान करती है कि उसकी कठिनाइयों का अन्त अभी नहीं हुआ। उन्हें शीघ्र ही यहाँ से भागने की योजना बनानी होगी अन्यथा थियोक्लाईमेनस उसे जीवित नहीं छोड़ेगा। वस्तुतः उसी से बचने के लिए हेलेन ने उसके पिता प्रोटियस की समाधि पर शरण ली थी। थियोक्लाईमेनस को किसी भी तरह मेनेलॉस की उपस्थिति की खबर नहीं लगनी चाहिए। किन्तु उसकी बहन थियोनोई के होते ऐसा होना असम्भव है। वह अपनी दिव्य दृष्टि से वर्तमान और भविष्य दोनों को देख सकती है। मेनेलॉस उसे थियोनाई की शरण में जाने का परामर्श देता है। तभी थियोनोई के कदमों की

आहट सुनाई देती है। द्वार खुलता है और थियोनाई प्रवेश करती है। वह आते ही मेनेलॉस के आने की सूचना देती है। वह यह भी कहती है कि कठिनाई के दिन बीत गए। देव सम्राज्ञी हेरा उन पर कृपालु है और वे दोनों सुरक्षित अपने देश जाएँगे। यह भविष्यवाणी करके वह दूत को आदेश देती है कि जाकर थियोक्लाईमेनस को मेनेलॉस के आगमन की सूचना दे। यह सुनते ही हेलेन उसके पैरों पर गिर पड़ती है और आग्रह करती है कि यह खबर थियोक्लाईमेनस को न दे। वह मेनेलॉस को मार डालेगा और उसे विवाह के लिए विवश कर देगा। वह मेनेलॉस की पत्नी है और किसी को अधिकार नहीं कि उसे उसके पति से अलग करे। वह थियोनोई को यह भी याद दिलाती है कि उसके पिता प्रोटियस ने हेलेन की रक्षा का वचन दिया था। वह अनुनय करती है कि थियोनोई सत्य और न्याय का साथ दे और अपने भाई को कोई अनर्थ न करने दे। मेनेलॉस भी उसे प्रोटियस का वचन याद दिलाता है। वह अपनी पत्नी के लिए थियोक्लाईमेनस से द्वन्द्व युद्ध के लिए भी तैयार है। यदि भाग्य को उनका सुख स्वीकार नहीं तो वह यहीं प्रोटियस की समाधि पर पहले हेलेन को मार कर फिर आत्महत्या कर लेगा। थियोनोई उनके तर्क से प्रभावित हो उनका साथ देने का निश्चय करती है। वह थियोक्लाईमेनस को कुछ नहीं बताएगी किन्तु यहाँ से सकुशल भागने का उपाय उन्हें स्वयं ही करना होगा। थियोनोई के जाने के बाद वे मिस्र से पलायन की योजना बनाते हैं। यह तय होता है कि हेलेन काले मातमी कपड़े पहन कर बाल काट कर रोती-बिलखती थियोक्लाईमेनस के पास जाएगी और उसे बताएगी कि एक ग्रीक सैनिक अपने कुछ साथियों के साथ किसी तरह समुद्री तूफानों से बचता हुआ यहाँ आया है और मेनेलॉस की मृत्यु की खबर लाया है। थियोक्लाईमेनस यह जानकर प्रसन्न होगा कि उसकी राह का काँटा अपने आप ही निकल गया। वह हेलेन से विवाह की खुशी में कुछ भी करने को तैयार हो जाएगा। तब हेलेन उससे अनुरोध करेगी कि ग्रीक रीति-रिवाजों के अनुसार वह अपने स्वर्गवासी पति की आत्मा की शान्ति के लिए समुद्र में जाकर भेंट अर्पित करना चाहती है अतः उसके लिए आवश्यक प्रबन्ध कर दे। फटेहाल मेनेलॉस उसकी सहायता के लिए साथ जाएगा। उसके साथी आदेश की प्रतीक्षा में तैयार रहेंगे। यह निश्चित कर हेलेन भीतर जाती है।

कोरस स्त्रियाँ एक बार फिर हेलेन के दुख और निरपराध ही अपकीर्ति सहने के विवशता की बात करती हैं। वे उन हज़ारों युवतियों के लिए भी दुखी है जिनके पति ट्रॉय के युद्ध में मारे गए और जो अपने सूने शयनकक्ष में वैधव्य का दुख सह रही हैं। क्या युद्ध जरूरी है? क्या लोग अपने विवाद आमने-सामने बैठ कर बातचीत से नहीं सुलझा सकते? क्या इस दुनिया में कभी शान्ति नहीं होगी, कभी हिंसा समाप्त नहीं होगी? क्या मिला किसी को भी ट्रॉय के युद्ध से?

थियोक्लाईमेनस अपने सेवकों के साथ आखेट से लौटकर आता है और प्रोटियस की समाधि पर श्रद्धांजलि अर्पित करने को रुकता है। उसे पता चला है कि कोई ग्रीक यहाँ आया है। तभी हेलेन बाहर आती है। वह काले वस्त्र पहने है और उसके बाल छोटे-छोटे कटे हैं। उसका सुन्दर मुख आँसुओं से भीगा है। वह थियोक्लाईमेनस को मेनेलॉस की मृत्यु का समाचार देती है। यह खबर लाने वाला ग्रीक भय के कारण वहीं प्रोटियस की समाधि के पास दुबका बैठा है। लीबिया के चट्टानी तट पर मेनेलॉस का जहाज़ डूब गया। यह अकेला सौभाग्य से बच गया। उधर से निकलते नाविकों ने इसे देखा और तट पर ले आए। अब तो थियोक्लाईमेनस ही हेलेन का स्वामी, उसका होने वाला पति है। वह जैसा चाहेगा वैसा ही होगा। किन्तु ग्रीक परम्परा के अनुसार समुद्र में डूबने वाले को भेंट-सामग्री समुद्र में ही अर्पित की जाती है। अतः कृपा करके उसको अपना धर्म निभाने दे। थियोक्लाईमेनस नहीं चाहता कि हेलेन समुद्र में जाए किन्तु इन परिस्थितियों में उसे रोकना भी उचित नहीं होगा। यह व्यक्ति ग्रीक रीति रिवाजों से परिचित है अतः हेलेन के निर्देश के लिए साथ जाएगा। भेंट के लिए एक स्वस्थ साँड, बिस्तर, अस्त्र-शस्त्र और सभी तरह के फलों का प्रबन्ध करने की आज्ञा देकर सभी प्रस्थान करते हैं।

कोरस-स्त्रियाँ पर्सीफनी के अपहरण की गाथा दोहराती है। तभी हेलेन आकर सूचना देती है कि सभी कुछ योजना के अनुसार ही हो रहा है। थियोनोई ने भी उनका साथ दिया और भाई को मेनेलॉस के विषय में कुछ नहीं बताया। थियोक्लाईमेनस आता है। पचास चप्पुओं का जहाज़ तैयार है। वह हेलेन की सलाह पर उस ग्रीक को जो वस्तुतः मेनेलॉस है, जहाज़ की कमान दे देता है और अपने आदमियों को आज्ञा देता है कि उसके आदेश का पालन करें। जब तक हेलेन लौट कर आती है वह विवाह की तैयारी करवाता है। हेलेन को विदा करके थियोक्लाईमेनस महल में जाता है। ज़ीयस से सफलता और सुरक्षा की प्रार्थना कर हेलेन और मेनेलॉस भी प्रस्थान करते हैं। कोरस भी उनकी सुरक्षा के लिए प्रार्थना करता है। ईश्वर करे वे सकुशल स्पार्टा पहुँचे और अपनी बेटी हर्मीयोनी को मिले और सुकीर्ति अर्जित करे। तभी थियोक्लाईमेनस महल से बाहर आता है और दूसरी ओर से वह सेवक जिसे उसने हेलन के साथ भेजा था। वह बुरी खबर लाया है। ज़ीयस की बेटी हेलेन उसे धोखा देकर अपने पति के साथ भाग गई। वह व्यक्ति कोई अन्य नहीं स्वयं मेनेलॉस था। समुद्र तट पर पहुँच कर हेलेन ने सस्वर अपने पति का विलाप किया। जब वे जहाज़ में सामान लाद रहे थे कुछ ग्रीक वहाँ आ पहुँचे। मेनेलॉस ने उन्हें पहले से निर्देश दे रखे होंगे। उनकी दयनीय स्थिति से सहानुभूति प्रकट करते हुए मेनेलॉस ने उन्हें भी तर्पण के लिए जहाज़ पर आने को निमंत्रित कर लिया। मन में सन्देह तो हुआ किन्तु आज्ञा-पालन का आदेश था, सो चुप रह गए। तट से दूर पहुँचते ही

मेनेलॉस ने तलवार निकली और समुद्र देवता पोसायडन को सुरक्षित यात्रा के लिए साँड की बलि दी और रणघोष के साथ अपने साथियों को अपने जौहर दिखाने की आज्ञा दी। उन्होंने चीथड़ों में छिपायी हुई तलवारें निकालीं और हमारे आदमियों पर टूट पड़े। देखते ही देखते जलपोत खून से भर गया। कई समुद्र में गिर कर मारे गए और कई मेनेलॉस के शौर्य के शिकार हो गए। हमारे पास शस्त्र नहीं थे और आक्रमण अप्रत्याशित था। मैं अकेला समुद्र में कूद कर जान बचा पाया और यह समाचार आप तक लाया। थियोक्लाईमेनस के क्रोध का अन्त नहीं। एक स्त्री से छला गया। और वह थियोनाई। उसने भी तो सच नहीं बताया। उसे तो अपने किये का दंड भोगना ही होगा। वह महल में जाने को मुड़ता है किन्तु वह सेवक राह रोक लेता है। वह थियोक्लाईमेनस को थियोनोई को मारने नहीं देगा। वह एक सेवक होते हुए भी अपने राजा को समझाता है कि हेलेन मेनेलॉस की पत्नी है, उसे अपने पति के साथ ही जाना चाहिए था। थियोनोई ने वही किया जो न्यायोचित था। तभी हेलेन के देवत्व प्राप्त दोनों डियोस्कोरी भाई प्रकट होते हैं और थियोक्लाईमेनस को अपने क्रोध पर नियन्त्रण रखने का आदेश देते हैं। यह निश्चित था कि हेलेन अपने पति मेनेलॉस के साथ स्पार्टा लौटे। प्रारब्ध को कोई बदल नहीं सकता। थियोनोई प्रज्ञावान है। उसका आचरण उपयुक्त था। हेलेन का पीछा करने का कोई लाभ नहीं। डियोस्कोरी की बात सुन कर थियोक्लाईमेनस शान्त हो जाता है। कोरस स्त्रियाँ प्रसन्न हैं। जीवन में बहुधा वह नहीं होता जो हम चाहते हैं किंतु कई बार दैवी कृपा से अप्रत्याशित सुख मिल जाता है। आज यहाँ कुछ ऐसा ही हुआ है।

हिप्पॉलिटस

ट्रोज़ेन में स्थित राजा थीसियस के राजप्रासाद के सामने मुख्य द्वार के एक ओर प्रेम और सहवास की देवी एफ़्रॉडायटी और दूसरी ओर दैहिक पवित्रता और आखेट की देवी आर्टेमिस की मूर्तियाँ स्थापित हैं। युद्ध में हुए रक्तपात का प्रायश्चित करने के लिए थीसियस ट्रोज़ेन से स्वेच्छा से एक वर्ष के लिए निष्कासित है। एफ़्रॉडायटी प्रवेश करती है। प्रेम की शक्ति से इस विश्व में कौन परिचित नहीं? जो एफ़्रोडायरी का सम्मान करते हैं, सुख भोगते हैं किन्तु जो उसका अपमान करते हैं या उसकी आराधना नहीं करते वे देवी के कोप के भाजन भी होते हैं। स्त्री-योद्धाओं की प्रजाति अमेजन की रानी से जन्मा थीसियस का पुत्र हिप्पॉलिटस एक ऐसा ही घमंडी युवक है जो प्रेम और विवाह दोनों का तिरस्कार करता है। आर्टेमिस का यह समर्पित पुजारी एफ़्रॉडायटी की अवहेलना कर सारा-सारा दिन आखेट में लगा रहता है। प्रणय-सुख का निरादर करनेवाले को एफ़्रॉडायटी सहन नहीं कर सकती। वह आज ही हिप्पॉलिटस को उसके अहंकार का दंड देगी। दो वर्ष पूर्व जब हिप्पॉलिटस पीथियस से शिक्षा प्राप्त करने के बाद पैंडियन नगर आया था तो उसके पिता थीसियस की युवा पत्नी फ़ेडरा ने पहली बार उसे वहाँ देखा था और उस पर आसक्त हो गई थी। तब से वह उसे पाने की उद्दाम वासना में घुलती जा रही है। आज एकतरफा प्रेम की यह कथा अपने उत्कर्ष पर पहुँचेगी और हिप्पॉलिटस अपने पिता के श्राप से मारा जाएगा। फ़ेडरा अपने सम्मान की रक्षा करते जान से हाथ धो बैठेगी। अनर्थ होगा लेकिन हिप्पॉलिटस को उसके गर्व का दंड तो देना ही होगा। मिथक की सारी सम्भावी घटनाओं को उद्घाटित करने के बाद एफ़्रॉडायटी प्रस्थान करती है। हिप्पॉलिटस अपने साथी आखेटकों के साथ मंच पर आता है। वे देवी आर्टेमिस की स्तुति कर रहे हैं। हिप्पॉलिटस देवी की प्रतिमा पर भेंट अर्पित करता है और उसकी प्रशंसा में गीत गाता है। आर्टेमिस के प्रति हिप्पॉलिटस की समर्पण भावना देखकर एक सेवक उसे एफ़्रॉडायटी को भी समादृत करने का परामर्श देता है किन्तु हिप्पॉलिटस को आर्टेमिस के अतिरिक्त कुछ सुझाई नहीं देता। वह मित्रों के साथ भोजन करने के लिए भीतर जाता है। ट्रोज़ेन की महिलाओं का कोरस प्रवेश करता है। वे फ़ेडरा के लिए चिन्तित

हैं। दिन ब दिन उसकी हालत गिरती जा रही है। पिछले तीन दिन से उसने अन्न का एक दाना भी नहीं लिया। पता नहीं कौन-सा दुःख है जो उसे खाये जा रहा है। पति का वियोग या उसकी बेवफ़ाई? जटिल है स्त्री-प्रकृति। कठिन है कारण समझ पाना। तभी एक वृद्धा परिचारिका का सहारा लिए फ़ेडरा बाहर खुली हवा में आती है। वह बहुत क्षीणकाय हो गई है। उसकी वृद्धा परिचारिका उसे समझाने का प्रयास कर रही है कि जीवन अमूल्य निधि है। इसे यूँ ही न खो दे। उसे बताए कि इस अवस्था का कारण क्या है। फ़ेडरा ऊँचे पर्वतों, बहते झरनों, भागते हिरणों और जंगलों की बात करती है। सेविका को लगता है कि वह अपना सन्तुलन खो बैठी है। वह आर्टेमिस के आखेटकों और थिसली के अश्वों की बात करती है और फिर रोने लगती है। शर्म से उसका मुँह लाल हो जाता है और एक अनकही पीड़ा से मन-मस्तिष्क जैसे विचलित हो उठते हैं। कोरस-महिलाएँ और वृद्धा परिचारिका बार-बार पूछती हैं कौन सा दुःख है उसे। यदि वह बताए तो शायद कोई औषधि, कोई जादू टोना, कुछ उपाय काम कर जाए। इस तरह जान देने का परिणाम तो उसके अपने बच्चों के लिए भयंकर हो सकता है। यदि वह प्राण त्याग देगी तो उसके पुत्र कभी भी एथेन्स के शासक नहीं हो सकेंगे। उनका यह अधिकार थीसियस का अवैध पुत्र हिप्पॉलिटस छीन लेगा। हिप्पॉलिटस का नाम सुनते ही फ़ेडरा दर्द से कराह उठती है। उसी की कामना में तो वह घुलती जा रही है। यद्यपि उसकी देह पवित्र है किन्तु मन आसक्त और लज्जित है। वासना में अंधी पैसिफ़े की बेटी और अरियाडनी की बहन फ़ेडरा का यही उत्तराधिकार है। यह सुनकर परिचारिका भी स्तब्ध रह जाती है। लगता है कि एफ़्रॉडायटी पूरे घर का सर्वनाश करने पर तुली है। काश कि यह सब सुनने से पहले ही वह मर जाती। कैसा भयानक है सच। कितनी गर्हित है यह इच्छा। कोरस भी किंकर्तव्यविमूढ़ है। दुख की कोख से जन्मी है फेडरा! फ़ेडरा उन्हें बताती है कि अपनी इस वासना को छिपाने और दबाने का बहुत प्रयास किया उसने। अपने तक ही रखना चाहती थी मगर आज बात परायी हो गई। जानती है कितना लज्जास्पद है यह। लेकिन अब वह जीवित नहीं रहेगी। उसने आत्महत्या कर निश्चय कर लिया है। वह अपूर्ण इच्छा किन्तु सम्मान के साथ इस जीवन का त्याग करेगी। तब तक फ़ेडरा की वृद्धा परिचारिका अपने को सँभाल चुकी है। प्रेम के लिए जीवन नष्ट करना तो मूर्खता है। एफ़्रॉडायटी के खेल न्यारे हैं। वह तो देवी-देवताओं को भी पागल कर देती है, हम तो साधारण मनुष्य हैं। सम्पूर्णता हमारा स्वभाव नहीं। अपराध बोध में जीवन नष्ट करने की आवश्यकता नहीं। समझदारी से बहुत-सी युक्तियाँ निकलती हैं। जब जीवन ही नहीं तो पवित्रता का दम्भ कैसा। वह अपनी स्वामिनी को बचाने के लिए कुछ भी करेगी। फ़ेडरा अनिश्चय की स्थिति में है। परिचारिका के प्रस्थान के बाद कोरस प्रेम की महिमा और उसकी शक्ति का बखान करता है।

तभी परिचारिका और हिप्पॉलिटस के बीच वाद-विवाद और तर्क-वितर्क के ऊँचे स्वर सुनायी देने लगते हैं। फ़ेडरा दरवाज़े से सट कर खड़ी सुन रही है। हिप्पॉलिटस उसकी भर्त्सना कर रहा है। बोलते-बोलते वे मंच पर आते हैं। हिप्पॉलिटस आपे से बाहर है। ऐसा अधर्म! ऐसी नीचता! ऐसा सोच भी कैसे लिया कि एक समर्पित और आज्ञाकारी पुत्र, पवित्रता की देवी आर्टेमिस का पुजारी वासना में अंधा होकर अपने ही पिता की शैया को दूषित करेगा। परिचारिका हाथ जोड़कर, पैर पकड़कर प्रार्थना कर रही है कि वह चुप रहे। वह घुटने पकड़कर उससे क्षमा की भीख माँगती है और यह वचन भी कि वह इस विषय में किसी से कुछ नहीं कहेगी। हिप्पॉलिटस के जाने के बाद फ़ेडरा बिलकुल टूट जाती है। कैसा अभिशाप है स्त्री होना। भाग्य ने कैसा छल किया है उसके साथ। अब उस पाप का दंड भोगेगी जो उसने किया ही नहीं। ग़लत सलाहकार सिद्ध हुई वृद्धा सेविका। ट्रोज़ेन के महिला कोरस से इस रहस्य को अपने तक सीमित रखने का आग्रह कर फ़ेडरा भीतर जाती है। मरने के अतिरिक्त उसके पास कोई रास्ता नहीं लेकिन अब उसे भी जान से हाथ धोना पड़ेगा जो इस परिस्थिति का कारण है। प्रेम ने विनाश किया दोनों का। कोरस महिलाएँ उस दिन को याद करती हैं जब फ़ेडरा एथेन्स में दुल्हन बन कर आयी थी। आज असफल प्रेम की पीड़ा में वह उसी शयन कक्ष में प्राण देने जा रही है। भीतर से एक सेवक के चिल्लाने का स्वर सुनाई देता है। फ़ेडरा ने गले में फन्दा लगाकर आत्महत्या कर ली।

थीसियस प्रवेश करता है। सिर पर माला धारण किये है। यह शकुन स्थल से शुभ समाचार मिलने का सन्देश है। किन्तु अभी उसने एक चीख सुनी। और यहाँ उसके स्वागत की कोई तैयारी भी नहीं। क्या कुछ अशुभ घटा है? उसके बच्चे? फ़ेडरा के पिता? सब कुशल तो हैं? कोरस उसे सूचना देता है कि फ़ेडरा ने आत्महत्या कर ली। मृत्यु से भी घातक है यह समाचार। द्वार खुलता है। सामने फ़ेडरा का शव दिखायी देता है। थीसियस इस असमय मृत्यु का विलाप करता है। न जाने कौन से कुकर्मों का फल है यह। क्यों नियति ने स्त्री जाति का यह अनुपम रत्न छीन लिया उससे। कैसे एक सुनहरी चिड़िया-सी वह उसके हाथ से निकल कर अदृश्य हो गई। मगर यह हुआ क्यों? इसी बीच वह फ़ेडरा की कलाई से बँधा एक पत्र देखता है। अब शायद फ़ेडरा की मृत्यु का रहस्य खुले। वह पत्र खोलकर पढ़ता है। ऐसा घिनौना पाप! ऐसा कुत्सित कर्म! अपने ही पिता की शैय्या का अपमान किया हिप्पॉलिटस ने। आवेश में थीसियस अपने पिता समुद्र देवता पॉसायडन से प्रार्थना करता है कि जो तीन वचन उसे दिये थे उनका पालन करे। वार करो हिप्पॉलिटस पर। वह अधर्मी कल का सूरज न देखे। तभी अपने साथियों के साथ हिप्पॉलिटस प्रवेश करता है। वह पिता के आने का समाचार सुन कर आया है। किन्तु यह क्या? अभी कुछ देर पहले तक तो थीसियस की पत्नी जीवित थी। यह अचानक क्या हुआ? थीसियस उसकी धूर्तता

की प्रतारणा करता है। हिप्पॉलिटस कुछ समझ नहीं पाता। हिप्पॉलिटस के अपराध का ज्वलन्त प्रमाण है थीसियस के हाथ में–फेडरा का पत्र। कोई युवती जीवन के सारे सुख त्याग कर, सारे सपनों को कुचल कर, सारी आकांक्षाओं का गला घोंट कर अकारण आत्महत्या नहीं करती। हिप्पॉलिटस अपने पक्ष में कहता है कि वह पवित्र है–इस संसार के किसी भी अन्य युवक से अधिक तन-मन-वचन से पवित्र। देवताओं का सम्मान करने वाला, आदर्शवादी और सुसंस्कृत मित्रों के साथ उठने-बैठने वाला वह ऐसी घिनौनी हरकत करने की सोच भी नहीं सकता। उसने आज तक देह-भोग का आस्वादन नहीं लिया। यदि उसे कोई ऐसी इच्छा होती तो क्या सुन्दर सुकुमारियों की कोई कमी थी? राज सुख नहीं, उसकी महत्वाकांक्षा तो ग्रीक खेलों में सर्वोच्च स्थान प्राप्त करने की है। यदि उसने कभी थीसियस की पत्नी का स्पर्श भी किया हो तो देवता उसे बुरी से बुरी मौत दें। यह धरती उसे शरण न दे। न ही समुद्र उसके शव को स्वीकार करे। कैसी विडम्बना है कि पवित्र न होते हुए भी फ़ेडरा पवित्रता का सम्मान पा गई और वह पवित्र होते हुए भी अपमान और यन्त्रणा का भागी बना। कम से कम थीसियस से तो इस सारे प्रसंग का अनुवीक्षण अपेक्षित है। लेकिन थीसियस कुछ भी समझने को तैयार नहीं। वह हिप्पॉलिटस के निष्कासन की घोषणा करता है। तिरस्कृत और आहत हिप्पॉलिटस कहाँ जाएगा? कौन-सा देश शरण देगा ऐसे अधर्मी और कलंकी को? क्या मुँह लेकर जाएगा वह मित्रों के पास! कैसे बताए थीसियस को कि सच क्या है। बँधा है वह वृद्धा परिचारिका को दिए वचन से। आर्टेमिस की प्रतिमा से अन्तिम विदा लेकर हिप्पॉलिटस प्रस्थान करता है। थीसियस के महल में जाने के बाद कोरस महिलाएँ मनुष्य के जीवन में नियति, परिवर्तन और संयोग की भूमिका पर टिप्पणी करती हैं। उनका मन हिप्पॉलिटस के लिए दुखी है। एथेना के नगर का सबसे चमकीला सितारा आज देश से निष्कासित होने जा रहा है। अब कभी टिप्पॉलिटस के अश्वों की टाप सुनायी न देगी। थीसियस के महल से दिन-रात बहता संगीत सदा के लिए बन्द हो जाएगा। अब कोई आर्टेमिस के लिए फूल-मालाएँ न गूँथेगा। न ही किशोरियाँ सुमुख हिप्पॉलिटस की पत्नी बनने की स्पर्धा में जलेंगी। सुख के सारे सपने आँसुओं में डूब गए।

हिप्पॉलिटस का एक सेवक भागता हुआ महल की ओर आता दिखायी देता है। उसकी पुकार सुन थीसियस भी बाहर आता है। वह एथेन्स और ट्रोज़ेन को यह दुःखद समाचार देता है कि हिप्पॉलिटस मर रहा है। उसके अपने ही अश्वों ने उसे मार डाला। यहाँ से जाने के बाद अपने पिता की आज्ञा शिरोधार्य कर उसने निष्कासन को स्वीकार कर रथ में घोड़े जोते और देश की सीमा की ओर चल पड़ा। उसके मित्र और सेवक रथ के साथ-साथ दौड़ रहे थे। तभी समुद्र से एक असाधारण रूप से ऊँची लहर उठ कर उनकी ओर बढ़ने लगी। घोर गर्जना हुई और ज़मीन काँपने लगी। देखते

ही देखते इस विशालतम लहर ने हिप्पॉलिटस के रथ को अपनी लपेट में ले लिया। एक जंगली साँड चिंघाड़ता हुआ रथ की ओर बढ़ा। घोड़े भयभीत होकर चट्टान की ओर भागने लगे। रथ चट्टान से टकरा कर टुकड़े हो गया और उसके टुकड़े हवा में उछल गये। इस सब के बीच घोड़े की लगाम हिप्पॉलिटस के गले में फंदा बनकर पड़ गई और उसका क्षत-विक्षत शरीर रथ के साथ घिसटने लगा। यह सब कुछ इतनी जल्दी और इतने वेग से हुआ कि कोई भी उस तक पहुँच नहीं पाया। समुद्र देवता ने आपकी प्रार्थना स्वीकार की। हिप्पॉलिटस अपनी अन्तिम साँसें गिन रहा है। लेकिन मेरा विश्वास है कि वह निर्दोष है। सारी स्त्रियाँ आत्महत्या कर लें, पत्रों का पहाड़ लग जाए तो भी मैं यह नहीं मान सकता कि हिप्पॉलिटस का आचरण दूषित था।

दूत घायल हिप्पॉलिटस को लाने जाता है। थीसियस को अभी भी अपने दुर्भाग्य का एहसास नहीं। कोरस एफ्राडॉयटी की अभ्यर्थना करता है। तभी दूसरी ओर अपनी प्रतिमा के ऊपर आर्टेमिस प्रकट होती है और थीसियस को सम्बोधित करती है। उसने अपनी पत्नी की झूठी कहानी पर विश्वास कर अपने पुत्र के प्राण ले लिए। अब पाताल में भी उसे मुँह छिपाने की जगह न मिलेगी। फ़ेडरा की असफल वासना ने हिप्पॉलिटस की जान ली। वह पवित्र था किन्तु अपना सच सिद्ध न कर सका। और फ़ेडरा यह झूठा पत्र लिखकर अपनी सच्चाई का सबूत छोड़ गई। तुमने एक पल भी न सोचा, न जाँच पड़ताल की, न सच जानने की कोशिश और हिप्पॉलिटस को श्राप दे दिया। एफ्रॉडायटी ने अपने तिरस्कार का प्रतिशोध लिया। आर्टेमिस उसके क्षेत्र में हस्तक्षेप तो नहीं कर सकती थी किन्तु हिप्पॉलिटस जैसे सच्चे और समर्पित युवक की अकारण मृत्यु से आहत है। तभी सेवक क्षत-विक्षत हिप्पॉलिटस को उठाकर लाते हैं। तन और मन दोनों से घायल हैं। निरपराध मारा गया। पिता ने भी उसे ही दोषी माना। उसका विश्वास नहीं किया। अब तो केवल मृत्यु ही उसे इस यन्त्रणा से छुटकारा दिला सकती है। आर्टेमिस उसे दिलासा देती है एफ्रॉडायटी के क्रोध ने तीन जीवन नष्ट किए। यह सब कुछ होने पर भी हिप्पॉलिटस अपने पिता के लिए चिंतित है। थीसियस को अपनी ग़लती का एहसास होता है मगर अब बहुत देर हो चुकी है। आर्टेमिस उसके सम्मान में अनुष्ठान पर्व आरम्भ करने का वचन देकर प्रस्थान करती है। मरते समय हिप्पॉलिटस अपने पिता को स्वजन हत्या के अपराध से मुक्त करता है। कोरस का मन इस आकस्मिक, अनपेक्षित दुर्घटना की पीड़ा से घायल है। यह दुख तब और भी बढ़ जाता है जब ऐसे महान व्यक्ति इस दुनिया से इस तरह जाते हैं।

द सप्लायन्ट वीमेन

इल्यूसिस में अन्न की देवी डिमीटर की प्रतिमा के सामने ईथरा एक शरणागत के समान बैठी है। वह देवी के हवन स्थल से फूल मालाओं से बँधी है। हवन वेदी के चारों ओर कुछ किशोर, सात शोकाकुल स्त्रियाँ, सात परिचारिकाओं का वृन्द और एड्रास्टस खड़े हैं। एथेन्स के राजा थीसियस की माँ ईथरा देवी के मन्दिर में अच्छी फसल के लिए प्रार्थना करने आई थी किन्तु यहाँ उसे एड्रास्टस और इन प्रौढ़ रोती-बिलखती महलाओं ने घेर लिया और सहायता की गुहार की। ये उन सात बीरों की माताएँ हैं जो एड्रास्टस के नेतृत्व में थीब्ज़ के सात द्वारों पर युद्ध करते हुए मारे गए। अब स्थिति यह है कि थीब्ज़ के राजा क्रियों ने उन सात सेनाधिपतियों के शव उनके परिवार को सौंपने से इनकार कर दिया है। उनके लहूलुहान और धूल-धूसरित शव युद्धभूमि में खुले पड़े हैं गिद्धों और श्वानों का आहार बनने के लिए। पराजय और विजेता की अमानवीयता से क्षुब्ध एड्रास्टस ईथरा के पास यह प्रार्थना लेकर आया है कि वह अपने तेजस्वी पुत्र थीसियस को उनकी सहायता के लिए राजी करे। शरणागतों की रक्षा के लिए एथेन्स सारे ग्रीस में प्रसिद्ध है। थीसियस को वहाँ बुलाने के लिए ईथरा ने दूत भेज दिया है। सबको उसके लौटने की प्रतीक्षा है। इस बीच कोरस-स्त्रियाँ एक बार फिर उन अभागी माँओं की व्यथा कहती हैं जो अपने वीर पुत्रों के शव का अन्तिम संस्कार भी विधिवत नहीं कर सकतीं। अधर्म है यह तो। मानव का ही नहीं मानवता का हनन है। एक मर्त्य का अहंकार दैवी विधान को चुनौती दे रहा है। ईथरा उनके दुख से द्रवित है किन्तु उनकी समस्या का समाधान तो उसका पुत्र ही कर सकता है। तभी एथेन्स-सम्राट थीसियस आता दिखाई देता है। वह दूर से ही स्त्रियों के करुण विलाप और छाती पीटने की आवाज़ सुनता आ रहा है। क्या हुआ है? कौन हैं ये स्त्रियाँ? और क्यों रो रही हैं? ईथरा पुत्र को बताती है कि ये सातों थीब्ज़ के युद्ध में अपने बेटे गँवा कर आई हैं; उनके साथ खड़े किशोर उन मृतकों की सन्तान है और वह जो चादर में सिर मुँह लपेटे क्रन्दन कर रहा है वह आरगू का राजा एड्रास्टस है जिसके नेतृत्व में वह युद्ध लड़ा गया। थीसियस विस्तृत जानकारी के लिए एड्रास्टस को सम्बोधित करता है। एड्रास्टस घुटनों पर झुक कर

अपनी हार और सातों सेनापतियों की मृत्यु की पुष्टि करता है और थीसियस से अनुनय करता है कि वह उनके शव वहाँ से लाने में उसकी सहायता करे। वह अपनी ओर से क्रियों को समझाने का हर सम्भव प्रयास कर चुका है किन्तु विजेता पराजित की पीड़ा को कब समझ पाया है! थीसियस जानना चाहता है कि उसने थीब्ज़ पर आक्रमण क्यों किया। एड्रास्टस बताता है कि यह युद्ध उसने अपने दामादों टाइडियस और थीब्ज़ के निष्कासित राजकुमार पॉलिनिसेज़ की सहातया के लिए किया। ईडिपस के बेटे पॉलिनिसेज़ के जुड़वाँ भाई इटोक्लीज़ ने थीब्ज़ की सत्ता हथियाकर भाई को उसके अधिकार से वंचित कर दिया था। राज्य में उसका हिस्सा पॉलिनिसेज़ को दिलाने के लिए उसने सात सेनापतियों के साथ थीब्ज़ के सात प्रवेश द्वारों पर आक्रमण किया। लेकिन भाग्य ने उनका साथ न दिया और वे सातों योद्धा मारे गए। अब जैसे भी हो थीसियस उनके शवों को अपमानित होने से बचा ले। एक वही यह काम कर सकता है। सारे ग्रीस में कोई नगर-राज्य न तो एथेन्स-सा शक्तिशाली है और न ही शरणागत का ऐसा पक्षधर। अब वही उनकी अन्तिम आशा है।

थीसियस एड्रास्टस को अपनी बेटियाँ विदेशियों से ब्याहने के लिए धिक्कारता है। खोखली लोकप्रियता हासिल करने के लिए वह वयोवृद्ध होते हुए भी युवाओं के बहकावे में क्यों आ गया? क्यों नहीं अपनी बुद्धि का प्रयोग किया? क्यों युद्ध से पहले देवताओं का आशीर्वाद नहीं लिया? क्यों भविष्यद्रष्टाओं की अवहेलना की? अब वह कैसे एड्रास्टस का पक्ष एथेन्स-वासियों के सामने रखे!

एड्रास्टस अपनी ग़लती मानता है, लेकिन वह थीसियस के पास शरणागत के रूप में सहायता की प्रार्थना लेकर आया है। गलतियों को सुधारने का समय तो निकल चुका है। कोरस की महिलाएँ उसे घेर कर दया की भीख माँगती है। वे अपने बेटों के शव के लिए ज़ार-ज़ार रो रही हैं। बेटे खो दिए वही क्या कम दुख है! अब उन्हें दफ़ना भी न पाने की यातना कैसे सह पाएँगी। उनके दुख से विचलित ईथरा भी रो पड़ती है। वह अपने पुत्र थीसियस से कहती है कि शरणागत की रक्षा करना मनुष्य का सबसे बड़ा धर्म है और मृतकों का विधिवत संस्कार दैवी विधान। एथेन्स के लिए सुयश अर्जित करने का यह अवसर तुम्हें किसी भय के कारण हाथ से न जाने देना चाहिए। जाओ सत्य और न्याय तुम्हारे साथ है, देवताओं के विधान पर भरोसा रखो और थीब्ज़ की ओर प्रस्थान करो। माँ के इन शब्दों से थीसियस को बल मिलता है। वह जाने के लिए प्रस्तुत है। वह थीब्ज़ के शासक को समझाने का प्रयास करेगा, किन्तु यदि वार्ता सफल न हुई तो हथियार उठाना ही पड़ेगा। किन्तु पहले उसे एथेन्स के नागरिकों की सहमति प्राप्त करनी होगी। अतः वह एड्रास्टस और अपनी माँ को साथ लेकर नगर की ओर प्रस्थान करता है। कोरस की महिलाएँ आरगू नगर और

उसके राजा एड्रास्टस की इस अथक प्रयास के लिए प्रशंसा करती हैं। वे एथेन्स-वासियों के निर्णय को लेकर चिंतित भी हैं। अतः सफलता के लिए नगर की देवी पालास एथीनी का आवाहन करती हैं।

थीसियस एड्रास्टस और एक दूत के साथ प्रवेश करता है। वह शोकाकुल माताओं को एथेन्स-वासियों की शुभेच्छा और सहयोग का आश्वासन देता है। थीसियस मैत्री सन्देश देकर दूत को भेजने ही वाला है, जब उसे थीब्ज़ का सन्देशवाहक आता दिखाई देता है। थीब्ज़ का दूत आते ही पूछता है कि वहाँ का तानाशाह कौन है? थीसियस उसके बात करने के ढंग से अप्रसन्न है लेकिन फिर भी उसे बताता है कि एथेन्स एक स्वतन्त्र नगर राज्य है और यहाँ जनमत ही सर्वोपरि है। यहाँ किसी का निरंकुश शासन नहीं चलता। दोनों शासन प्रणालियों पर तर्क वितर्क के बाद दूत थीब्ज़ के राजा क्रियों का सन्देश देता है कि थीसियस थीब्ज़ के शत्रु एड्रास्टस को शरण देने की भूल न करे और न ही मृतकों के शव प्राप्त करने के लिए उसके देश पर आक्रमण करने का दुस्साहस करे। वे सातों थीब्ज़ के शत्रु थे और उन्हें अपनी धृष्टता का उचित दंड मिला। थीसियस के लिए यह सन्देश किसी चुनौती से कम नहीं। वैसे भी अब यह स्पष्ट है कि थीब्ज़ से मानवीय मूल्यों के आदर की अपेक्षा रखना व्यर्थ है। थीसियस स्पष्ट शब्दों में दूत को बताता है कि वह क्रियों का दास नहीं और न ही एथेन्स को आदेश देने का क्रियों को कोई अधिकार है। थीसियस ने न तो आरगू सेना के साथ थीब्ज़ पर आक्रमण किया था और न ही नगर को आक्रान्त करने की उसकी कोई मंशा है। वह तो केवल मृतकों के अधिकार की रक्षा करने को कटिबद्ध है। क्रियों का आदेश सारे ग्रीस का अपमान है, मानव मूल्यों का हनन है, दैवी विधान का उल्लंघन है। शवों से कैसा भय? वे तो अब थीब्ज़ को ध्वंस करने की स्थिति में नहीं। मिट्टी को मिट्टी में मिल जाने दो, यही धर्म है। संसार में कोई व्यक्ति सदैव सफल और समृद्ध नहीं रहता। जीवन के इस सत्य को पहचानना ही सद्बुद्धि है। किन्तु थीब्ज़ के दूत पर इन सब बातों का कोई प्रभाव नहीं। अन्ततः थीसियस उसे लौटा देता है और अपने सैनिकों को तैयार होने की आज्ञा देता है। यह युद्ध वह अपने लिए नहीं, सत्य और न्याय के लिए लड़ रहा है। देवता अवश्य उसका साथ देंगे। यह कह कर थीसियस सैनिकों के साथ प्रस्थान करता है।

थीसियस के प्रस्थान के बाद कोरस की स्त्रियाँ बड़ी आशंका और सम्भ्रम में पड़ जाती हैं। न जाने इस युद्ध का परिणाम क्या होगा! कहीं एथेन्स पर उनके कारण कोई विपदा न आन पड़े! समय बदलते देर नहीं लगती। क्या देवता उनके साथ न्याय करेंगे? काश कि वे उड़ कर युद्धभूमि में पहुँच जातीं और देख पातीं साहसी थीसियस का पराक्रम! वे ज़ीयस से प्रार्थना करती हैं कि थीसियस विजयी होकर लौटे। तभी

युद्धभूमि से एक दूत आता है और थीसियस की विजय का समाचार देता है। वह बताता है कि थीसियस ने थीब्ज़ पहुँच कर एक बार फिर रक्तपात और नरसंहार रोकने का प्रयास किया। उसने क्रियों से उन सातों वीरों के शव माँगे किन्तु क्रियों ने कोई उत्तर नहीं दिया। फिर क्या था। तत्क्षण युद्ध छिड़ गया। रथों से रथ टकराए, भालों से भाले, तलवार से तलवार। ज़मीन से उठी धूल आसमान को छूने लगी, सिपाहियों के क्षत-विक्षत शरीर और कटे हुए अंग रणभूमि में बिखर गए, रक्त के फव्वारे छूटने लगे, रथों के पहियों के नीचे आकर न जाने कितने सैनिक हताहत हुए। इन सबके बीच स्वयं थीसियस तलवार घुमाता हुआ अपने सैनिकों को उत्साहित कर रहा था। घमासान युद्ध हुआ। अन्ततः थीसियस शत्रु सेना को खदेड़ने में सफल हुआ। वे भाग कर जान बचाने के लिए नगर के मन्दिरों में जा छिपे। किन्तु थीसियस वहीं नगर के बाहर रुक गया। उसने कहा कि वह थीब्ज़ को ध्वस्त करने नहीं आया, उसका उद्‌देश्य तो केवल शवों को प्राप्त करना है ताकि उनका विधिवत अन्तिम संस्कार किया जा सके। कोरस को थोड़ी राहत महसूस होती है। एड्रास्टस पश्चाताप की आग में जल रहा है। क्यों सोचने समझने की शक्ति होते हुए भी मनुष्य विनाश का मार्ग ही चुनता है। वह दूत से पूछता है कि थीब्ज़ के युद्ध में मारे गए अन्य सैनिकों के शवों का क्या हुआ। दूत बताता है कि थीसियस ने स्वयं सीथेरों पर्वत पर उनका सामूहिक संस्कार कर दिया। शेष उन सातों सेनाधिपतियों के शव इतनी बुरी स्थिति में थे कि दास भी उन्हें हाथ लगाने को तैयार नहीं हुए। तब थीसियस ने स्वयं शवों पर जमे हुए रक्त को धोया और उन्हें अर्थियों पर लिटाया। वे उन्हें लेकर पहुँचते ही होंगे। एड्रस्टस उन वीरों को सलाम करता है और रोते हुए प्रस्थान करता है। कोरस थीसियस और एथेन्स के प्रति कृतज्ञ हैं किन्तु अब उनकी अग्नि परीक्षा की घड़ी निकट आ रही है। काश कि उनका कभी विवाह ही न हुआ होता, न पति से संयोग होता न ही सन्तान होती और न ही आज यह दुर्दिन देखना पड़ता। अर्थियाँ उठाए दास प्रवेश करते हैं। पीछे एड्रास्टस और थीसियस है। कोरस की स्त्रियाँ विलाप करती हैं। एड्रास्टस गहरे खेद और अवसाद में झुलस रहा है। ईडिपस के वंश का अभिशाप उसके अपनों को भी लील गया। एक ग़लत निर्णय ने कितने घर उजाड़ दिए, कितने वीरों का रक्त मिट्टी में मिला दिया। थीसियस एड्रास्टस से आग्रह करता है कि वह उन सातों पराक्रमी योद्धाओं के विषय में उसे और उसके साथियों को बताए। उनका स्मरण ही उनकी सम्यक श्रद्धांजलि होगी। एड्रास्टस एक-एक कर उन वीरों के शौर्य का बखान करता है। पहला यह केपेनियस जो ज़ीयस के वज्र से मारा गया, कल्पनातीत वैभव का स्वामी था किन्तु अभिमान उसे छू न गया था। स्पष्टवादी, धीर-गम्भीर और कर्तव्यपरायण केथेनियस एक बेहतरीन दोस्त था। यह दूसरा इटोक्लस धनाढ्य तो नहीं था किन्तु आरगू का सम्मानित व्यक्ति था।

स्वर्ण को बन्धन मानता था और दुष्टों से घृणा करता था। उसका मत था कि एक भ्रष्ट शासक घृणा के योग्य है, उसकी प्रजा नहीं। तीसरा हिप्पॉमेडन भी ऐसे ही स्वभाव का था। धन का लोभ नहीं था उसे, चुनौतियों का सामना सहर्ष करता था। आखेट, धनुर्विधा और अश्वारोहण का निरन्तर अभ्यास करता था ताकि अपने नगर के काम आ सके। चौथा पारथेनोपयस, प्रसिद्ध आखेटिका और धावक एटलान्टा का पुत्र, असाधारण रूप का स्वामी था। स्वभाव से विनम्र था, व्यर्थ तर्क वितर्क से दूर रहता था। आरगू का देशज न होने पर भी वह हमारे लिए लड़ा। और यह टाइडियस-प्रभावी वक्ता नहीं था किन्तु अस्त्र-शस्त्र के प्रयोग में बेजोड़। थीसियस अपने आपको रोक नहीं पाता और एम्फीयारस और पॉलिनिसेज़ की प्रशंसा करता है। उन्हें वह व्यक्तिगत रूप से जानता था। अब मृतकों के अन्तिम संस्कार में विलम्ब न होना चाहिए। केपेनियस जो ज़ीयस के वज्र से मारा गया, उसके लिए अलग चिता होगी और उसका स्मारक वहीं मन्दिर के पास बनाया जाएगा। शेष छह वीरों के नश्वर शरीर एक ही चिता पर जलाए जाएँगे। एड्रास्टस रोती-पीटती माँओं से अन्तिम बार अपने पुत्रों को देख लेने को कहता है किन्तु थीसियस उन्हें रोक देता है। स्त्रियाँ शवों की भयावह स्थिति सह नहीं पाएँगी। एड्रास्टस रह-रहकर कह उठता है क्यों, आख़िर क्यों मनुष्य धैर्य और अहिंसा के बदले भाले और तलवार में विश्वास रखता है? क्यों वह अपने पड़ोसियों के साथ शान्तिपूर्वक नहीं रह सकता? अपने ही बनाए नगरों की सलामती नहीं चाहता? इतना छोटा-सा जीवन क्यों निर्द्वन्द्व और निर्मल मन से नहीं जी सकता!

चिताओं की ओर मृतकों की अन्तिम यात्रा आरम्भ होती है। एक बार फिर स्त्री-कोरस के धैर्य का बाँध टूट जाता है। आँसुओं की नदी बह निकलती है, चीत्कारों से हवा फटने लगती है। माँएँ अपने जवान बच्चों का विलाप कर रही हैं। कैसी अनहोनी है यह! प्रसव-पीड़ा को भूल कर जिनके जन्म का उत्सव मनाया, आनन्द और अभिमान से जिन्हें चलना सिखाया, इस योग्य बनाया कि सारा देश उन पर गर्व कर सके, आज वे अपनी बूढ़ी, बेसहारा माँओं को छोड़कर जा रहे हैं। क्या शेष रह गया जीवन में? खुशियाँ सदा के लिए विदा हो गईं उनके घर-संसार से। आज के बाद हर सुबह आँसुओं में नहा कर निकलेगी उन अभागी माँओं के लिए जो न जिन्दा हैं न मुर्दा।

केपेनियस की चिता को अग्नि दी जा रही है। तभी अचानक उसकी पत्नी, इफिस की बेटी इवाडनी ऊपर पहाड़ी पर दिखाई देती है। विलाप करती इवाडनी अतीत का वह सुनहरा दिन याद करती है जब केपेनियस उसे ब्याह कर लाया था। जब सारा नगर दुल्हन सा सजा था और प्रकृति ने अपना सुन्दरतम रूप सजाया था। सब समाप्त हो गया। पति के बिना एक निर्जीव देह की तरह जी कर क्या करेगी!

यहीं उसी के साथ एक ही चिता पर भस्म होकर वह पर्सीफोन के देश जाएगी। कोरस की महिलाएँ उसे समझाने की कोशिश करती हैं। तभी उसका पिता इफिस वहाँ पहुँच जाता है। वह समझ नहीं पा रहा आख़िर इवाडनी अचानक घर से इस तरह भाग क्यों आई? और क्यों वह अपने पति की अन्तिम यात्रा में भाग लेने के लिए एक विधवा की तरह नहीं, एक दुल्हन-सी सज कर आई है! क्या है उसके मन में? इवाडनी कहती है कि आज यहाँ एक आशातीत घटना होने वाली है। आज वह एक ऐसी विजय-यात्रा पर जा रही है जिसे आरगू सदियों तक याद करेगा। और यह कहते-कहते वह पहाड़ी से केपेनियस की चिता में कूद पड़ती है। सारे हतप्रभ से देखते ही रह जाते हैं। इफिस चीख उठता है, उसका हृय दुख से फट रहा है। वृद्धावस्था में यह कैसा आघात सहना लिखा था उसके भाग्य में। अब क्या करे? कहाँ जाए? क्या केपेनियस के घर? कितना प्यारा लगता था वह घर जब इवाडनी वहाँ थी। कितने स्नेह से स्वागत करती थी पिता का। बेटों में चारित्रिक बल होता है लेकिन जख्मों पर मरहम तो बेटी ही लगा सकती है। उसका जीवन तो बस अब एक अँधेरी सुरंग है जिसका अन्त कहीं दिखाई नहीं देता।

मृतकों के किशोर पुत्र अपने पिता की राख से भरे कलश लेकर एक पंक्ति में आते हैं। माँएँ यह देखकर एकदम टूट जाती हैं। कितना कठिन है इस भार का वहन! माताओं की कोख सूनी हो गई और बच्चे अनाथ। पिता ने विरासत में छोड़ा है एक उदास, खामोश घर। बेटे देवताओं से प्रार्थना करते हैं कि उन्हें शक्ति दें ताकि वे अपने पिता का प्रतिशोध ले सकें। माँएँ पूछती हैं क्या प्रतिशोध का यह सिलसिला कभी खत्म नहीं होगा? क्या वे हमेशा रोती ही रहेंगी? उनकी आँखों के आँसू कभी थमेंगे नहीं? थीसियस एड्रास्टस एवं मृतकों के परिवार को सान्त्वना देता है और साथ ही यह भी कहता है कि वे इस बात को अपनी आने वाली पीढ़ियों को अवश्य बताएँ कि वे शरणागत के रूप में यहाँ आए थे और एथेन्स वासियों ने जान हथेली पर रख कर उनके अधिकार की रक्षा की थी। एड्रास्टस कृतज्ञ है। वे दोनों एक दूसरे से विदा लेते हैं। तभी आकाश में एथेन्स की संरक्षिका देवी एथीना प्रकट होती है। वह थीसियस से कहती है कि विदा लेने से पहले आरगू की ओर से एड्रास्टस को यह शपथ लेनी होगी कि उसका देश कभी एथेन्स पर आक्रमण नहीं करेगा। यदि ग्रीस का कोई अन्य राज्य ऐसा करता है तो आरगू एथेन्स की सहायता करेगा। यदि वह ऐसा नहीं करता तो आरगू शर्म, विनाश और पराजय का भागी होगा। एथीना थीसियस को आदेश देती है कि वह अपने घर से हेराक्लीज़ का त्रिपाद लेकर आए। तीन भेड़ों की बलि देकर उनका रक्त उसमें भर ले और उस पर एड्रास्टस शपथ ले। त्रिपाद देवता अपोलो के मन्दिर में स्थापित कर दिया जाए और बलि की तलवार उन सात चिताओं के पास धरती में गाड़ दी जाए और वहाँ

इस ऐतिहासिक घटना का एक स्मारक बनाया जाए। फिर एथीना मृतकों के किशोर वय पुत्रों को सम्बोधित करती है और उन्हें आदेश देती है कि युवावस्था प्राप्त करने पर वे थीब्ज़ पर आक्रमण कर अपने पिता की हत्या का प्रतिशोध लें और कैडमस के नगर को मिट्टी में मिला दें। उनकी इस विजय को आने वाली पीढ़ियाँ याद रखेंगी। थीसियस देवी की आज्ञा का पालन करेगा और शपथ सम्पन्न होने पर ही घर लौटेगा। कोरस स्त्रियाँ थीसियस के प्रति कृतज्ञता अभिव्यक्त करती हैं और अपने घरों की ओर लौटती हैं।

द फ़ोनीशियन वीमेन

नाटक का आरम्भ ईडिपस की पत्नी जोकास्टा के आगमन से होता है। वह थीब्ज़ के संस्थापक कैडमस और उसकी पीढ़ियों का इतिहास दोहराती है। उसकी चौथी पीढ़ी में लॉयेस के साथ हुआ जोकास्टा का विवाह। देवाज्ञा के विरुद्ध जाकर, अपने यौन-सुख के लिए लायेस और जोकास्टा ने एक पुत्र को जन्म दिया और फिर उसे मरने के लिए सीथेरों पर्वत पर छोड़ दिया। एक चरवाहे ने उस शिशु के प्राण बचाए और उसे ईडिपस का नाम दिया। इसी ईडिपस ने अनजाने में अपने पिता लायेस की हत्या की, मायाविनी स्फिंक्स के प्रश्नों का उत्तर देकर थीब्ज़ का सिंहासन प्राप्त किया और लायेस की विधवा अर्थात् अपनी ही माँ जोकास्टा से विवाह किया। उनकी चार सन्तानें हुईं–दो जुड़वाँ पुत्र–इटोक्लीज़ और पॉलिनिसेज़ तथा दो पुत्रियाँ एण्टीगनी और इज्मइन। ईडिपस के जन्म का रहस्योद्‌घाटन होने के बाद दोनों भाइयों में राजसत्ता के लिए झगड़ा हुआ। अन्ततः यह तय हुआ कि दोनों भाई एक-एक वर्ष के लिए बारी-बारी राज करें और जब एक सत्ता सँभाले तो दूसरा स्वेच्छा से थीब्ज़ से निष्कासित हो। लेकिन एक बार सिंहासन पर बैठने के बाद इटोक्लीज़ के मन में सत्ता का लोभ आ गया और उसने पॉलिनिसेज़ को राज सौंपने से इनकार कर दिया। तब पॉलिनिसेज़ ने आरगू के राजा एवं अपने श्वसुर एड्रास्टस की सहायता से सेनाएँ एकत्रित कर सात सेनापतियों के नेतृत्व में थीब्ज़ के सात मुख्य द्वारों पर आक्रमण करने की योजना बनाई। इस समय पॉलिनिसेज़ की सेना ने थीब्ज़ के नगर को घेर रखा है और मैंने दोनों भाइयों में समझौता कराने के लिए उन्हें यहाँ बुलाया है ताकि बिना रक्तपात किए उत्तराधिकार के प्रश्न का समाधान करने का एक अन्तिम प्रयास कर सकूँ।

नाटक की पृष्ठभूमि बता कर जोकास्टा प्रस्थान करती है और एण्टीगनी अपने शिक्षक के साथ प्रवेश करती है। वह अपनी माँ की अनुमति से यहाँ किले के प्राचीर से आरगू सेनाओं को देखने आई है। एड्रास्टस की विशाल सेना डरसी नदी के किनारे आ पहुँची है और विभिन्न टुकड़ियों के सेनापतियों को उनके कवच और शिरस्त्राण से पहचाना जा सकता है। वह रहा हिप्पॉमेडन, वह ओनियस पुत्र टाइडियस और वह

एटलान्टा का बेटा पारथेनोपियस। पॉलिनिसेज़ वह दूर वहाँ एड्रास्टस के साथ खड़ा है। अब वह किले की ओर बढ़ रहा है। एण्टीगनी उसे देखने को बेचैन है लेकिन साथ ही युद्ध की अनिवार्यता और उसके भयावह अन्त की आशंका से रह-रहकर काँप उठती है। तभी कुछ युवतियों का एक समूह आता दिखाई देता है और शिक्षक एण्टीगनी को भीतर ले जाता है।

युवतियों का कोरस प्रवेश करता है। वे इटोक्लीज़ द्वारा फोनीशिया से देवता अपोलो के डेल्फ़ी मन्दिर में सेवा करने के उद्देश्य से यहाँ लाई गई हैं। किन्तु इससे पहले कि इटोक्लीज़ उन्हें डेल्फ़ी ले जाता, थीब्ज़ पर युद्ध के बादल छा गए। न मालूम ईडिपस का श्राप क्या रंग लाने वाला है। तभी पॉलिनिसेज़ प्रवेश करता है। वह अपनी माँ के निमन्त्रण पर, जान हथेली पर लेकर आया है। कोरस युवतियाँ उसे अपना परिचय देती हैं और यह जानने पर कि वह थीब्ज़ का राजकुमार पॉलिनिसेज़ है, झुक कर उसका अभिवादन करती हैं। तभी पॉलिनिसेज़ की आवाज़ सुन कर उसकी माँ जोकास्टा दौड़ी-दौड़ी वहाँ आती है। बेटे को देखकर माँ की ममता उमड़ पड़ती है। कैसा सूना हो गया है थीब्ज़ का राजमहल उसके बिना! दिन-रात रोती रही है जोकास्टा उसके लिए। और ईडिपस तो हर पल पश्चाताप की आग में जल रहा है। क्यों दिया उसने अपने बेटों को विनाश का श्राप! और तुम पॉलिनिसेज़? कैसे हो तुम? सुना है तुमने एक विदेशी लड़की से शादी कर ली? न माँ का आशीर्वाद लिया न पिता की दुआएँ, न इस्मनस के पवित्र जल से नहाए, न ही थीब्ज़ ने तुम्हारे विवाह गीत गए। पॉलिनिसेज़ कुछ कम दुःखी नहीं अपने माता-पिता और बहनों से बिछुड़ कर—अपने देश से निष्कासित होकर। कितना दुखदायी होता है अपनी धरती से विलग होना। कैसी भयावह यातना है विदेशियों के बीच जीना। एक दास के जीवन से भी बदतर है ऐसी ज़िन्दगी जहाँ मनुष्य को अपनी बात कहने तक की स्वतन्त्रता नहीं। लेकिन एक उज्जवल भविष्य की आशा उसे मरने भी नहीं देती। न धन, न ठौर, न ठिकाना, एक शरणागत की तरह खाली हाथ जा पहुँचा था आरगू। भाग्यवश आरगू के राजा एड्रास्टस को अपोलो के शकुन स्थल से आदेश हुआ कि वह अपनी दोनों कन्याओं का विवाह एक सिंह और दूसरी का एक वराह से कर दे। उस रात पॉलिनिसेज ठिकाने की तलाश में एड्रास्टस के महल के बाहर पहुँचा। संयोग से वहाँ एक और व्यक्ति भी इसी उद्देश्य से आ पहुँचा। वह ओनियस का पुत्र टाइडियस था। दोनों में झगड़ा हो गया और उन्होंने तलवारें निकाल लीं। दोनों जी-जान से लड़ रहे थे जब एड्रास्टस ने उन्हें देखा और उनके कवच पर सिंह और वराह के चित्र देखकर उन्हें ही सिंह और वराह मान कर अपनी बेटियाँ उनसे ब्याह दीं। इस तरह एड्रास्टस का दामाद बनने के बाद पॉलिनिसेज़ ने उसकी सहायता से एक बड़ी सेना तैयार की और अपना अधिकार प्राप्त करने के लिए आज यहाँ इटोक्लीज़ की

हठधर्मिता के कारण युद्ध के लिए बाध्य होकर आया है। पॉलिनिसेज़ माँ से कहता है कि यदि वह इटोक्लीज़ को समझा बुझा कर कोई समझौता करा दे तो ही उसके परिवार और थीब्ज़ के दुःखों का अन्त हो सकेगा।

तभी माँ के बुलावे पर इटोक्लीज़ भी वहाँ आ पहुँचता है। वह कतई समझौते की मनःस्थिति में नहीं। जोकास्टा उसे शान्त होने को कहती है। आख़िर यह दो भाइयों का मनमुटाव है। एक पारिवारिक झगड़ा है। पॉलिनिसेज़ उसे याद दिलाता है कि भाई की शर्त मान कर ही वह सहर्ष एक वर्ष के लिए थीब्ज़ छोड़ कर गया था। अनुबन्ध का उल्लंधन कर इटोक्लीज़ उसे युद्ध के लिए बाध्य कर रहा है। अपने ही देश पर आक्रमण कर उसे हानि पहुँचाने की उसकी कोई इच्छा नहीं यदि भाई उसका अधिकार उसे युद्ध के बिना दे दे। लेकिन इटोक्लीज़ के लिए अनुबन्ध, न्याय और समानाधिकार जैसे शब्द अर्थहीन हैं, कायरता के द्योतक हैं। वह किसी कीमत पर थीब्ज़ का सिंहासन छोड़ने को तैयार नहीं। जोकास्टा उसे समझाती है कि महत्वाकांक्षा में अन्धे होकर सत्य और न्याय की अवहेलना पाप है। वह पॉलिनिसेज़ को भी थीब्ज़ पर आक्रमण करने के लिए धिक्कारती है। देश एक व्यक्ति के अहम् और सत्ता लोभ से अधिक महत्वपूर्ण है। क्यों वे थीब्ज़ के विनाश पर तुले हैं। कोरस भी देवताओं से दोनों भाइयों को सद्‌बुद्धि देने की प्रार्थना करता है। किन्तु 'विनाश काले विपरीत बुद्धि'। दोनों में से कोई भी समझौते को तैयार नहीं। लड़ते-झगड़ते और एक दूसरे को दोष देते दोनों भाई प्रस्थान करते हैं। कोरस युवतियाँ नगर का इतिहास दोहराती हैं, थीब्ज़ की एक राजकुमारी के गर्भ से मदिरा के देवता डायोनिसस के जन्म की गाथा कहती हैं और अपनी पूर्वज इओ और ज़ीयस की प्रेम कथा का वर्णन करती हैं। वे ज़ीयस से प्रार्थना करती हैं कि वह थीब्ज़ की रक्षा करे।

एक सैनिक के साथ इटोक्लीज़ और दूसरी ओर से उसका मामा क्रियों प्रवेश करते हैं। दोनों शत्रुपक्ष की सेना और गुप्तचर से मिली अन्य जानकारी के आधार पर अपनी रणनीति बनाते हैं। थीब्ज़ के सातों प्रमुख द्वारों पर शत्रु के आक्रमण को मद्‌देनजर रखते हुए वे सातों द्वारों की सुरक्षा के लिए सात सेनापतियों का चयन करते हैं। प्रस्थान से पहले इटोक्लीज़ अपनी माँ जोकास्टा का उत्तरदायित्व मामा क्रियों को सौंपता है। उसका ध्यान रखे और एण्टीगनी का विवाह अपने पुत्र हेमन से कर दे। यदि पॉलिनिसेज़ मारा जाए तो उसे थीब्ज़ की मिट्‌टी में दफनाने का निषेध किया जाए। इटोक्लीज़ ने अन्धे भविष्यद्रष्टा टियरेसियस को बुलाने के लिए क्रियों के पुत्र मेनोसियस को भेजा था, वह अभी तक आया नहीं। यह कहते-कहते दोनों प्रस्थान करते हैं। कोरस युवतियाँ युद्ध के देवता एरीज़ और उसके प्रिय उस अजगर को याद करती हैं जिसे मार कर उसके दाँत कैडमस ने इस देश की धरती में बोये थे जिनसे इनसानों की एक नई नसल का जन्म हुआ था। तभी अपनी बेटी का सहारा लिए

टियरेसियस आता है। मेनोसियस उसके साथ है। क्रियों भी आ पहुँचता है। क्रियों जानना चाहता है कि इस अवश्यम्भावी युद्ध का परिणाम क्या होगा? क्या कोई ऐसा उपाय है जिससे थीब्ज़ की विजय सुनिश्चित हो सके? टियरेसियस बताता है कि इस युद्ध में पॉलिनिसेज़ और इटोक्लीज़ दोनों भाई एक दूसरे के हाथों मारे जाएँगे। ईडियस का श्राप उसके वंश का बीजनाश कर देगा। क्रियों जानना चाहता है कि नगर को कैसे विनाश से बचाया जा सकता है। टियरेसियस टालने की कोशिश करता है। क्रियों के बहुत जोर देने पर वह बताता है कि थीब्ज़ की सुरक्षा तभी सम्भव है यदि वह अपने पुत्र मिनोसियस की बलि दे। युद्ध देवता एरीज़ को प्रसन्न करने का यही एकमात्र उपाय है। टियरोसियस चला जाता है यह कह कर। क्रियों चुप है, मानो बोलने की शक्ति ही समाप्त हो गई हो। कुछ क्षण बाद वह अपने युवा पुत्र मेनोसियस को थीब्ज़ से शीघ्रातिशीघ्र भाग जाने को कहता है। इससे पहले कि किसी और को इस भविष्यवाणी का पता चले, वह यहाँ से कहीं दूर चला जाए। मेनोसियस पिता की भावना का आदर करता है किन्तु अपने देश से विश्वासघात करके अपयश नहीं कमाना चाहता। उसके प्रस्थान के बाद कोरस युवतियाँ कैडमस के नगर थीब्ज़ में स्फिक्स के कूट प्रश्नों से छाए आतंक और ईडिपस द्वारा उनके समाधान की कहानी दोहराती हैं। आज उस नगर की रक्षा के लिए मेनोसियस अपने प्राणों का बलिदान देने को तैयार है।

दूत प्रवेश करता है। जोकास्टा के लिए समाचार है। घबरायी-सी जोकास्टा आती है अपने बेटों का कुशल-क्षेम जानने के लिए। दूत बताता है दोनों जीवित हैं। मेनोसियस ने थीब्ज़ के हित में अपने प्राणों की आहुति दी, एक ऊँची मीनार पर खड़े होकर तलवार से अपनी गरदन काट दी। नगर के सातों प्रवेश द्वारों पर घमासान हुआ और शत्रु के सातों सेनापति धराशायी हुए। अब यह निश्चित हुआ है कि और अधिक नरसंहार न करके इटोक्लीज़ और पॉलिनिसेज़ द्वन्द्व युद्ध से उत्तराधिकार के प्रश्न का फैसला करें। दोनों द्वन्द्व-युद्ध के लिए सहमत हैं और अपने अस्त्र-शस्त्र धारण कर रहे हैं। यदि अपने दोनों बेटे खोना नहीं चाहती तो जोकास्टा रणभूमि में जाए और उन्हें इस घातक युद्ध से रोके। तभी एण्टीमनी भी आ पहुँचती है। माँ-बेटी दोनों राज-परिवार की मर्यादा का परित्याग कर शीघ्रता से युद्ध भूमि की ओर प्रस्थान करती हैं। कोरस-युवतियाँ इस द्वन्द्व-युद्ध के परिणाम की आशंका से सिहर रही हैं। नियति का यह कैसा खेल है! रक्त-सम्बन्ध का कैसा उपहास! न जाने कौन किसके हाथों मारा जाने वाला है? हत्या किसी की भी हो खून तो माँ का ही बहेगा। तभी क्रियों प्रवेश करता है। वह बेटे के शव को घर पहुँचा कर बहन जोकास्टा को ढूँढ़ता यहाँ आया है। माँ की मृत्यु के बाद जोकास्टा ने ही मेनोसियस को पाला। अब चलकर उसे विदा करे। कोरस उसे बताता है कि जोकास्टा अपने बेटों का द्वन्द्व-युद्ध रोकने

के लिए रणभूमि की ओर गई है। तभी एक दूत आता दिखाई देता है। उसके मुख पर छाई दुख की कालिमा बता रही है कि समाचार शुभ नहीं। पूछने पर वह सूचना देता है कि ईडिपस और जोकास्टा के दोनों पुत्र पॉलिनिसेज़ और इटोक्लीज़ एक दूसरे के हाथों मारे गए। ईडिपस के वंश का अन्त हुआ, थीब्ज़ के राज परिवार का विनाश। दोनों शव पड़े हैं युद्ध भूमि में रक्तरंजित, धूल-धूसरित। कह नहीं सकते कौन जीता और कौन हारा। यहीं खत्म नहीं होती यह दुख भरी कहानी। उनके गिरते ही वहाँ पहुँच गई जोकास्टा। उनकी अभागी माँ। छाती पीटती, बाल नोचती, धाड़ें मार कर रो रही थीं माँ बेटी। मरणासन्न बेटों ने माँ और बहन से विदा ली। जाते-जाते पॉलिनिसेज़ ने प्रार्थना की कि उसके शव का अन्तिम संस्कार थीब्ज़ की धरती पर ही हो। यद्यपि उसने अपने देश पर आक्रमण करके बुरा किया, थीब्ज़वासी उसे क्षमा करें और उसके उत्तराधिकार का इतना-सा अंश उसे अवश्य दें। यह कहकर उसने प्राण त्याग दिए। जोकास्टा सह नहीं सकी। वहीं धरती पर पड़ी कटार उठाकर उसकी धार अपने सीने में उतार दी। एण्टीगनी कब चुपचाप वहाँ से चली गई पता ही नहीं चला। दोनों सेनापक्षों में कोलाहल मच गया। थीब्ज़ की सेना ने दुगुने वेग से शत्रु सेना पर आक्रमण किया और उसे खदेड़ने में सफल हुई। कोरस युवतियाँ कहती हैं कि ईडिपस के परिवार का विनाश कोई कही-सुनी कहानी नहीं, आज उन्होंने सब प्रत्यक्ष देखा है। तभी एण्टीगनी अपनी माँ और दोनों भाइयों की शव यात्रा के साथ प्रवेश करती है। उसके बाल खुले हैं, रेशम के केसरी वस्त्र अस्त-व्यस्त हैं और वह ऊँचे स्वर में विलाप कर रही है। प्रतिशोध की देवियाँ तो प्रसन्न होंगी आज बुद्धिमान और शक्तिशाली ईडिपस के वंश का विनाश देखकर। मायाविनी स्फिंक्स के अन्त का कैसा भयावह बदला लिया नियति ने। आज कोई नहीं इस जग में ईडिपस-सा अभागा। आओ तात। बाहर आओ! तुम तो न देख पाओगे इन शवों को, लेकिन दुनिया तो देखे तुम्हारी यातना!

एण्टीगनी का क्रन्दन सुन वृद्ध, दृष्टिहीन ईडिपस प्रवेश करता है। उसके बेटे तो उसके ही श्राप से मारे गए। पत्नी भी उनके साथ सूर्य से उद्भासित इस धरती को छोड़कर मृतकों के अँधेरे देश को चली गई। सह न सकी बेटों का वियोग और पति को असहाय छोड़ गई। क्रियों उन्हें और विलाप न करने का आदेश देता है। अब मृतकों के अन्तिम संस्कार का प्रबन्ध करना होगा। वह ईडिपस को सम्बोधित कर कहता है कि इटोक्लीज़ की अन्तिम इच्छा के अनुसार एण्टीगनी का विवाह उसके पुत्र हेमन से होगा और थीब्ज़ का राज्य उसे दहेज में मिलेगा। दूसरी बात यह कि ईडिपस को थीब्ज़ छोड़ना होगा क्योंकि भविष्यद्रष्टा टियरेसियस के अनुसार उसका वहाँ रहना नगर के लिए अशुभ है। यह सुन कर ईडिपस अपने अभिशप्त जीवन का विलाप करता है। सारी ज़िन्दगी ही भाग्य उसे छलता रहा। और अब वृद्धावस्था में

ऐसी दैन्यता! ऐसा अपमान! क्रियों उसे मार ही क्यों नहीं देता। लेकिन क्रियों पर कोई प्रभाव नहीं। वह अनुचरों को आज्ञा देता है कि इटोक्लीज़ का शव भीतर ले जाएँ। पॉलिनिसेज़ का शव नगर की सीमा के बाहर फेंक दिया जाए और सारे शहर में डंका पिटवा दिया जाए कि उसका अन्तिम संस्कार निषिद्ध है। उसे दफ़नाने की कोशिश करने वाले को मृत्यु दंड दिया जाएगा। एण्टीगनी तत्काल इस निषेध आज्ञा का प्रतिरोध करती है। यह दैवी नियमों के विरुद्ध है। पॉलिनिसेज़ भी थीब्ज़ का ही बेटा था, कोई विदेशी नहीं। अपने अधिकार के लिए लड़ना कोई अपराध नहीं। एण्टीगनी ऐसी राजाज्ञा का विरोध कर अपने भाई की अन्त्येष्टि करेगी। क्रियों उसे मृत्यु दंड की धमकी देता है। किन्तु एण्टीगनी दृढ़ है। वह पॉलिनिसेज़ के शव से लिपट जाती है और क्रियों को जोकास्टा की ममता की दुहाई देती है। वह घुटनों पर गिर कर रोते हुए क्रियों से पॉलिनिसेज़ के शव को नहलाने की अनुमति माँगती है लेकिन क्रियों सेवकों को आज्ञा देता है कि वे उसे भीतर ले जाएँ। रोने-धोने का समय नहीं, कल उसका विवाह हेमन से होना है। तब एण्टीगनी कहती है कि वह जीते जी हेमन से विवाह नहीं करेगी। वह अपने पिता के साथ थीब्ज़ का त्याग करेगी। वृद्ध और अन्धे ईडिपस को उसकी ज़रूरत है। क्रियों को कोई एतराज़ नहीं। बेटी के बलिदान से ईडिपस विचलित है। एण्टीगनी की सहातया से वह एक-एक कर अपनी पत्नी और बेटों के शव स्पर्श करता है। दुख से उसका हृदय फटा जा रहा है। अब बस जीवन का एक और पड़ाव शेष है। अपोलो की भविष्यवाणी के अनुसार वह एक दिन भटकता हुआ एथेन्स के कोलोनस नामक जनपद में पहुँचेगा और वहीं उसे इस जीवन से मुक्ति मिलेगी। पिता का हाथ पकड़े एण्टीगनी थीब्ज़ से विदा लेती है। उसकी सखी-सहेलियाँ उसे याद करके बहुत रोएँगी। लेकिन वह जैसे भी हो आज ही रात्रि के अन्धकार में पॉलिनिसेज़ के शव की अन्तेष्टि करके बहन का कर्तव्य अवश्य निभाएगी। भले ही इस दुस्साहस में उसे प्राणों से हाथ धोना पड़े। जीवन का मोह या सत्ता की निषेधाज्ञा कुछ भी उसे अपने कर्तव्य से विमुख नहीं कर सकेगा। ईडिपस बेटी को थीब्ज़ से विदा लेने को कहता है। यह नगर है जिसकी जन्मभूमि, उस डायोनिसस की आराधना करें और यहाँ से प्रस्थान करें। एण्टीगनी क्षुब्ध है। बालावस्था से जिस देवता की अभ्यर्थना करती रही, उसके उत्सव और शोभा-यात्रा में स्तुति गीत गाती रही, नृत्य करती रही, उस डायोनिसस ने आख़िर क्या दिया उसे?

हेराक्लीज़

थीब्ज़ के राजप्रासाद के प्रांगण में मोक्षदाता-ज़ीयस की हवन वेदी के सामने हेराक्लीज़ का मर्त्य पिता एम्फ़ीत्रयान, हेराक्लीज़ की पत्नी मेगारा और उसके तीन अल्पायु पुत्र बैठे हैं। किसी समय में एम्फ़ीत्रयान का आरगू पर आधिपत्य था किन्तु इलेक्ट्रयान की हत्या की बाद उसे अपना देश छोड़ने के लिए विवश होना पड़ा। ऐसा कहा जाता है कि आरगू पर पुनः अधिकार प्राप्त करने के लिए हेराक्लीज़ ने यूरीस्थियस को वचन दिया कि वह मानव मात्र को त्रस्त करने वाले पशुओं से इस धरती की मुक्त कर देगा। या शायद हेरा की जलन के कारण हेराक्लीज़ को ऐसी प्रतिज्ञा लेनी पड़ी या शायद ऐसा कठिनाइयों से भरा जीवन ही उसके भाग्य में बदा था? क्या पता सच क्या है। किन्तु अब तो हेराक्लीज़ बारह महापराक्रमी उपक्रम सम्पन्न कर चुका है और उसके परिवार को उसके लौटने की प्रतीक्षा है। किन्तु यहाँ भी सब कुछ ठीक नहीं। एम्फ़ीत्रयान बताता है कि लायकस ने थीब्ज़ के राजा क्रियों की हत्या करा दी है। क्रियों मेगारा का पिता था। यद्यपि लायकस अब थीब्ज़ का शासक है, शक्तिशाली और समर्थ है किन्तु भय से मुक्त नहीं है। वह उसके मेगारा और हेराक्लीज़ के तीनों बेटों के खून का प्यासा है। उसे भय है कि ये बच्चे बड़े होकर उससे अपने नाना की हत्या का प्रतिशोध लेंगे। वे सारे यहाँ सहमे हुए मृत्यु की प्रतीक्षा कर रहे हैं। न जाने कौन पहले आएगा—हेराक्लीज़ या मृत्यु! एम्फ़ीत्रयान वृद्ध है और असहाय। अब उसके शरीर में वह शक्ति कहाँ कि शत्रु का सामना कर सके। हेराक्लीज़ की वापसी उसकी एकमात्र आशा है। वह मेगारा और बच्चों को ढाँढस बँधाता है।

थीब्ज़ के वरिष्ठ नागरिकों का कोरस प्रवेश करता है। वे सभी वृद्ध और अशक्त हैं किन्तु हेराक्लीज़ के परिवार से उन्हें सहानुभूति है। उनका मन बच्चों के लिए दया से भर आता है। तभी लायकस प्रवेश करता है। वह एम्फ़ीत्रयान और तथाकथित महानायक हेराक्लीज़ की पत्नी मेगारा का उपहास करता है, जो मृत्यु के भय से वहाँ बैठे आँसू बहा रहें हैं। क्या सोचते हैं कि हेराक्लीज़ उन्हें बचाने आएगा? वह जो कायरों के शस्त्र धनुषबाण का प्रयोग कर जानवरों को मार कर महापराक्रमी बन बैठा है, कभी युद्ध-भूमि में भालों और तलवारों के वार सँभाले होते

तो पता चलता शौर्य किसे कहते हैं। एम्फ़ीत्रयान अपने बेटे की निन्दा नहीं सह सकता। वह उसकी असाधारण उपलब्धियों का बखान करता है और लायकस को बताता है कि तीर-कमान हेराक्लीज़ का आविष्कार है और एक अद्वितीय शस्त्र है। और तुम? कितने पराक्रमी हो तुम जो छोटे-छोटे बच्चों से भय खा रहे हो? आज यदि मेरी बाँहों में यौवन की शक्ति होती तो तुम्हें इस पृथ्वी पर कहीं मुँह छिपाने की जगह न मिलती। लायकस उसे और कोरस नागरिकों को बच्चों से हमदर्दी रखने के लिए फटकारता है। कोरस-सदस्य हेराक्लीज़ का राज्य हड़पने के लिए उसे धिक्कारते हैं। मेगारा इस सहयोग के लिए कोरस का धन्यवाद करती है और लायकस से आग्रह करती है कि वह उन्हें ज़िन्दा न जलाए। हेराक्लीज़ शायद अब नहीं आएगा। शायद वह ज़िन्दा ही नहीं बचा। बच्चों के प्राण बख़्श दे, उन्हें निष्कासित कर दे। सभी जानते हैं निष्कासन का जीवन मृत्यु से भी बदतर होता है। एम्फ़ीत्रयान कहता कि पहले उसकी गर्दन काट दे ताकि बच्चों का अन्त देखने के लिए वह ज़िन्दा न रहे। किन्तु लायकस पर इस करुण आग्रह का कोई प्रभाव नहीं। लायकस की निष्ठुरता देखकर मेगारा अन्ततः हताश होकर उससे अनुरोध करती है कि यदि मारना ही है तो एक बार महल के द्वार खोल दे ताकि वह अपने बच्चों को मृत्यु के उपयुक्त परिधान पहना सके। अपने पिता के उत्तराधिकार का एक छोटा-सा अंश तो उन्हें मिलना ही चाहिए। लायकस इस आग्रह को स्वीकार कर प्रस्थान करता है। मेगारा बच्चों को लेकर महल में जाती है। एम्फ़ीत्रयान ज़ीयस को याद दिलाता है कि हेराक्लीज़ उसका और एम्फ़ीत्रयान की पत्नी एल्कमेने का पुत्र है। क्या वह अपनी सन्तान की रक्षा नहीं करेगा? एम्फ़ीत्रयान के प्रस्थान के बाद कोरस सदस्य हेराक्लीज़ को नमन करते हैं। महातेजस्वी हेराक्लीज़ ने ज़ीयस के प्रिय कुंज में उत्पात मचाने वाले बाघ का अन्त किया, जंगली सेण्टॉर्ज़ का अपने बाणों से नाश किया, सुनहरे सीगों वाले बारहसिंघे के भय से किसानों को मुक्त किया, डायेमेडीज़ के मानव भक्षी अश्वों का संहार किया, अपने अतिथियों की धोखे से हत्या करने वाले सिन्कस का वध किया। हेराक्लीज़ ने दुर्गम यात्राएँ की और सुदूर पश्चिम जाकर वृक्ष से लिपटे दैत्य को मार कर स्वर्ण-सेब प्राप्त किए। राक्षसों को मार कर यात्रियों और नाविकों का मार्ग सुगम किया, स्त्री-योद्धा जाति अमेज़न की रानी का मानमर्दन किया। लरना के अनेक सिर वाले हायड्रा और तीन शरीर वाले ग्रेयान का वध किया। हेराक्लीज़ अपने अन्तिम उपक्रम में हेडीज़ के द्वार-रक्षक, तीन सिर वाले श्वान सरब्रस को लेने पाताल लोक गया है। वह अभी तक नहीं लौटा। मृतकों के लोक से कब कोई जीवित लौट पाया है? काश कि हम युवा होते, बलशाली होते तो उसके बच्चों की प्राण रक्षा कर हेराक्लीज़ की दोस्ती का क़र्ज़ चुका पाते। वह देखो! मेगारा के साथ उसके तीनों बेटे मृत्यु का वरण करने आ रहे हैं।

मेगारा रो रही है। कैसा दुर्भाग्य है यह कि तीन पीढ़ियाँ एक साथ आज यहाँ मौत के मुँह में जा रही हैं। उज्ज्वल भविष्य के सपने देखे थे अपने बेटों के लिए। राजा महाराजा होंगे, शूरवीर होंगे, अपने पिता की गौरवशाली उपलब्धियों के उत्तराधिकारी होंगे। उत्तम कुल की कन्याएँ ब्याह कर लाएँगे और अपनी माँ का हृदय मुदित करेंगे। हे हेराक्लीज़! यदि तुम जीवित हो और मेरी पुकार सुन सकते हो तो लौट आओ पाताल से और अपने परिवार की रक्षा करो। एम्फ़ीत्रयान ज़ीयस की कृपा का आह्वान करता है। आकाश और पाताल की शक्तियों-दया करो! उसकी प्रार्थना के शब्द अभी पूरे भी नहीं हुए कि दूर से कोई आता दिखाई देता है। क्या वह हेराक्लीज़ है? हम दिवास्वप्न तो नहीं देख रहे? ऐसा सम्भव है कि वह हेराक्लीज़ है? हाँ सचमुच वही तो है। हेराक्लीज़ प्रवेश करता है। वह सारे परिवार को वहाँ महल के बाहर खड़ा देखकर आश्चर्यचकित है। यह क्या? उसके बेटों ने कैसे वस्त्र पहन रखे हैं? और माथे पर शव मालाएँ? खुशी से रोती हुई मेगारा उसे स्थिति से अवगत कराती है। लायकस ने उसके पिता क्रियों को मार कर थीब्ज़ पर अधिकार कर लिया, उन्हें घर से बाहर कर दिया और अब उनके प्राण लेना चाहता है। हेराक्लीज़ का खून खौल उठता है। वह भीमकाय दैत्यों को मार कर वहाँ यश कमा रहा था और यहाँ उसके अपने बच्चे, पत्नी और वृद्ध पिता मृत्यु के कगार पर खडे हैं। किन्तु अब कोई भय नहीं। किसमें इतना साहस है कि वह हेराक्लीज़ के परिवार को हाथ भी लगा सके। क्या थीब्ज़ वासी उसके उपकारों को भूल गए? एम्फ़ीत्रयान उसे समझाता है। बुरे वक्त में दोस्त भी दुश्मन हो जाते हैं। धीरज से काम लेना होगा। अभी वह भीतर जाए और कुल देवताओं को नमन करे। जब लायकस आए तो उससे निबट ले। थीब्ज़ वासियों को अभी इस झगड़े में न डाले। एम्फ़ीत्रयान यह भी जानना चाहता है कि क्या वह मृतकों के देश से तीन सिर वाले श्वान सरब्रस को लाने में सफल हुआ? और उसे भू-गर्भ से लौटने में इतनी देर क्यों लगी? हेराक्लीज़ पिता को बताता है कि वह सरब्रस को पृथ्वी पर ले आया है और अब वह देवी डिमीटर के पवित्र कुंज में है। एथेन्स का राजा थीसियस पाताल में बन्दी था। उसे मुक्त करने में हेराक्लीज़ को कुछ अतिरिक्त समय लग गया। अब वह एथेन्स लौट गया है। यह बता कर हेराक्लीज़ अपने परिवार के साथ महल में जाता है।

कोरस-वरिष्ठ यौवन की शक्ति का बखान करते हैं और वृद्धावस्था के दुखों का रोना रोते हैं। दुनिया में कुछ भी युवावस्था से अधिक वांछनीय नहीं। क्यों होता है इंसान बूढ़ा? काश कि कोई ऐसा दैवी विधान होता कि हर अच्छे मनुष्य को दो बार यौवन की प्राप्ति होती, दो जीवन जीने को मिलते और दुष्ट को केवल एक। इस तरह अच्छे और बुरे आदमी की पहचान भी कितनी आसान हो जाती। मगर लगता है कि स्वयं देवता भी अच्छे और बुरे में स्पष्ट अन्तर नहीं कर पाते। कोरस-सदस्य

हेराक्लीज़ की महान उपलब्धियों का गौरव गान करते हैं। तभी मंच के एक ओर से लायकस प्रवेश करता है और एम्फ़ीत्रयान महल से बाहर आता है। लायकस पूछता है मेगारा और बच्चे कहाँ हैं? एम्फ़ीत्रयान बताता है कि वे देवताओं से रक्षा की प्रार्थना कर रहे हैं। लायकस अपने सेवकों के साथ भीतर जाता है। एम्फ़ीत्रयान मन ही मन प्रसन्न है। भीतर से चीखने की आवाज़ सुनाई देती है। लायकस चीख रहा है कि हेराक्लीज़ ने उसे धोखे से मार दिया।

कोरस-वरिष्ठ गण प्रसन्न हैं। यही अन्त होना चाहिए था दुष्ट लायकस का। दूसरे का अधिकार छीनने वाले अधर्मी और धूर्त को दंड मिलना ही चाहिए। आख़िर देवता अच्छे और बुरे की पहचान रखते हैं। आज उन्हें विश्वास हो गया है कि हेराक्लीज़ सचमुच ज़ीयस का ही पुत्र है। उसके जन्म की कथा न तो मिथक है न ही कोरी किंवदन्ती। उस देव-पुत्र को थीब्ज़ का राजा होना चाहिए। कोरस-सदस्य मुदित हैं। तभी महल की छत के ऊपर आइरिस (क्लेश) एवं मैडनेस (विक्षिप्तावस्था) दिखाई देती हैं। उन्हें देखकर कोरस भयभीत हो उठता है। आइरिस उन्हें सम्बोधित कर बताती है कि वे दोनों सम्राज्ञी हेरा के आदेश से यहाँ आई हैं। देवी की इच्छा है कि मैडनेस से ग्रस्त होकर हेराक्लीज़ अपने ही बेटों की हत्या कर दे और इस तरह स्वजनों की हत्या का अपराधी हो जाए। मैडनेस के लिए आज्ञा है कि वह हेराक्लीज़ को पागल कर दे। मैडनेस इस आदेश से प्रसन्न नहीं। हेरीक्लीज़ महानायक है, शूरवीर है, असाधारण शक्ति का स्वामी है और देवताओं में आस्था रखता है। क्या उसके साथ ऐसा अन्याय उचित होगा? लेकिन निर्णय लेना और विचार करना उसका अधिकार नहीं। आइरिस उसे कड़े शब्दों में याद दिलाती है कि यह आदेश सम्राज्ञी हेरा का है और उसका काम आज्ञा का पालन करना है। मैडनेस अनिच्छा से किन्तु पूरी शक्ति के साथ हेराक्लीज़ की इन्द्रियों, उसके मन मस्तिष्क पर हावी हो जाने को तैयार है। आइरिस ओलिम्पस पर लौट जाती है और मैडनेस महल में प्रवेश करती है। अभी कुछ देर पहले खुशियाँ मनाते कोरस-सदस्यों का स्वर क्रन्दन में बदल जाता है। पल भर में यह क्या हो गया! और अभी जो होने वाला है उसकी कल्पना मात्र से दिल दहल रहा है। अभागा थीब्ज़ का नगर! अभागा हेराक्लीज़ का परिवार जो अपने ही संरक्षक के हाथों मौत के मुँह में जाने वाला है। भयानक झंझावात उठ रहा है! पृथ्वी काँप रही है! महल की छत धराशायी हो रही है। यह तो किसी साधारण मानव का काम नहीं।

रोता हुआ एक दूत महल से बाहर आता है। तीनों बच्चे मारे गए। हेराक्लीज़ ने अपने बेटों को मार डाला। लायकस की हत्या के बाद हेराक्लीज़ महल को शुद्ध करने के लिए अपने परिवार के साथ हवन वेदी के पास जलती मशाल हाथ में लिए खड़ा था जब अचानक उसकी पुतलियाँ बड़े अस्वाभाविक ढंग से लाल हो उठीं जैसे

आग उगल रही हों, मुँह से झाग निकलने लगा और वह पागलों की तरह प्रलाप करने लगा। वह कह रहा था कि वह यूरीस्थियस को मारने जा रहा है। अपने हथियार लेकर वह इधर-उधर भागने लगा। एम्फ़ीत्रयान ने उसे रोकने की कोशिश भी की। बच्चे डर कर माँ से लिपट गए। भयभीत मेगारा चीखने लगी। हेराक्लीज़ ने अपने दो बेटों को यूरीस्थियस की सन्तान समझ कर मार डाला। मेगारा तीसरे को लेकर भागी किन्तु उन्हें भी हेराक्लीज़ ने मौत के घाट उतार दिया। वह अपने पिता एम्फ़ीत्रयान को भी मारने जा रहा था लेकिन तभी जैसे किसी दैवी शक्ति ने उसे धक्का दिया। वह गिर पड़ा और बेहोश हो गया। एम्फ़ीत्रयान और सेवकों ने उसे मोटे रस्से से एक स्तम्भ से बाँध दिया। होश आने पर न जाने अभागे हेराक्लीज़ पर क्या बीतेगी।

यह बता कर दूत चला जाता है। महल का द्वार खुलता है। मेगारा और बच्चों के शव दिखाई देते हैं। एम्फ़ीत्रयान रो रहा है और हेराक्लीज़ अभी अचेत है। कोरस-नागरिक दबे स्वर में विलाप करते हैं। कुछ क्षण बाद हेराक्लीज़ की चेतना लौटती है और वह एक चीख के साथ जैसे नींद से उठ बैठता है। वह हैरान है। उसे बाँध क्यों रखा है? कोई है जो उसे बताएगा कि क्या हुआ है? उसे कुछ भी याद नहीं। एम्फ़ीत्रयान उसके पास जाता है। वह उसे जो घटी है उस अनहोनी के लिए तैयार करता है। बच्चों के शव दिखाता है। हेराक्लीज़ क्षुब्ध है। किसने मारा उसके बेटों को? किसने हत्या की मेगारा की? हेराक्लीज़ की पत्नी और उसके पुत्रों की? एम्फ़ीत्रयान बताता है कि यह अनर्थ उसके अपने हाथों हुआ। क्या करे हेराक्लीज़? कहाँ जाए? कहाँ मुँह छिपाए? क्यों मौत नहीं आई उसे अपने बच्चों पर प्रहार करते हुए। दुनिया का कौन-सा देश है जो उस प्रदूषित को शरण देगा?

तभी एथेन्स का राजा हेराक्लीज़ का मित्र थीसियस आता दिखाई देता है। हेराक्लीज़ शर्म से अपना मुँह ढँक लेता है। थीसियस लायकस के विरुद्ध हेराक्लीज़ की सहायता करने के लिए सेना साथ लेकर अया है। किन्तु यहाँ तो कुछ और घट गया लगता है। एम्फ़ीत्रयान उसे हेराक्लीज़ के परिवार के विनाश की कहानी सुनाता है। हेराक्लीज़ के हाथों विक्षिप्तावस्था में यह अनर्थ हुआ। वह प्रदूषित है, सन्तप्त है। किसी को मुँह दिखाने लायक नहीं। एम्फ़ीत्रयान और थीसियस दोनों उससे आग्रह करते हैं कि आँसुओं के समुद्र से बाहर निकल आए और आत्महत्या का विचार मन में न लाए। एक अपराध से उबरने के लिए दूसरा अपराध न करे। थीसियस अपने मित्र के दुर्भाग्य और प्रदूषण को बाँटने को तैयार है। बुरे वक्त में हेराक्लीज़ ने उसका साथ दिया था, वह उसे इस परीक्षा की घड़ी में अकेला नहीं छोड़ेगा। थीसियस हेराक्लीज़ के मुँह से कपड़ा हटाता है। अपार है उसका दुख! किन्तु समाधान तो खोजना होगा। देवताओं को दोष देने से कोई लाभ नहीं। अगर दुख की कोई सीमा नहीं तो हेराक्लीज़ की सहनशक्ति भी असीम है। लेकिन थीसियस की सान्त्वना

हेराक्लीज़ का मन शान्त नहीं कर पाती। जन्म से ही अभिशप्त रहा वह! ज़ीयस का पुत्र होने पर भी हेरा की ईर्ष्या और दुर्भाग्य ने कभी उसका पीछा नहीं छोड़ा। कहाँ-कहाँ नहीं भटका! कैसे-कैसे भयावह दैत्यों का सामना किया, मृत्यु लोक तक से जीवित लौट आया। असम्भव को सम्भव कर दिखाया। ऐसी कल्पनातीत उपलब्धियों के बाद अब जीवन की साँझ में जब पत्नी और बच्चों के साथ शेष वर्ष सुख से बिताने की साध लेकर घर लौटा तो देवताओं ने यह अनर्थ करवा दिया उससे! अब क्या बचा है जिसके लिए जीवन का मोह करे? थीसियस उसे समझाता है कि जीवन का दूसरा नाम ही दुख है, संयोग की मार से कभी कोई नहीं बचा—देवता भी नहीं। फिर शिकायत क्यों? चलो, मेरे साथ एथेन्स चलो। वहाँ मैं तुम्हें अनुष्ठान द्वारा पवित्र करूँगा और जीवन-यापन के साधन उपलब्ध कराऊँगा। वहाँ मेरे देश में सम्मान से रहो। मरणोपरान्त भी एथेन्सवासी तुम्हें आदर देंगे, भेंट चढ़ाएँगे और तुम्हारी स्मृति में स्मारक बनाएँगे। तुमने कठिनाई में मेरी सहायता की, मैं जीवन-पर्यन्त आभारी रहूँगा, मित्रता का धर्म निभाऊँगा।

धीरे-धीरे हेराक्लीज़ इस निष्कर्ष पर पहुँचता है कि उस जैसे पराक्रमी को आत्महत्या शोभा नहीं देती। वह थीसियस का अनुग्रह सधन्यवाद स्वीकार करता है। एम्फ़ीत्रयान को मेगारा और बच्चों के अन्तिम संस्कार का दायित्व सौंपता है, बेटों के शव से अश्रुपूर्ण विदा लेता है और न चाहते हुए भी अपने धनुषबाण धारण करता है। पैर जैसे पत्थर हो गए हैं। थीसियस उसे सहारा देकर उठाता है। विदा का समय आ गया है। जी कड़ा कर हेराक्लीज़ मित्र थीसियस के साथ एथेन्स की ओर प्रस्थान करता है। सचमुच एक अच्छा मित्र धन-वैभव और सत्ता दोनों से कहीं अधिक मूल्यवान है।

द चिल्ड्रेन ऑव हेराक्लीज़

स्वर्गवासी हेराक्लीज़ का पुराना, वृद्ध और वफ़ादार सेवक इयोलस कुछ अवयस्क बच्चों के साथ एक हवन वेदी की सीढ़ियों पर बैठा है। ये किशोर बालक हेराक्लीज़ के पुत्र हैं जिन्हें आरगू का शक्तिशाली शासक यूरीस्थियस मौत के घाट उतार देना चाहता है। वह हेराक्लीज़ का पुराना शत्रु है और उसकी मृत्यु के बाद भी दुश्मनी से बाज़ नहीं आ रहा है। उसके भय से इयोलस और हेराक्लीज़ की बूढ़ी माँ एलक्मेना इन बच्चों की जान बचाने के लिए देश-विदेश भटक रहे हैं। लेकिन यूरीस्थियस के भय से कोई भी राज्य उन्हें आश्रय देने को तैयार नहीं। नगर-नगर भटकते हुए अन्ततः वे एथेन्स की सीमा पर स्थित मैराथों नामक जनपद आ पहुँचे हैं। हेराक्लीज़ का ज्येष्ठ पुत्र हायलस किसी सुरक्षित आश्रय स्थल की तलाश में गया है। एलक्मेना पोतियों के साथ मन्दिर की शरण में है और इयोलस बच्चों के साथ बाहर सीढ़ियों पर बैठा हायलस की बाट जोह रहा है। तभी यूरीस्थियस का दूत कोपरियस आ पहुँचता है और उन्हें आत्मसमर्पण करने को कहता है। इयोलस के विरोध करने पर वह हिंसा पर उतर आता है और उसे सीढ़ियों से नीचे घसीट लेता है। लेकिन तभी सौभाग्यवश मैराथों का कोरस प्रवेश करता है। कौन है जो आतिथ्य के अधिष्ठाता ज़ीयस की पवित्र वेदी का अपमान कर रहा है? कोई सहायता के लिए पुकार रहा है। इयोलस उन्हें अपना परिचय देता है और बताता है कि कोपरियस उनके साथ जबरदस्ती कर रहा है। वह एथेन्स में शरण लेने आया है, इन बच्चों की प्राणरक्षा की प्रार्थना लेकर आया है। कोपरियस सिद्ध करने की कोशिश करता है कि इन बालकों के जीवन पर यूरीस्थियस का अधिकार है। बेहतर यही होगा कि कोरस उसे बच्चों को ले जाने दे अन्यथा उन्हें आरगू के राजा के विरोध की कीमत चुकानी होगी। कोरस उसे इस धृष्टता और देवाधिपति के मन्दिर एवं आतिथ्य के नियमों का उल्लंघन करने के लिए फटकारता है। इन बच्चों के भविष्य का फैसला अब एथेन्स का सम्राट, थीसियस का पुत्र डेमोफ़ोन करेगा। तभी डेमोफ़ोन अपने भाई एकामास और सेवकों के साथ प्रवेश करता है। कोरस उसे वस्तुस्थिति से अवगत कराता है। डेमोफ़ोन पहले कोपरियस को अपना पक्ष रखने के लिए कहता है। कोपरियस कहता

है कि आरगू के विधान के अनुसार हेराक्लीज़ के बच्चों को मृत्यु के घाट उतारने का फैसला हो चुका है। कोई भी नगर-राज्य उन्हें शरण देकर आरगू और उसके राजा यूरीस्थियस की शत्रुता का खतरा मोल नहीं लेना चाहता। उन्हें कोपरियस के हवालेकर डेमोफ़ोन यूरीस्थियस की मित्रता और एक शक्तिशाली देश की शुभेच्छा जीत सकता है अन्यथा डेमोफ़ोन को इनकी सुरक्षा का मूल्य अपने हज़ारों युवा सैनिकों के रक्त से चुकाना होगा। इयोलस कहता है कि एक बार आरगू की धरती से निष्कासित कर दिये जाने के बाद अब उनके मृत्युदंड विधान का क्या अर्थ रह गया? आरगू का अब उनके जीवन पर कोई अधिकार नहीं। दूसरे देश दुर्बल और अशक्त थे। उनकी रक्षा नहीं कर सके। किन्तु यह एथेन्स है–शरणागत की रक्षा के लिए सारे ग्रीस में सुप्रसिद्ध एथेन्स। यहाँ की प्रजा के लिए स्वतन्त्रता और आत्म-सम्मान से बढ़ कर कोई जीवन-मूल्य नहीं। इसके अतिरिक्त वह बताता है कि हेराक्लीज़ और डेमोफ़ोन के पूर्वजों में रिश्तेदारी भी थी जिसके कारण इन बच्चों की रक्षा डेमोफ़ोन का दोहरा कर्तव्य हो जाता है। इतना ही नहीं, हेराक्लीज़ ही वह व्यक्ति था जो डेमोफ़ोन के पिता थीसियस को पाताल लोक हेडीज़ से सशरीर पृथ्वी पर वापस लेकर आया और मित्रता का मानदंड स्थापित किया। इन तथ्यों को ध्यान में रखते हुए डेमोफ़ोन का यह परम कर्तव्य हो जाता है कि वह हेराक्लीज़ के बच्चों की प्राण-रक्षा करे। कोरस इयोलस के पक्ष में है। हेराक्लीज़ जैसे महान योद्धा के बच्चे ऐसी दीन-हीन स्थिति में हों यह महाअनर्थ है। डेमोफ़ोन दोनों पक्षों को सुनने के बाद इस नतीजे पर पहुँचता है कि ज़ीयस के मन्दिर में शरण लेने वालों की रक्षा उसका परम धर्म है। पुराने पारिवारिक सम्बन्धों और अपने पिता के कारण भी उसके लिए यही उचित है। तीसरा इस प्रसंग से उसके अपने सम्मान का प्रश्न भी जुड़ा है। अपने देश में स्थित दैवी स्थल की पवित्रता का किसी विदेशी द्वारा उल्लंघन उसके लिए घोर अपमान की बात है। आरगू की शत्रुता के भय से वह शरणागतों को दूत के हवाले नहीं करेगा? कोपरियस के लिए आज्ञा है कि वह इस निर्णय की सूचना अपने स्वामी यूरीस्थियस को दे। कोपरियस की हठधर्मिता विवाद का रूप ले लेती है। वह डेमोफ़ोन की परवाह न करते हुए बलपूर्वक बच्चों को घसीट ले जाने का प्रयास करता है। विवश हो डेमोफ़ोन को तलवार उठानी पड़ती है। कोरस अपने राजा को याद दिलाता है कि दूत पर वार करना राजनीति की आचार-संहिता के विरुद्ध है। डेमोफ़ोन हथियार नीचे कर लेता है। कोपरियस युद्ध की धमकी देकर प्रस्थान करता है। यूरीस्थियस के नेतृत्व में आरगू की सेनाएँ उसके सन्देश की प्रतीक्षा में तैयार खड़ी हैं। कोरस इस घटना के बाद युद्ध की अवश्यम्भाविता को स्पष्ट देख रहा है। युद्ध के लिए कमर कसने का समय सिर पर आ गया। इयोलस डेमोफ़ोन के प्रति कृतज्ञ है। अपने पिता थीसियस की सच्ची अनुकृति है वह। वह हेराक्लीज़ के बच्चों को

भी एथेन्स का यह उपकार सदैव याद रखने को कहता है। डेमोफ़ोन को अब अपनी सेना और नागरिकों को युद्ध के लिए तैयार करना है। वह भविष्य द्रष्टाओं और शकुन स्थलों की मंशा भी जानना चाहेगा ताकि विजय प्राप्ति के लिए उचित अनुष्ठान और बलि भेंट चढ़ाने की व्यवस्था शीघ्रातिशीघ्र की जा सके। वह इयोलस को बच्चों के साथ अपने महल में जाने का आदेश देता है ताकि उनकी सभी आवश्यकताओं की पूर्ति की जा सके। डेमोफ़ोन यह आदेश दे कर प्रस्थान करता है।

कोरस कोपरियस की धृष्टता की निन्दा करता है। एथेन्स एक स्वतन्त्र राज्य है और उसे आरगू के तानाशाह का कोई भय नहीं। देवता शरणागत की रक्षा के पक्ष में हैं और निरर्थक रक्तपात के विरुद्ध। एथेन्स शान्तिप्रिय है किन्तु ईंट का जवाब पत्थर से देना जानता है। तभी डेमोफ़ोन प्रवेश करता है। इयोलस की जिज्ञासा के उत्तर में वह बताता है कि यूरीस्थियस अपनी सेना के साथ एक निकटस्थ पहाड़ी की चोटी तक आ पहुँचा है। हमारी सेना तैयार है। देवताओं की वेदियों पर बलि पशु खड़े हैं। शकुन स्थलों की भविष्यवाणी का विश्लेषण करने के लिए ज्योतिषियों को बुला लिया गया है। अन्य विषयों पर मतान्तर के बावजूद वे सभी एक मुद्दे पर सहमत हैं और वह यह कि इस युद्ध में विजय प्राप्ति के लिए पाताल की रानी पर्सीफ़नी को एक अभिजात कुल की कन्या की बलि देनी होगी। अब प्रश्न यह है कि कौन पिता अपनी पुत्री की बलि स्वेच्छा से देने को तैयार होगा। इस बात को लेकर नागरिकों में रोष की भावना सिर उठा रही है और वे युद्ध की सार्थकता के प्रश्न पर बँट गए हैं। इयोलस यह सुन कर हताश हो जाता है। किनारे के पास आते-आते नाव को फिर तूफान ने घेर लिया। क्या अब उनके लिए बचाव का कोई साधन नहीं? डेमोफ़ोन इसी उधेड़बुन में है जब हेराक्लीज़ की कन्या मेकेरिया इयोलस का आर्त स्वर सुन कर मन्दिर से बाहर आती है। वह समर्थ न सही किन्तु फिर भी भाइयों की सुरक्षा को लेकर चिन्तित है। इयोलस उसे वस्तुस्थिति से अवगत कराता है। मेकेरिया तत्काल निर्णय लेती है। एथेन्स के उपकार और भाइयों की प्राणरक्षा के लिए हेराक्लीज़ की बेटी अपनी बलि देने को तैयार है। हार कर गर्हित जीवन जीने से सम्मानपूर्वक मृत्यु का वरण श्रेयस्कर है। वह बलि स्थल की ओर प्रस्थान को उद्यत है। इयोलस कातर हो उठता है और डेमोफ़ोन श्रद्धानत। मेकेरिया के प्रस्थान के बाद इयोलस अचेत-सा हो जाता है। मेकेरिया और उसके भाई-बहनों को उसने अपने बच्चों की तरह फलते-फूलते देखा था।

कोरस इयोलस को सान्त्वना देता है। मेकेरिया अपने भाइयों की रक्षा के लिए शहीद हुई। उसने अपने परिवार की शौर्य परम्परा का पालन किया। यह दुख का नहीं, गर्व का विषय है।

हेराक्लीज़ के बड़े बेटे हायलस का सेवक यह शुभ समाचार लेकर आता है कि हायलस आरगू का सामना करने के लिए अपनी सेना लेकर पहुँच गया है। शोर

सुनकर एलकमेना भी मन्दिर के बाहर आ जाती है। दूत बताता है कि वह एथेन्स के सैन्य बल के बाईं ओर युद्ध नाद की प्रतीक्षा में है। आरगू सेनाध्यक्ष को वहाँ से साफ़ देखा जा सकता है। इयोलस अत्यन्त उत्साहित है और सेवक के साथ युद्धभूमि में अपना पराक्रम दिखाने के लिए जाना चाहता है। सेवक पहले तो इसे मजाक़ समझ कर टालता है मगर इयोलस की ज़िद देखकर उसे याद दिलाता है कि वह अब बूढ़ा हो चुका है और भारी भरकम अस्त्र-शस्त्र उठाना उसके बस की बात नहीं। कोरस भी उसे समझाने की चेष्टा करता है। एल्कमेना भी उसके व्यवहार से हैरान परेशान है। यद्यपि वह उसकी सदिच्छा का आदर करती है। लेकिन उसे रोकने की कोशिश करती है। मगर इयोलस पर तो अपने जौहर दिखाने का भूत सवार है। सेवक मन्दिर से शस्त्र लेकर आता है, उसे हथियारों से लैस करता है और सहारा देकर मंच से ले जाता है।

कोरस देवताओं से विजयश्री की प्रार्थना करता है। उसे विश्वास है कि शरणागत की रक्षा करने वाले एथेन्स पर ज़ीयस का अनुग्रह होगा। एक सेवक आकर एथेन्स की विजय का शुभ सन्देश देता है। हर्ष से विभोर एल्कमेना उसे दासत्व से मुक्त करती है। सेवक युद्ध का विवरण देता है। दोनों सेनाएँ जब आमने-सामने आ खड़ी हुईं तो हायलस अपने रथ से उछल कर नीचे आ गया और उसने आरगू के यूरीस्थियस को द्वन्द्व युद्ध के लिए ललकारा ताकि सहस्रों सैनिकों का रक्तपात रोका जा सके। लेकिन कायर यूरीस्थियस में इतना साहस कहाँ कि हेराक्लीज़-पुत्र का सामना कर सके! तब डेमोफ़ोन ने युद्धघोष किया और शत्रु सेनाएँ एक दूसरे पर टूट पड़ीं। भालों से भाले और तलवारों से तलवारें टकराने लगीं। घोड़े की टापों, शस्त्रों के संघर्षण, सैनिकों के नाद से ऐसा कोलाहल और सम्भ्रम हुआ कि कुछ भी समझ में न आता था। इस सब के बीच ही इयोलस ने हायलस को यूरीस्थियस पर हमला करते देखा। वह भाग कर हायलस के रथ पर चढ़ गया। यूरीस्थियस का पीछा करते हुए वे पालास की पहाड़ी तक जा पहुँचे, ऐसा मुझे प्रत्यक्षदर्शियों ने बताया। वहाँ इयोलस ने ज़ीयस और हीबी से प्रार्थना की कि वे उसे एक दिन के लिए यौवन का वरदान दें ताकि वह यूरीस्थियस को सबक सिखा सके। तभी एक चमत्कार हुआ। पहाड़ी पर दो सितारे प्रकट हुए। अनुमान है कि वे हीबी और हेराक्लीज़ थे। हायलस का रथ एक बादल में लिपट गया और जब बादल छँटा तो सबने देखा कि इयोलस एक बलिष्ठ ऊर्जा से भरपूर युवक बन गया था। उसने यूरीस्थियस का पीछा किया और उसे बन्दी बना लिया। अब वह उसे लेकर यहाँ आता ही होगा। कोरस देवताओं का धन्यवाद करता है। एल्कमेना ज़ीयस के प्रति कृतज्ञ है। आख़िर ज़ीयस की कृपा से उसके दुखों का अन्त हुआ और बच्चों का भविष्य सुरक्षित। अब वे अपनी धरती पर लौट सकेंगे और निर्भय जीवन व्यतीत करेंगे। लेकिन एल्कमेना के मन में रोष

है—क्यों इयोलस ने यूरीस्थियस की हत्या नहीं की? सेवक का विचार है कि इयोलस चाहता है कि एल्कमेना उसके लिए दंड-विधान करे। कोरस हर्षित है। दुष्ट को सदा दुष्टता का दंड मिलता है। सौभाग्यशाली है एल्कमेना कि उसके पुत्र को देवत्व प्राप्त हुआ और हीबी जैसी अंकशायिनी। एक दिन एथीना ने हेराक्लीज़ की रक्षा की थी, आज उसके नगर ने उसके बच्चों की। सेवक बन्दी यूरीस्थियस को लेकर आता है। हायलस और इयोलस ज़ीयस के सम्मान में उसकी प्रतिमा स्थापित करने के लिए मार्ग में रुक गए हैं। यूरीस्थियस को देखकर एल्कमेना का क्रोध भड़क उठता है। यही वह अधम है जिसके कारण हेराक्लीज़ आजीवन जंगलों में भटकता रहा, हिंसक पशुओं और राक्षसों से लड़ता रहा। इतना ही नहीं सशरीर मृतकों के लोक हेडीज़ तक गया। फिर भी इस दुष्ट को चैन नहीं मिला। अब उसके असहाय छोटे-छोटे बच्चों के पीछे पड़ा है। ऐसे क्रूर, अधम एवं धूर्त को तो मृत्युदंड दिया जाना चाहिए। इसे तो एक बार नहीं सौ बार मारा जाना चाहिए। एल्कमेना के क्रोधावेग पर अंकुश लगाते हुए कोरस उसे याद दिलाता है कि इस व्यक्ति की हत्या नहीं की जा सकती क्योंकि वह युद्ध बन्दी है। यदि वह युद्ध में मारा जाता तो और बात थी किन्तु एथेन्स का संविधान युद्धबन्दी की हत्या का निषेध करता है। एल्कमेना सहमत नहीं यद्यपि वह एथेन्स की ऋणी है। यूरीस्थियस अपने पक्ष में इतना कहता है कि हेराक्लीज़ के विरुद्ध उसने जो भी किया वह हेरा की आज्ञा थी, उसकी अपनी इच्छा नहीं। शूरवीर था हेराक्लीज़, महापराक्रमी था, अद्‌भुत अभियान सम्पन्न किए उसने लेकिन उसकी मृत्यु के बाद उसके साथ हुए दुर्व्यवहार का प्रतिशोध लेने के लिए वह इन बच्चों को जीवित नहीं छोड़ सकता था। एल्कमेना चाहे तो उसका वध कर सकती है। सेवक भी उसे समझाने का प्रयास करता है किन्तु एल्कमेना टस से मस नहीं होती। वह उसे जीवित नहीं छोड़ेगी। तब यूरीस्थियस एक प्राचीन भविष्यवाणी के विषय में बताता है जिसके अनुसार यदि उसकी समाधि वहाँ एथीना के मन्दिर के पास बनायी गई तो वह भविष्य में हेराक्लीज़ के वंशजों के आक्रमण से एथेन्स की रक्षा करेगा। इस तरह उसकी मिट्टी एथेन्स का कल्याण करेगी। यह सब जानते हुए भी उसने एथेन्स पर यह सोच कर आक्रमण किया कि हेरा उसकी रक्षा करेगी। किन्तु आकाशवाणी हेरा से अधिक प्रभावी सिद्ध हुई। एल्कमेना सेवकों को आज्ञा देती है कि यूरीस्थियस को मार कर उसका मांस कुत्तों को डाल दे। कोरस युद्धबन्दी की हत्या का दोष अपने राजा को नहीं देता।

आयान

भोर की बेला में अपोलो के डेल्फ़ी मन्दिर के अहाते में लॉरिल और जैतून के कुंज से देवदूत हेमीज़ प्रवेश करता है। अपना परिचय देकर वह डेल्फ़ी शकुन स्थल की महत्ता का वर्णन करता है। फिर आगामी घटनाओं की पृष्ठभूमि देते हुए हेमीज़ बताता है कि पालास पर्वत के उत्तरी भाग में लॉन्ग रॉक्स के नाम से जानी जाने वाली पहाड़ियों के पास कई वर्ष पूर्व सूर्य और सत्य के देवता अपोलो ने राजा एरिक्थियस की बेटी क्रूसा का बलात् शीलभंग किया। समय आने पर क्रूसा ने अपोलो के पुत्र को जन्म दिया और उसे वहीं उसी गुफा में एक टोकरीनुमा झूले में मरने के लिए छोड़ दिया। अपने परिवार की परम्परा के अनुसार उसने बच्चे के गले में दो सुनहरे सर्पों का लॉकेट डाल दिया और उसे अपने हाथ से कढ़ाई किए शाल में लपेट दिया। सामाजिक और पारिवारिक निन्दा के भय से क्रूसा द्वारा शिशु के परित्याग के बाद अपोलो ने मुझसे आग्रह किया कि मैं उसके पुत्र को गुफा से लाकर यहाँ डेल्फ़ी मन्दिर की सीढ़ियों पर छोड़ दूँ। मैंने ऐसा ही किया। डेल्फ़ी की प्रधान पुजारिन को बच्चे पर दया आ गई और उसने परित्यक्त शिशु के लालन-पालन का उत्तरदायित्व अपने पर ले लिया। यहाँ मन्दिर के पवित्र वातावरण में बालक बड़ा हुआ और अब वह अपोलो के कोष का संरक्षक और इस मन्दिर का प्रबन्धक है।

इस बीच क्रूसा का विवाह जूथस नाम के एकियन से हो गया। जूथस ने यूबोइयन के विरुद्ध युद्ध में एथेन्स की सहायता की और इसके बदले में राजा ने अपनी बेटी का हाथ उसके हाथ में दे दिया। राजा एरिक्थियस की मृत्यु के बाद जूथस ही एथेन्स का सम्राट बन गया। विवाह के कई वर्ष बीत गए लेकिन क्रूसा और जूथस की कोई सन्तान नहीं। आज वे दोनों इसी इच्छा से डेल्फ़ी आ रहे हैं। इसमें अपोलो की अभिप्रेरणा निहित है। वह अपना पुत्र जूथस को उसका ही पुत्र कहकर सौंप देगा और इस तरह उसे उसका घर, माँ और अपना उत्तराधिकार सहज ही प्राप्त हो जाएगा। इस युवक का नाम आयान होगा और एशिया में उसके वंशज आयोनियन के नाम से जाने जाएँगे। अब मैं वृक्ष कुंज में लौटता हूँ। आयान आता ही होगा। देखें उसके भाग्य में क्या बदा है।

हेमीज़ के प्रस्थान के बाद अनुचरों के साथ आयान प्रवेश करता है। वह मुदित मन से उगते सूरज और नये दिन का स्वागत करता है। प्रधान पुजारिन का त्रिपाद पर आसन ग्रहण करने का समय हो रहा है, सभी जाकर बहते झरने में स्नान कर पवित्र तन-मन से मन्दिर की सेवा में लग जाएँ। वह लॉरेल पत्तियों से प्रांगण को बुहारता है और अपने बाणों से उन पक्षियों को उड़ा देता है जो अहाते को गंदा कर रहे हैं। उसे नहीं पता उसके माता-पिता कौन हैं, अपोलो ही उसका पिता है, उसी के मन्दिर में उसका बचपन बीता और उसने युवावस्था को प्राप्त किया। अपोलो ही उसका सर्वस्व है और उसकी सेवा ही आयान का परम धर्म है। अपोलो की आज्ञा का पालन ही उसके जीवन का एकमात्र लक्ष्य है। अन्य सेवक नहा कर लौट आए हैं। आयान उनके साथ प्रस्थान करता है।

क्रूसा की दासियों का कोरस प्रवेश करता है। वे मन्दिर की भव्यता, उसकी दीवारों और स्तम्भों पर खुदे जीवंत चित्रों से अभिभूत हैं और उन अद्‌भुत कलाकृतियों की भूरि-भूरि प्रशंसा करती हैं। तभी आयान आता है और पूछता है कि वे कौन हैं। सेविकाओं का कोरस बताता है कि वे एथेन्स की रानी क्रूसा की दासियाँ हैं और उसकी अनुमति से मन्दिर देखने आई हैं। तभी क्रूसा वहाँ पहुँच जाती है। उसकी आँखों से आँसू बह रहे हैं। आयान उसका अभिवादन करता है और दुख का कारण पूछता है। क्रूसा उसे बताती है कि यहाँ आने पर उसे कुछ दुख भरी पुरानी स्मृतियों ने घेर लिया। आयान क्रूसा और उसके पूर्वजों के बारे में बहुत कुछ जानने को उत्सुक है। क्या सचमुच उसके पूर्वज एरिक्थोनियस का जन्म पृथ्वी के गर्भ से हुआ था? और देवी एथीनी ने उसे वहाँ से निकाल कर उसके पालन-पोषण का दायित्व सीकरॉप्स की पुत्रियों को सौंपा था? क्या यह सच है कि क्रूसा के पिता ने एथेन्स के हित में अपनी दो बेटियों की बलि दी थी और अन्त समय में वह पृथ्वी के गर्भ में समा गया था? क्रूसा उसकी जिज्ञासा का समाधान करती है। किन्तु आयान के लॉन्ग रॉक्स के बारे में पूछने पर वह विचलित हो उठती है। फिर वह उसके पति और वहाँ आने के उद्‌देश्य के बारे में पूछता है। उसकी बातों से प्रभावित क्रूसा जानना चाहती है कि वह कौन है? किनका पुत्र है? और मन्दिर में कैसे आया? आयान को नहीं पता कि वह किसका पुत्र है और उसकी माँ कौन है। वह यहाँ मन्दिर की सीढ़ियों पर पड़ा पाया गया और प्रधान पुजारिन ने उसका पालन-पोषण किया। यह सुन कर क्रूसा कहती है कि उसकी एक सहेली के दुर्भाग्य की कहानी भी आयान की अभागी माँ से मिलती-जुलती है। वस्तुतः वह अपनी उस सखी के कारण ही यहाँ अपने पति से पहले आई है ताकि वह उसके साथ हुए अन्याय का कारण पूछ सके। क्रूसा की इस सखी का अपोलो ने बलात्कार किया। लोकनिन्दा के भय से उसने शिशु का परित्याग किया, दूसरा विवाह किया किन्तु उसे सन्तान नहीं हुई। वह जानना चाहती

है कि वह बालक जीवित भी है या नहीं? और क्यों अपोलो ने उसे स्वीकार नहीं किया? आयान यह सब सुन कर हतप्रभ है। क्या अपोलो ने सचमुच ऐसा अन्याय किया? यह एक देवता के सम्मान का प्रश्न है। क्रूसा उस पर अनैतिकता का आरोप लगा रही है। रहस्यों का उद्घाटन करने के लिए सत्य के देवता को बाध्य नहीं किया जा सकता। उसकी इच्छा-अनिच्छा का आदर करना ही उचित है। लेकिन क्रूसा का हृदय दग्ध है। उसकी सखी जो दुख सह रही है क्या उसका कोई प्रत्युत्तर नहीं? तभी जूथस प्रवेश करता है। वह ट्रोफोनियस के मन्दिर से होकर आया है। वहाँ यह भविष्यवाणी हुई कि वह एथेन्स निःसन्तान नहीं लौटेगा। किन्तु कैसे सम्भव होगा यह? इस प्रश्न का उत्तर अपोलो की पुजारिन ही देगी। आयान उसे मन्दिर के भीतरी भाग में स्थित देवता की वेदी तक जाने की विधि बताता है। क्रूसा मन्दिर देखने जाती है। अकेला आयान क्रूसा द्वारा बतायी गई घटना को लेकर उधेड़-बुन में है। उसका मन यह सोचकर क्षुब्ध है कि उसका आराध्य देव कुमारी कन्याओं का बलात् शीलभंग करता है और उनसे उत्पन्न सन्तान को मरने के लिए छोड़ देता है। यह तो अपराध है। पाप है यह! देवताओं का आचरण तो अनुसरणीय होना चाहिए।

आयान के जाने के बाद कोरस प्रवेश करता है। सेविकाएँ अपोलो, आर्टेमिस और एथीनी का उद्बोधन करती हैं कि वे जूथस के प्रश्न का स्पष्ट उत्तर दें, उनकी मनोकामना पूरी करें ताकि एथेन्स के सिंहासन को उसका उत्तराधिकारी मिल सके। आयान आता है। मन्दिर से जूथस बाहर आता है और आयान को देखते ही सहर्ष उसे गले लगा लेने को उसकी ओर दौड़ता है। मेरा पुत्र! मेरा बेटा! कहते-कहते वह उसे वक्ष से लगा लेना चाहता है। लेकिन आयान हैरान-परेशान और कुछ क्रुद्ध भी है। क्या हो रहा है यह? क्या तमाशा है या कोई मजाक? राजा जूथस उसे बताता है कि अभी-अभी देवता अपोलो के शकुन स्थल पर यह आकाशवाणी हुई कि मन्दिर से बाहर निकलते ही जो युवक उसे दिखाई देगा वही उसका अपना पुत्र है। देवता की भेंट मान कर उसे स्वीकार करे। आयान यह सुनकर और भी भ्रम में पड़ जाता है और जूथस से तरह-तरह के सवाल करता है। वह अपनी माँ के बारे में पूछता है लेकिन जूथस कोई सन्तोषजनक उत्तर नहीं दे पाता। सम्भवतः वह विवाह से पूर्व हुए किसी सम्बन्ध की उपज है। शायद कभी उसकी माँ भी उसे मिल जाए और उसके जन्म के रहस्य का उद्घाटन हो। फिलहाल तो दैवी आज्ञा को मानने के अतिरिक्त और कोई रास्ता नहीं। लेकिन आयान के मन में अनेक शंकाएँ हैं। उसे सन्देह है कि एथेन्स में जूथस के तथाकथित पुत्र का स्वागत होगा। हो सकता है उसे जननिन्दा, स्पर्धा और ईर्ष्या का सामना करना पड़े। फिर जूथस की सन्तानहीन पत्नी भला क्योंकर उसे पुत्र रूप में स्वीकार करेगी! काश कि उनका अपना ही कोई पुत्र होता और आयान इस धर्म संकट से बच जाता। और फिर सत्ता के काँटों भरे

मार्ग से एक सीधा-सादा शान्त निरापद जीवन निश्चय ही अधिक वांछित है। वह जूथस से अनुरोध करता है कि उसे वहीं रहने दे किन्तु जूथस को यह स्वीकार नहीं। आयान के पास अब कोई विकल्प नहीं। उसे एथेन्स जाना ही होगा। किन्तु यदि उसे कभी यह शुभ समाचार मिले कि उसकी माँ एथेन्स की नागरिक थी तो उसकी दुविधा कुछ तो कम हो जाए।

जूथस और आयान के प्रस्थान के बाद कोरस-सेविकाएँ घटनाओं पर टिप्पणी करती हैं। वे अपोलो की उद्घोषणा से अप्रसन्न हैं और अपनी स्वामिनी के लिए चिन्तित। जूथस उसे धोखा दे रहा है। एक विदेशी होने पर भी वह क्रूसा के कारण एथेन्स का सम्राट बना और अब प्रौढ़ावस्था में उसे अकेली और निराश छोड़कर अपनी अवैध सन्तान को एथेन्स की सत्ता सौंपना चाहता है। काश कि यह युवक कभी एथेन्स न पहुँच सके। तभी क्रूसा अपने एक पुराने वफ़ादार किन्तु वयोवृद्ध सेवक को सहारा दिये हुए आती है। शायद जूथस जा चुका है। वह सेविकाओं से पूछती है कि अपोलो ने क्या आदेश दिया? कोरस सेविकाएँ बताती हैं कि उसके लिए बुरा समाचार है। जूथस को अपना पुत्र मिल गया है और अब वह इस खुशी में उत्सव का आयोजन कर रहा है। पुत्र जन्म के अवसर पर होने वाले अनुष्ठान और महाभोज की तैयारी हो रही है। क्रूसा पर जैसे वज्रपात होता है। वृद्ध सेवक जूथस की धूर्तता और एक दासी पुत्र को एथेन्स का सम्राट बनाने के षड्यन्त्र की आशंका से काँप उठता है। वे इस संकट की घड़ी में क्रूसा के साथ हैं। अपोलो ने क्रूसा पर बड़ा अत्याचार किया है। आज तक वह चुप रही मगर अब उसके धीरज का बाँध टूट रहा है। क्यों किया अपोलो ने ऐसा अन्याय? परिवर्तित स्थितियों से विचलित और अपनी भावनाओं पर अंकुश रख पाने में असमर्थ क्रूसा वृद्ध सेवक और कोरस सेविकाओं के सामने अपोलो द्वारा अपने शीलभंग की घटना दोहराती है और चीख-चीख कर पूछती है कि क्यों अपोलो ने जूथस को पुत्र दिया और उसकी अपनी सन्तान को न जाने कहाँ विलुप्त कर दिया! क्या कोई देवता इतना क्रूर हो सकता है? क्रूसा के साथ हुए इस अनर्थ की कहानी सुन कर वे सभी आपे से बाहर हो जाते हैं। क्या करें? कैसे लें इस अत्याचार का प्रतिशोध? क्या आग लगा दें मन्दिर में? नहीं, अधर्म होगा वह। जूथस को मार डालें? लेकिन क्रूसा को स्वीकार नहीं। उसने आज तक सदैव एक अच्छे पति का धर्म निभाया। तो फिर उसके इस अवैध पुत्र आयान की हत्या कर दें? हाँ, यही ठीक होगा। वृद्ध सेवक अपनी पुत्रीवत स्वामिनी के लिए कुछ भी करने को तैयार है। क्रूसा के पास गॉर्गन के रक्त की दो बूँदें हैं जिनमें से एक जीवनदायिनी है और दूसरी घातक। एथेन्स लौटने की प्रतीक्षा में देर हो जाएगी। असमंजस में कहीं समय हाथ से न निकल जाए। जो करना है अभी तत्काल करना होगा। बाहर भोज की तैयारी है। वृद्ध सेवक घातक

रक्त की बूँद बड़ी सावधानी से आयान के मदिरा पात्र में डाल दे। फिर उसे कोई नहीं बचा सकता।

क्रूसा और सेवक प्रस्थान करते हैं। कोरस उनकी सफलता की प्रार्थना करता है। सेविकाएँ दर्शकों को लक्ष्य कर पुरुषों की असंयमित विषय वासना पर भी टिप्पणी करती हैं। क्रूसा का एक अन्य सेवक प्रवेश करता है। वह क्रूसा को ढूँढ़ रहा है और बहुत घबराया हुआ है। डेल्फ़ी मन्दिर के मठाधीशों ने क्रूसा की हत्या का आदेश दिया है। आख़िर हुआ क्या? जूथस आयान को भोज की तैयारी का आदेश देकर पर्वत शिखर पर देवता के अनुग्रह के लिए भेंट समर्पित करने गया। आयान ने पीछे बड़े ही कौशल एवं सूझ-बूझ के साथ बेहतरीन कारीगरी का प्रयोग करते हुए एक विशाल शामियाना लगवाया और उसके मध्य में स्वर्ण का मदिरा चषक और पात्र रखवाए। सैकड़ों की संख्या में अतिथि आने लगे। भाँति-भाँति के व्यंजन मेजों पर लगाए गए। लोग गा-बजा रहे थे और स्वादिष्ट भोजन का आनन्द उठा रहे थे। क्रूसा का वृद्ध सेवक चुटकुले सुना कर उनका मनोरंजन कर रहा था। खाने के बाद पीने का दौर चला। वृद्ध सेवक कुछ अधिक ही उत्साहित दिख रहा था। ऐसा अनुमान है कि उसने आँख बचाकर आयान के मदिरा चषक में विष की बूँदें मिला दीं। जैसे ही आयान उसे पीने लगा किसी सेवक के मुँह से सहसा कुछ अशुभ शब्द निकला। आयान रुक गया और उसने सबसे मदिरा गिरा देने का आग्रह किया। सब ने ऐसा ही किया। पात्र दोबारा भरे गए। इसी बीच कबूतरों का एक झुंड वहाँ आ पहुँचा। वे गिरी हुई मदिरा पीने लगे। सब ठीक थे किन्तु उनमें से एक जिसने आयान की गिराई मदिरा चोंच में ली थी, एकदम तड़पा और दर्द भरी आवाज़ के साथ वहीं समाप्त हो गया। आयान आपे से बाहर हो गया। किसने किया यह दुस्साहस? वृद्ध सेवक शक के घेरे में था, उसकी तलाशी लेने पर प्रमाण भी मिल गया। भयभीत सेवक ने सब सच बता दिया। क्रूसा के आदेश से ही उसने आयान को विष देने का प्रयास किया। आयान तत्काल डेल्फ़ी मन्दिर के उच्चाधिकारियों के पास गया और उन्हें वस्तुस्थिति से अवगत कराया। क्रूसा के लिए मृत्युदंड का आदेश हुआ। डेल्फ़ी के तमाम लोग उसे ढूँढ़ रहे हैं।

यह सूचना देकर सेवक प्रस्थान करता है। कोरस सेविकाएँ अपनी स्वामिनी की तथा अपनी सुरक्षा को लेकर चिन्तित हैं। तभी क्रूसा आ पहुँचती है। वह सब जान चुकी है और यहाँ जैसे-तैसे चोरी-छिपे आयी है। अब प्राण बचाने के लिए कहाँ जाए? कोरस उसे सलाह देता है कि वह देवता की हवनवेदी पर घुटने टेक कर बैठ जाए। वहाँ उसे कोई हाथ नहीं लगाएगा। गुस्से से पागल भीड़ के साथ आयान प्रवेश करता है। क्रूसा देवता की शरण में है। वह मानती है कि उसने अपने हित में आयान की हत्या का षड्यन्त्र किया। इसके अतिरिक्त वह और कर भी क्या सकती थी?

उसके पति ने उसके साथ विश्वासघात किया। इतना ही नहीं स्वयं डेल्फ़ी के स्वामी ने उसके साथ अन्याय किया। इसी बीच शकुन स्थल की प्रधान पुजारिन वहाँ आती है और आयान को आदेश देती है कि वह क्रूसा की हत्या से अपने को प्रदूषित न करे। अपोलो की इच्छा है कि वह हिंसा न करे और निर्मल मन से एथेन्स जाए। पुजारिन के हाथ में वह झूला और उसमें कुछ वस्त्र हैं जिनमें उसने शिशु आयान को लिपटा पाया था। आज तक इनको पुजारिन ने छिपा कर रखा किन्तु अब अपोलो की इच्छा है कि वह उन्हें ग्रहण करे। शायद इनकी सहायता से वह अपनी माँ को ढूँढ़ सके। यह कह कर प्रधान पुजारिन मन्दिर के द्वार के पास जाकर खड़ी हो जाती है। आयान बड़ी दुविधा में है। कैसे पहुँच पाएगा वह अपनी माँ तक? न जाने कौन होगी वह? कहाँ होगी? क्या इन वस्त्रों को खोल कर देखे? जैसे ही वह झूले में से वस्त्र निकालता है क्रूसा अचंभित रह जाती है। उसे अपनी आँखों पर विश्वास नहीं होता। ये तो वही कपड़ा है, उसके अपने हाथों बुना हुआ, जिसमें लपेट कर उसने अपने नवजात शिशु का लॉन्ग रॉक्स की एक गुफा में परित्याग किया था। वह वेदी से उठ कर आयान के पास आ जाती है। आयान उसका बेटा है। उसका अपना बेटा और वह अनजाने में उसकी हत्या करने जा रही थी। आयान को लगता है कि वह या तो पागल हो गई है या नाटक कर रही है। क्या वह बता सकती है कि झूले में पड़े वस्त्र पर क्या चित्र बना है? और झूले में और क्या-क्या है? क्रूसा बड़े आत्मविश्वास के साथ बताती है कि कपड़े पर गॉरगन का चित्र है और उसके किनारों पर साँप बने हैं। इसके अतिरिक्त झूले में दो सुनहरे सर्पों का आभूषण है जिसे बच्चे के गले में पहनाया जाता है। यह उस आभूषण की नकल है जो देवी एथीना ने एरिक्थेनियस को दी थी। आयान आश्चर्यचकित है। उसके अतीत के खोये हुए पृष्ठ जुड़ते जा रहे हैं। क्या सचमुच यही स्त्री उसकी माँ है? अन्यथा वह इन सब चिन्हों के विषय में कैसे जानती है? झूले में तीसरी वस्तु क्या है, वह पूछता है। क्रूसा बताती है कि झूले में जैतून के उस वृक्ष की पत्तियाँ हैं जो स्वयं एथीना ने एथेन्स की पहाड़ी पर लगाया था। वह पहला जैतून का वृक्ष था और उसकी पत्तियाँ आज भी हरी होंगी। यह सुन कर द्वार के पास खड़ी प्रधान पुजारिन भीतर चली जाती है। अब सन्देह के लिए कोई स्थान नहीं। आयान अपनी माँ से लिपट जाता है। क्रूसा की आँखों से अश्रु धारा बह रही है। वह अपने सौभाग्य पर विश्वास नहीं कर पा रही। उसका शरीर काँप रहा है। इतना आशातीत सुख वह सह नहीं पाएगी। वह बाँझ नहीं। उसका पुत्र, एथेन्स का उत्तराधिकारी जीवित है। एरिक्थियस का वंश आगे बढ़ेगा, उसे नया जीवन मिल गया, अँधेरे मिट गए, एथेन्स के आकाश पर नया सूरज चमकेगा। लेकिन आयान को अब यह बताना आवश्यक है कि वह जूथस का नहीं—सूर्य देवता अपोलो का पुत्र है। क्रूसा आयान को उसके जन्म की कथा सुनाती

है। आयान के हर्ष और गर्व की सीमा नहीं। अपने आप को अनाथ समझने वाला आयाँन स्वयं अपोलो और एथेन्स की रानी क्रूसा का पुत्र है। किन्तु फिर अपोलो ने उसे जूथस का पुत्र क्यों कहा? आयान के मन में फिर संशय के बादल घिर आते हैं। इस ऊहापोह भरे बिन्दु पर देवी एथीनी आकाश में प्रकट होती है और स्पष्ट करती है कि आयान अपोलो का ही पुत्र है। क्रूसा उसे एथेन्स ले जाए। वहाँ एक सुनहरा भविष्य उसकी प्रतीक्षा कर रहा है। आयान सारे ग्रीस में विख्यात होगा और उसके वंशज आयोनियन जाति के नाम से जाने जाएँगे। संकट का समय समाप्त हुआ। अब अच्छे दिन आएँगे। यह सब दैवी इच्छा से हुआ। देर से ही सही, मगर देवता न्याय करते हैं। अच्छे लोगों को अच्छाई का फल मिलता है। एक-एक कर सभी प्रस्थान करते हैं।

द बैकाई

थीब्ज़ के राजा पेन्थियस के महल के सामने मंच के एक ओर सिमेले की प्रतिमा है जिसके ऊपर एक मद्धम-सी आग की लपट और आसपास आग से काले पड़े भवन के अवशेष हैं। डायोनिसस प्रवेश करता है। उसके मस्तक पर सिरपेचे की बेल का मुकुट है, हाथ में थिरसस (लताओं में लिपटा एक दंड) और शरीर पर मृगछाल। नखशिख में कोमलता है और बाल लम्बे लहराते हुए। वह अपना परिचय देता है। डायोनिसस बताता है कि यह देवाधिपति ज़ीयस और कैडमस की बेटी, थीब्ज़ की राजकुमारी सिमेले का पुत्र है जो सम्राज्ञी हेरा की ईर्ष्या का शिकार हुई और इस भवन में जल कर भस्म हो गई। वह लीडिया, फ्रीजिया, परशिया, अरब और एशिया के समुद्र तट पर स्थित प्रदेशों और नगरों में बसने वालों को अपने नृत्य, अपनी आराधना पद्धति और अनुष्ठान विधि सिखाता हुआ और अपना देवत्व उन पर प्रकट करता हुआ यहाँ आया है। यहाँ आने का एक विशेष कारण यह है कि सिमेले की बहनों ने उसे ज़ीयस का पुत्र मानने से इंकार किया और इस तरह उसकी माँ का अपमान किया। इस अपराध के लिए डायोनिसस की अभिप्रेरणा से थीब्ज़ की सारी स्त्रियाँ अपने घर छोड़ कर सीथेरों पर्वत पर चीड़ के पौधे के नीचे बैठी हैं। कैडमस की बेटियाँ भी उनके साथ हैं। कैडमस का पौत्र, एगेवी का पुत्र पेन्थियस जो इस समय थीब्ज़ का राजा है, न तो उसकी पूजा करता है न उसे भेंट अर्पित करता है। उसे और उसके नगर को बताना ही होगा कि एक देवता के प्रति अनास्था का क्या परिणाम होता है। उचित समय पर अपने स्वरूप को प्रकट करना होगा किन्तु अभी वह एक साधारण से दिखने वाले मनुष्य के रूप में यहाँ आया है।

डायोनिसस के प्रस्थान के बाद उसकी पुजारिनों का कोरस प्रवेश करता है। ये सुदूर देशों से उसके साथ यहाँ आयी हैं और डायोनिसस की सेवा को अपना परम सौभाग्य मानती हैं। जो उसके रहस्य जान गया, जो डायोनिससमय हो गया, उसका जीवन सफल है, असाधारण है उसकी शक्ति और अभूतपूर्व उसकी अभिप्रेरणा। एक बार घर-संसार छोड़कर ऊँचे पहाड़ों, घने जंगलों, बहते झरनों, वन्य पशु-पक्षियों से तादात्म्य स्थापित होने के बाद सारे पुराने संस्कार औरा अधूरी चेतनाएँ खो जाती हैं।

एक नई उर्जा, एक नई जागृति, एक नई शक्ति और अनुभवातीत शान्ति का संचार होता है तन-मन में। नाचते-गाते, उछलते-कूदते उल्लास से चीखते और डायोनिसस की जय-जयकार करते उसके अनुयायी भूल जाते हैं अपने परिवेश को, अपने आपको। नहीं जानते क्या हैं, कहाँ हैं, क्या कर रहे हैं।

थीब्ज़ का दृष्टिहीन भविष्यद्रष्टा टियरेसियस थीब्ज़ के संस्थापक, पेन्थियस के दादा कैडमस को पुकारता हुआ आता है। कैडमस महल से बाहर आता है। वृद्धावस्था के बावजूद दोनों का मन उल्लास से भरा है और वे इस नवोदित देवता को सम्मानित करने के लिए नाचते-गाते पर्वत की ओर जाने को उद्यत हैं। पुराने विश्वास, आस्थाएँ और पुरातन दर्शन अपनी जगह पर, आज तो डायोनिसस का तेज सारे जग को व्याप रहा है। उसके प्रकाश और उसके आनन्द से कोई नहीं बच सकता। वे दोनों अभी मंच के एक ओर खड़े बड़े उत्साह से यह चर्चा कर रहे हैं। जब दूसरी ओर से पेन्थियस आता है। वह बहुत उत्तेजित है। उसे अभी-अभी पता चला है कि थीब्ज़ की सारी स्त्रियाँ अपने आप को देवता कहने वाले एक युवक के पीछे पागलों-सी भागती सीथेरों पर्वत पर चली गई हैं। उसने यह भी सुना है कि वह अपनी सेविकाओं को मदिरा पिलाता है जिसके प्रभाव में वे उन्मुक्त यौन क्रीड़ा में लिप्त हो जाती हैं। कितना लज्जाजनक है यह सब। और इन महिलाओं में उसकी अपनी माँ एगेवी और उसकी बहनें ईनो और ऑटोनोई भी हैं। सुना है कि इस विदेशी युवक का व्यक्तित्व बड़ा सम्मोहक है। वह अपने आपको ज़ीयस का पुत्र बताता है। पेन्थियस आवेश में कहता है कि यदि यह युवक उसके हाथ लग जाए तो वह उसका सिर धड़ से अलग कर देगा ताकि वह फिर कभी अपने लम्बे बाल लहरा कर युवतियों को पागल न बनाए। उसका क्रोध और भी भड़क जाता है, जब वह मंच के दूसरी ओर लता-मुकुट पहने, हाथ में थिंरसस लिए वृद्ध टियरेसियस और अपने दादा कैडमस को देखता है। वह उन्हें लता-मंडित शिरोमाल्य और दंड फेंक देने को कहता है। टियरेसियस उसे समझाता है कि सत्ता के मद में अविवेकी न हो, आस्था और विश्वास के साथ लोकहित को समर्पित डायोनिसस का स्वागत करे। डायोनिसस ने दुखों के एकमात्र उपचार के रूप में शुद्ध अंगूर का रस देकर मानव का उपकार किया है, उसे मुक्ति और आनन्द की राह दिखायी है, विवेक और बुद्धि से ऊपर उठना सिखाया है। उसके देवत्व पर सन्देह करने का तो प्रश्न ही नहीं उठता। बहुत शीघ्र ही तुम देखोगे अपोलो के डेल्फ़ी शकुन स्थल के साथ ही डायोनिसस का मन्दिर स्थापित होगा और सारे संसार में उसकी मान्यता होगी। उन्मुक्तता और स्वच्छन्दता महामन्त्र है उसकी पूजा-पद्धति का। उसे सम्मान दो और जगत में सम्मान पाओ। कोरस टियरेसियस से सहमत है और कैडमस भी। किन्तु पेन्थियस पर उनके सद्परामर्श का कोई प्रभाव नहीं। वह बैकस की आराधना

पद्धति और कर्मकांड थीब्ज़ में प्रचलित करने वाले को इस अपराध का दंड देगा। यह कह कर पेन्थियस प्रस्थान करता है। टियरेसियस की दृष्टि में वह दया का पात्र है, मूर्ख है और भाग्यहीन भी। पेन्थियस का अर्थ है दुख और कैडमस-परिवार के लिए वह दुख का ही कारण बनते जा रहा है। कोरस सदस्य सुख, हर्ष और उल्लास के देवता का अपमान करने के लिए पेन्थियस की भर्त्सना करते हैं। अहंकार सर्वनाश का बीज है। वह दुर्भाग्य को आमंत्रित कर रहा है। केवल जानकारी से कोई बुद्धिमान नहीं हो जाता। जिन्हें दुखों से मुक्ति चाहिए वे डायोनिसस के मार्ग का अनुसरण करेंगे। इस बीच पेन्थियस के सेवक डायोनिसस को बन्दी बनाकर लाते हैं। पेन्थियस के बाहर आने पर सेवक बताता है कि जब वे डायोनिसस को बन्दी बनाने गये तो उसने बिलकुल विरोध नहीं किया, चुपचाप मन्द-मन्द मुस्कुराता रहा। सेवकों को आश्चर्य हुआ किन्तु उन्होंने राजाज्ञा का पालन किया। दूसरी बात यह कि वे बैकस की अनुयायी स्त्रियाँ जिन्हें कारागार में डाला गया था, न जाने कैसे मुक्त हो गईं। अपने आप द्वार खुल गए, हथकड़ियाँ टूट गईं और वे वन की ओर दौड़ गईं। लगता है यह व्यक्ति चमत्कारी है। पेन्थियस अपने बन्दी से पूछता है कि वह कौन है और कहाँ से आया है। वह सुमुख युवक, जो स्वयं डायोनिसस है उसे बताता है कि वह लीडिया का रहने वाला है और देवाधिपति ज़ीयस और सिमोले के पुत्र डायोनिसस का अनुयायी है। स्वयं डायोनिसस से उसने इस मत के रहस्य सीखे हैं। इन रहस्यमय अनुष्ठानों का आयोजन रात्रि के समय होता है और उसमें स्त्रियाँ भाग लेती हैं। पेन्थियस का विचार है कि यह अनैतिक है। डायोनिसस कहता है कि अनैतिकता और अपवित्रता मन में होती है। पेन्थियस का ऐसा सोचना देवता का अपमान है। पेन्थियस सेवकों को आज्ञा देता है कि इस युवक को कारागार में डाल दें। वह देखना चाहता है कि कौन-सा देवता उसे मुक्त कराता है। डायोनिसस कहता है कि वह एक देवता को ही बन्दी बनाने का दुस्साहस कर रहा है। वह प्रतिशोध लेगा। सेवक युवक को ले जाते हैं। पेन्थियस भी प्रस्थान करता है।

कोरस डायोनिसस से प्रार्थना करता है कि अपने अनुयायियों की रक्षा करे और पेन्थियस को अहंकार का दंड दे। अचानक भीतर से डायोनिसस की आवाज़ सुनाई देती है। वह बैकस के उपासकों को पुकार रहा है। डायोनिसस भूकम्प का आह्वान करता है। ज़मीन काँपने लगती है, पेन्थियस का महल धराशायी होने लगता है, बड़े-बड़े स्तम्भ और दीवारें मिट्टी में मिल जाती हैं। कारागार से विजय ध्वनि आती है। सिमेले के स्मारक की अग्नि शिखा दमक उठती है। द्वार खुलता है और डायोनिसस प्रकट होता है। कोरस-स्त्रियाँ उसे देखकर उल्लास से भर उठती हैं। उनका रक्षक, उनका आराध्य आ गया। अब कोई भय नहीं। डायोनिसस उन्हें

बताता है कि पेन्थियस ने तो उसे कभी छुआ ही नहीं। जिसे वह बाँध रहा था वह तो एक साँड था, जिसके पीछे वह तलवार लेकर भाग रहा था वह तो एक प्रेत-छाया थी। डायोनिसस यह सब एक कोने में बैठा देख रहा था। कारागार में उसके स्थान पर एक पत्थरों का ढेर पड़ा है। हताश पेन्थियस बाहर आता ही होगा।

तभी पेन्थियस आता है। वह उस युवक को वहाँ खड़े देख अचम्भित और क्रुद्ध है। वह उसे फिर बन्दी बनाएगा। डायोनिसस कहता है कि वह यहीं है, कहीं भाग कर नहीं जाएगा। तभी एक चरवाहा प्रवेश करता है। इस चरवाहे ने सीथेरों पर्वत पर अद्भुत दृश्य देखा है। वह बताता है कि जब वह अपनी भेड़ें लेकर पर्वत पर जा रहा था उसने डायोनिसस की अनुयायी स्त्रियों, पवित्र बैकाई के वृन्द को वृक्षों के घने साये में कहीं पत्तों के तकिये पर तो कहीं चीड़ की सुइयों पर विश्राम करते देखा। वे सब बहुत ही शान्त और शालीन थीं। न तो वे मदिरा से उन्मत थीं और न ही यौनेच्छा से उत्तेजित। उनके बाल खुले थे, सिर पर लता-मुकुट, बालों में सर्प और शरीर पर मृगछाल थी। तभी उनमें से एक ने थिरसस से चट्टान पर प्रहार किया और चट्टान से पानी का झरना बह निकला। दूसरी ने पृथ्वी को कुरेदा तो वहाँ से मदिरा का फव्वारा छूट पड़ा। ऊँगली से छू देती थीं तो दूध की नदी बह निकलती। अद्भुत था यह सब। बिलकुल अविश्वसनीय। देखने और सुनने का अन्तर। यदि आप वहाँ होते तो उसी समय देवता को भेंट अर्पित कर उसकी अभ्यर्थना करते। किन्तु उसके बाद जो देखा वह रोंगटे खड़े कर देने वाला था। आपकी माँ एगेवी ने जो उनका नेतृत्व कर रही थी, सभी बैकाई स्त्रियों को डायोनिसस का नृत्य करने के लिए आमंत्रित किया। असाधारण गति से नाचती, चीखती, हाथ के थिरसस चमकाती जब वे गोलाकार घूम रही थीं तो ऐसा लगता था कि सारा ब्रह्मांड घूम रहा है। हमने सोचा क्यों न राजमाता एगेवी को पकड़ कर वापस थीब्ज़ ले चलें। किन्तु जैसे ही हमने एगेवी को पकड़ने की चेष्टा की उसकी पुकार पर बैकाई हिंसक हो उठीं। हम तो जैसे-तैसे बच कर भागे किन्तु उन्होंने हमारी गायों और भेड़ों को देखते ही देखते बिना किसी शस्त्र के हाथों से पकड़ कर चीर डाला। बहुत ही क्षीणकाय और दुर्बल- सी दिखने वाली लड़कियों के शरीर में भी देवता के प्रभाव से ऐसी शक्ति आ गई कि उन्होंने कई पशुओं की खाल खींच ली। फिर उन्होंने सीथेरों के ढलान पर स्थित दो गाँवों पर हमला किया और लूट-मार मचा दी। सारे पुरुष बाहर आ गये मगर कोई उन्हें रोक नहीं पाया। उन पर शस्त्रों का कोई प्रभाव न था, भाले की मार से देह पर खरोंच तक न पड़ती थी। अपनी मनमानी करने के बाद वे उसी स्थान पर वापस लौटीं, शत्रु का रक्त अपने शरीर से धोया, बालों में लिपटे सर्पों ने गालों पर लगे खून के धब्बे चाट कर साफ कर दिये और वे फिर एक बार शान्त और प्रफुल्ल दिखने लगीं।

पेन्थियस यह सब सुनकर अचम्भित है मगर फिर भी देवता डायोनिसस की अभूतपूर्व लीला के सामने सिर झुकाने को तैयार नहीं। वह स्वयं सीथेरों पर जाकर उन स्त्रियों को थीब्ज़ वापिस लाएगा। डायोनिसस उसे समझाता है कि वह सैनिक या अस्त्र-शस्त्र लेकर वहाँ न जाए। यदि देखना ही है तो स्त्री वेश में जाए अन्यथा बैकाई उस पर टूट पड़ेंगी। डायोनिसस स्वयं उसे स्त्री की वेश-भूषा में मृगछाल पहना कर सिर पर लता-मुकुट, हाथ में लता-मंडित दंड देकर थीब्ज़ की गलियों से चोरी-छिपे सीथेरों ले जाएगा। पेन्थियस पहले तो स्त्री-रूप में जाने के विचार का विरोध करता है किन्तु बैकाई का नृत्य देखने के लिए इतना व्याकुल हो रहा है कि अन्ततः डायोनिसस के प्रभाव में आ जाता है। वह तैयार होने के लिए अन्दर जाता है। डायोनिसस उसकी अनुपस्थिति में घोषणा करता है कि डायोनिसस के देवत्व पर सन्देह करने वाला पेन्थियस अपनी ही माँ के हाथों मारा जाएगा। तभी उसे ज़ीयस पुत्र डायोनिसस की असाधारण करुणा और क्रूरता का ज्ञान होगा। यह कहकर डायोनिसस भी भीतर जाता है। कोरस मेनायड्स आस्था की महत्ता पर बल देती हैं। विश्वास ही मनुष्य को जीवन के तूफानी समुद्र से पार लगाता है।

डायोनिसस बाहर आता है। साथ में स्त्री वेश-भूषा में पेन्थियस है। वह पूरी तरह से डायोनिसस के प्रभाव में है और उसके आदेशों का पालन कर रहा है। डायोनिसस कभी उसके बाल ठीक करता है तो कभी करधनी कसता है। उसके हाथ में थिरसस है और वह बैकस का नृत्य सीखने का प्रयास कर रहा है। वह शनैः-शनैः अपने आपको भी भूलने लगा है और थीब्ज़ के राजमार्ग से जाने को भी तैयार है। डायोनिसस हाथ पकड़ कर उसे सीथेरों की ओर ले जाता है जहाँ वह छिप कर बैकाई का नृत्य देखेगा और जहाँ वस्तुतः उसकी भयावह नियति उसकी प्रतीक्षा कर रही है। पेन्थियस का उदाहरण लोग सदियों तक याद रखेंगे और देवताओं का अपमान करने से डरेंगे। कोरस के गीत में बैकाई का उन्माद और प्रतिशोध की माँग है। डायोनिसस पर आस्था न रखने वाले और उसकी अनुयायी बैकाई की गुप्तचरी करने वाले का सर्वनाश हो।

एक दूत पेन्थियस की मृत्यु का समाचार लेकर आता है। कोरस आह्लादित हैं। दूत उन्हें ऐसी भयावह मृत्यु पर प्रसन्न होने के लिए धिक्कारता है और पेन्थियस के अन्त का मार्मिक विवरण देता है। उस सुन्दर विदेशी युवक के मार्गदर्शन में उस अभूतपूर्व दृश्य को देखने के लिए वे चट्टानों से घिरी उस घाटी में गये जहाँ बैकाई स्त्रियाँ बड़े शान्त मन से बैकस के गीत गा रही थीं। वे बड़ी सावधानी से, बिलकुल निःशब्द, धीरे-धीरे चल कर वहाँ पहुँचे और छिप कर उन्हें देखने लगे। तभी पेन्थियस ने उस युवक से कहा कि वह यह दृश्य ठीक से नहीं देख पा रहा। युवक ने एक

चीड़ वृक्ष को नीचे झुकाया और उसके शिखर पर पेन्थियस को बैठा कर धीरे-धीरे वृक्ष को छोड़ दिया। उसके बाद वह युवक अदृश्य हो गया। तभी आकाश से सम्भवतः डायोनिसस की आवाज़ आयी—'बैकाई, यही है वह व्यक्ति जिसने तुम्हारा, मेरा और मेरी उपासना पद्धति का उपहास किया। इसे दंड दो।' यह सुनते ही सारी बैकाई स्त्रियाँ पल भर को स्तब्ध हो गईं। स्पष्ट रूप से आदेश दोहराया गया। सुनते ही वे गति में आ गईं, आँखों से अंगारे बरसने लगे और वे थिरसस हाथ में लेकर भागीं। चीड़ वृक्ष बहुत ऊँचा था जिस पर उनका शिकार बैठा था। वहाँ तक पहुँचना सम्भव नहीं था। एगेवी ने आज्ञा दी। हज़ारों स्त्रियाँ आ जुटीं और उन्होंने चीड़ को जड़ से उखाड़ फेंका। बैकाई के रहस्यमय अनुष्ठान को छिप कर देखने वाले इस पशु को दंड देना ही होगा। सबसे पहले उस पर एगेवी, उसकी माँ ने वार किया। पेन्थियस चीखा, माँ को बताया कि वह पेन्थियस है। उसका अपना बेटा। लेकिन एगेवी और उसकी बहनें डायोनिसस के प्रभाव से ग्रस्त थीं। उन्होंने एक-एक कर उसके सारे अंग चीर डाले। एगेवी ने उसे एक सिंह शावक समझ कर उसका सिर काट डाला और हँसती, नाचती-गाती, अपनी विजय का प्रमाण हाथ में लिए थीब्ज़ की ओर भाग गईं। वह आती ही होगी। देवता के अनादर का ऐसा भयावह दंड न कभी देखा न सुना। यह कह कर दूत प्रस्थान करता है। तभी कोरस-स्त्रियाँ देखती हैं अपने बेटे का सिर हाथ में लिए रक्त से सनी, विक्षिप्त एगेवी आ रही है। वह कहती है कि देवता की कृपा से आखेट सफल रहा और वह एक शेर का सिर काट कर लायी है। वह बहुत उत्तेजित है और सभी को भोजन पर आमंत्रित करती है। तभी कैडमस पेन्थियस के शरीर के बचे-खुचे अंगों को लेकर आता है। एगेवी अभी भी होश में नहीं। वह खुश होकर पेन्थियस का सिर कैडमस को दिखाती है। कैडमस दुख से टूट रहा है। उसे समझाने और दिखाने का प्रयास करता है कि उसके हाथों क्या अनर्थ हुआ है। धीरे-धीरे एगेवी की भ्रान्ति टूटती है, चेतना लौटने लगती है और वह पेन्थियस का सिर देखकर चीखने लगती है। पिता-पुत्री दोनों पेन्थियस का विलाप करते हैं। कैडमस का वंश प्रदूषित हुआ। एक माँ के हाथों उसका बेटा मारा गया। कैडमस के बुढ़ापे का सहारा छिन गया, थीब्ज़ का सिंहासन रिक्त हो गया। एक राजा होकर एक पशु की भाँति मारा गया पेन्थियस। कैसा भयावह दंड मिला अनास्था और अश्रद्धा का। एगेवी के दुख का अन्त नहीं। रोते, करुण विलाप करते हुए वे दोनों पेन्थियस के अंग एक स्थान पर एकत्र करते हैं अन्तिम संस्कार के लिए।

अब डायोनिसस महल के ऊपर आकाश में देवोचित तेज के साथ प्रकट होता है। थीब्ज़ और उसके शासक पेन्थियस ने उसका अपमान किया और उसकी उपासना पद्धति का तिरस्कार किया। देवताओं का अनादर करने वालों को दंड